Sissi Perlinger

Auszeit
Der Perlinger-Weg ins Glück

FSC

Mix

Produktgruppe aus vorbildlich
bewirtschafteten Wäldern und
anderen kontrollierten Herkünften

Zert.-Nr. SGS-COC-001940
www.fsc.org
©1996 Forest Stewardship Council

Verlagsgruppe Random House FSC-DEU-0100
Das für dieses Buch verwendete FSC-zertifizierte Papier *Munken Premium Cream* liefert Arctic
Paper Munkedals AB, Schweden

ISBN 978-3-517-08624-8
© 2010 by Südwest Verlag, einem Unternehmen der Verlagsgruppe Random House GmbH,
81673 München

Programmleitung: Silke Kirsch
Lektorat: Marion Schulz, München
Umschlaggestaltung: schwecke.mueller Werbeagentur GmbH, München, unter Verwendung
eines Fotos von Duygu Tocharzan
Bildredaktion: Sabine Kestler
Bildnachweis: Duygu Tocharzan: U1, 36 u.re., 137 o.; Holm Dressler HDTV: 132 (2); Perlinger Ar-
chiv: 125, 126, 127, 128, 129 u., 129, 134 u., 135 o., 136 o.li. und u.li.; Perlinger Archiv/Diesel Wecker:
135 u., 136 o.re.; Perlinger Archiv/Helmut Claus: 131 u., 133; Perlinger Archiv/Jorinde Gersina: 131
o., 134 o. und re.; Perlinger Archiv/Manfred Schramm: 129 o. (2); Perlinger Archiv/Ursula Dorn-
berger: 130; Südwest Verlag/Jens van Zoest: Autorenfoto/Klappe, 137 u., 138, 139, 140
Layout und Satz: Mathis Weymann, Populärgrafik
Reproduktion: Artilitho snc, Lavis (Trento)
Druck und Verarbeitung: GGP Media GmbH, Pößneck
Printed in Germany
817 2635 4453 6271

Inhalt

Prolog von Fräulein Sissinger

Hallo liebe Leserinnen und Leser, dieses Buch ist wie eine Karte zu einem verborgenen Schatz; es ist die Aufforderung, durch unbekannte Türen zu gehen und sich selbst neu zu erfinden. Sie bekommen einen Leitfaden an die Hand, der Sie aus dem düsteren Labyrinth einer verfahrenen Lebenssituation zurück ins Licht führen kann. Falls Sie sich gerade völlig gebeutelt fühlen sollten und am Ende Ihrer persönlichen Fahnenstange sind, dann vergessen Sie nie, dass gerade große Krisen tiefgreifendende Lernprozesse ermöglichen.

Meine Geschichte nimmt genau dort ihren Anfang: in so einem sehr dunklen, unfassbar lange währenden Tiefdruckgebiet. Danach musste ich mich komplett neu definieren, wieder zusammensetzen und hocharbeiten, aus dieser Grube, die ich mir selbst gegraben hatte. Gott sei Dank sind mir genau die richtigen Leute über den Weg gelaufen, die mir weiterhelfen konnten, und ich habe die stimmigsten Therapien für mich gefunden. Damit ging es mir vier Jahre nach der ganzen Tragödie besser als je zuvor. Und dieser Zustand hält bis heute an, immerhin schon zehn Jahre. Ich scheine für mich meine ganz persönliche »Glücksformel« gefunden zu haben, aber dafür musste ich eben diese Runde im eisigen All drehen, wie ein Phönix aus der Asche auferstehen, mir alles genau merken und immer schön weiterüben, was ich da draußen gelernt hatte. Dadurch ist es mir gelungen, viele Informationen und Einsichten in die nächsten Stufen meiner Entwicklung mitzunehmen hin zu einem erfüllten, selbstbestimmten Menschen.

Dieser Prozess, den ich hinter mich gebracht habe, befähigt mich also, dem Thema »Glückssuche« etwas ganz Persönliches beisteuern zu können, das ich am eigenen Leibe erfahren und für mich erfolgreich angewendet habe. Und es macht mir einfach Freude, mein Wissen weiterzugeben, das ich in jahrelanger Feld-, Wald- und Wiesenforschung zusammengesucht habe. Viele aktuelle Bücher beschäftigen sich mit dem Thema Glück, aber zu meiner großen Erleichterung habe ich festgestellt, dass meines sich nicht mit den anderen doppelt. Dies ist also ein sehr spezielles »Lebenshilfebuch«, so wie nur ich eines schreiben konnte, aber meine Erfahrung hat mir bisher immer wieder gezeigt: Je mehr ich ganz subjektiv bei mir bleibe, umso öfter treffe ich den Nagel auf den Kopf, auch für jeden Einzelnen in meinem Publikum. Meine Geschichte besteht aus drei verschiedenen Strängen, und ich flechte die Handlungsebene der Vergangenheit, meine gegenwärtigen Einsichten und die daraus resultierenden Tipps wie einen Zopf ineinander. Natürlich lasse ich als Komödiantin meinen Assoziationen freien Lauf, und jedes Thema, das ich streife, wird mit großer Freude auf alle möglichen Pointen hin abgeklopft und ausgekostet. Ich habe alles durchwirkt, aufgepeppt und vor allem angeheitert durch allerlei »sissi-iges« Gedankengut, das zu den jeweiligen Themen gehört und meiner Meinung nach unbedingt endlich mal gesagt werden musste. Außerdem berichte ich über viele hochinteressante Episoden, die mir auf meinen Reisen begegnet sind.

Ich freue mich also riesig, endlich mal wieder all meine Einsichten und Ideen in ein Buch zu packen. Und weil ich ein fröhlicher Grundcharakter bin, können Sie davon ausgehen, dass es trotz des ernsten Hintergrundes ziemlich witzig wird. Wirklich lustige, bühnenerprobte »Stand-up-Sequenzen« finden sich gleich neben hochphilosophisch-tiefenpsychologischen Ansätzen, die mir im Lauf meiner Suche nach Weiterentwicklung und Heilung zugeflogen sind. Gleichzeitig ist dies quasi die Sekundärliteratur zu meinen Bühnenshows »Gönn dir ne Auszeit« und »Singledämmerung«.

Diesen Weg von ganz unten aus den dunkelsten Niederungen bis hinauf zum sonnendurchfluteten Glück, also das Thema »Krisenbewältigung als große Chance zu einer inneren Transformation«, habe ich zweimal auf völlig unterschiedliche Weise behandelt, ohne dass ich mich dabei wiederholt hätte, denn ich habe meinen Komplettkollaps in zwei ganz getrennten Shows verarbeitet.

Der eine Faktor, der dazu führte, dass ich aus der Bahn geworfen wurde, war die völlige Überarbeitung und der daraus resultierende schwere Tinnitus. Daran schließt sich thematisch auch die Suche nach den frühkindlichen Prägungen, die Korrektur der Prioritäten und die Suche nach Hilfe und Heilung. Diesen ganzen Bereich habe ich damals einfach in die »Schublade« gelegt.

Daraufhin konnte ich mich voll und ganz dem anderen Faktor widmen: dass ich vom geliebten Mann verlassen wurde, und das bot durchaus genügend dramaturgischen und humoristischen Sprengstoff, um ein Publikum einen Abend lang köstlich zu amüsieren. Ich glaube ja, dass wir Frauen unsere Existenz immer noch sehr stark um unsere Partner herum aufbauen, ein bisschen wie Schlingpflanzen, die sich am starken männlichen Baumstamm emporwinden und auf diese Weise auch prächtig gedeihen. Wenn wir aber das stützende Zentrum unseres Lebens verlieren, hängen wir wie ein Schluck Wasser in der Kurve und fallen in uns zusammen.

Auf beiden Beinen eigenständig und stabil im Leben zu stehen ist etwas, das Frauen überhaupt erst seit sehr wenigen Jahrzehnten üben können. Ein kluger Mann hat mal gesagt: »Allein sein zu können ist ein Synonym für seelische Reife.«

Ich habe das genauso erlebt und muss sagen, dass ich diese Krise geradezu als Initiationsprozess empfunden habe, wobei ich in keiner Weise andeuten möchte, dass Männer oder Partnerschaften dadurch unnötig geworden wären. Ich glaube eher, dass zwei reife Menschen, die mal eine Zeit lang gelernt haben, auch mit sich allein klarzukommen, hinterher wirklich beziehungsfähiger geworden sind. Denn nun klammern sich nicht mehr zwei Nichtschwimmer aneinander und gehen gemeinsam unter, sondern man sucht sich seinen Partner mit wacheren Augen aus und gründet eine funktionierende Symbiose, in der beide Seiten gedeihen können, ohne erdrückt oder ausgebeutet zu werden. Derart komplexe Überlegungen sprengen natürlich den knapp zweistündigen Rahmen einer Comedyshow. Solche Abende sollten sich tunlichst in reduziertester Form auf den Punkt und auf den Lacher konzentrieren. Viele meiner Gedanken und Recherchen fallen folglich dem Zeit-Rotstift zum Opfer. Aber das meiste Material fand ich trotzdem so interessant und witzig, dass ich mich dazu entschlossen habe, es in diesem Buch zu retten und weiterzuspinnen.

Ich bin immer schon eine neugierige Sammlerin gewesen und habe mein Leben lang die Nase in alle möglichen Bereiche gesteckt, um einen großen Fundus an Möglichkeiten zur Verfügung zu haben, mit dem ich mir helfen kann, mein Leben von Tag zu Tag so zu gestalten, wie ich es mir erträume. Außerdem habe ich glücklicherweise die Freiheit, seit vielen Jahren an den unterschiedlichsten Orten dieser Welt leben zu können. Und so durfte und darf ich meinen Realitätstunnel mit vielen großen Fenstern versehen, auf dass das Licht der verschiedensten Sichtweisen, Lebensauffassungen und Blickrichtungen zu mir hereinscheinen möge.

Wie eine Mediatorin erkunde ich den Rand unserer Gesellschaft und lote mit Distanz, Humor, aber auch mit viel Insiderwissen die Subkultur und sämtliche Paralleluniversen aus, die sich dem Glückssucher eröffnen, wenn er denn bereit ist, die Ohren zu spitzen und in die freie Untergrundszene einzutauchen, um dort die Perlen herauszufischen.

Weil ich gern anwendbares Wissen weitergebe, ist dies in gewisser Weise jetzt auch die Fortsetzung meines überaus beliebten Ratgebers »Die geheimen Tipps der Sissi Perlinger«.

Ich durfte in den seither vergangenen 14 Jahren sehr viel Neues dazulernen und bin froh, all das mit Ihnen teilen zu können.

Und hier schon gleich mein erster Tipp

Nimm gleich jetzt beim Lesen unbedingt einen Stift zur Hand und unterstreiche alles, was du interessant findest, und mach Eselsohren in alle Seiten, die für dich wichtig sind, damit du sie später schnell wiederfindest.

Ich mache mir auch zu jedem Buch handschriftliche Notizen auf einem Blatt Papier. Das ist mir jetzt, wenn es bald immer mehr E-Books geben wird, besonders wichtig. So kann ich später in wenigen Minuten alle für mich relevanten Daten und Details auffrischen und erspare es mir, das ganze Buch ein zweites Mal lesen zu müssen. Man muss ja bekanntlich nicht alles im Kopf haben, sondern nur wissen, wo es steht.

Und jetzt noch ein kleiner Hinweis zum Thema Tipps. Für uns Frauen ist es ganz normal, dass wir ständig Wissen austauschen und uns gegenseitig etwas empfehlen. Das ist seit Jahrtausenden unsere Art, wie wir unsere Probleme lösen und Informationen weitergeben. Männer hingegen leben in einer streng hierarchisch aufgebauten, statusorientierten Parallelwelt. Und es würde keinem Mann jemals einfallen, einem anderen gute Ratschläge zu erteilen, weil so etwas in deren Verhaltenskodex bedeutet, dass der eine von sich glaubt zu wissen, wo's langgeht, und dies dem anderen nicht zutraut.

Männer untereinander leisten verbale Hilfe höchstens mit Worten wie:»Hey, in zehn Jahren lachen wir drüber, und jetzt trinken wir erst mal ein Bier.«

Von einer Frau einen Rat zu bekommen ist für einen Typen nicht ganz so schlimm, aber es hat einen leicht bemutternden Beigeschmack. Ich kann Ihnen an dieser Stelle nur so viel ans Herz legen: Alles, was Sie hier lesen, sollten Sie möglichst nur für sich selbst anwenden oder mit einer Freundin begackern.

Und es gibt noch etwas, das ich klarstellen möchte: Ich will hier echt nicht rumstrebern oder klugscheißen und allen erzählen, wie toll ich doch bin, weil ich dies oder jenes für mich geschnallt habe. Ich habe meinen Scannerblick einfach nie auf das Suchobjekt»Schuhe« trainiert, sondern schon immer eher auf kreative Lösungsansätze für menschliche Schwächen.

Außerdem liebe ich nichts mehr, als selbst einen wirklich guten Tipp zu bekommen. Ich probiere alles, was sich einigermaßen vernünftig anhört, sofort aus, schau mir die Ergebnisse an, und wenn die gut sind, nehme ich die daraus gewonnenen Erkenntnisse in meinen Selbsthilfe-Fundus auf.

Und der jahrelange Selbstversuch scheint Früchte zu tragen, denn meine Freunde haben mir einstimmig bestätigt, dass ich ihrer Meinung nach längst einen Doktortitel verdient hätte, in»Jolly-ology«, der hohen Kunst, fröhlich zu sein.

Aber bevor wir zu den Erkentnissen kommen, nimmt der dramaturgische Bogen der Geschichte Sie erst mal mit ins Epizentrum meines damaligen seelischen Erdbebens.

Und noch eine kleine Bitte: Falls Ihnen noch der eine oder andere Tipp oder pointierte Witz einfallen sollte, bitte ich Sie ganz ernsthaft darum, sich mit meiner Agentur in Verbindung zu setzen. Die One-Woman-Comedy-Show »Gönn dir ne Auszeit« wird einige Jahre lang auf vielen Bühnen im gesamten deutschsprachigen Raum zu sehen sein, und es ist nie zu spät, eine neue witzige Wendung einzubauen. Da wird gefeilt und aktualisiert bis zum letzten Tag. Haben Sie auch keine Scheu, mir Anregung und Kritik zukommen zu lassen, unter: Heidrunabels@t-online.de.

Vielen Dank und viel Spaß beim Lesen!
Ihre

PS: Alle Tourdaten und Infos unter
www.Sissi-Perlinger.de

DER PERLINGER-WEG INS GLÜCK

Sissi als Baby

Meine Mama hat oft erzählt, dass ich schon als ganz-ganz-kleiner Säugling in der Wiege nie geweint, sondern stundenlang vor mich hin gesungen habe. Ich war in meiner Wickelgruppe sozusagen die »Windel-Callas«. Mir gefällt diese Geschichte, denn sie zeugt von meiner grundsätzlich positiven Einstellung dem Leben gegenüber, die ich mir bis zum heutigen Tage erfolgreich bewahren konnte, wenn man mal von dem krisenbedingten Aussetzer absieht, der mich zwischendurch ereilt hat.

Ich war schon als Baby Archetyp Showgirl, Aszendent Zirkuspferdchen. Vor Kurzem fand man eine alte, wackelige, Schwarz-Weiß-Filmaufnahme von mir, in der ich im zarten Alter von 10 Monaten eine Papiertüte nehme, sie mir auf den Kopf setze, leicht schief zurechtrücke und dann in die Kamera grinse. Fingerfarben und Filzstifte wurden von mir sofort als Make-up umfunktioniert und ich habe schon damals nur vorm Spiegel gesessen ... stehen konnte ich ja noch nicht.

Als ich drei war, hat meine Mama mir einen genialen Bärchenanzug genäht, mit Ohren, eingearbeiteten Füßchen und Puschelschwanz. Und das alles nicht in langweiligem Bärchenbraun, sondern im Leopardenmuster, das prägt.

Sie ist eine großartige Kostümdesignerin und hat mir viel Talent in die Wiege gelegt. Von diesem Outfit perfekt unterstützt, habe ich dann auf den Fliesen in der Küche Steppen geübt, in die Klobürste gesungen und mit Suppenlöffeln auf unseren Kochtöpfen getrommelt bis ...

mein Vater völlig entnervt ausgezogen ist. So wurde ich bereits im zarten Alter von drei Jahren vom ersten Mann verlassen.

Der zweite Mann in meinem Leben, mein Stiefvater, war Gott sei Dank schwerhörig ... nein, ein Scherz, der konnte damit umgehen, eine kreative Tochter zu haben, weil er selber Vollblutkünstler war. Meine Eltern haben mir unheimlich den Rücken gestärkt, und das war auch gut so, denn während meiner gesamten Teenagerzeit, wenn ich mit bodenlangem Cape und Federhut in die Schule gegangen bin, haben alle immer nur gesagt: »Boohey, das nervt, musst du immer singen?« – »Genau! Kannstde dich nicht mal normal benehmen, so wie wir?!« Alle trugen damals Parka, Boots und Jeans mit Schlag; ich bin mit meinen selbst beklebten sechs Zentimeter hohen Leo-High-Heels rumgelaufen.

Ich lebte sozusagen auf »hohem Fuße«, sozial gesehen kroch ich jedoch auf dem Zahnfleisch daher. Sogar meine Mutter hat mich mal im Supermarkt zwischen den Regalen angefaucht: »Ich möchte nicht, dass du immer so angibst!« – »Bitte??«

Ich hatte einen Tanzschritt geübt, ganz für mich allein. Als ich mich umschaute, weil ich sehen wollte, ob es vielleicht wahr sein könnte, dass ich unbewusst versucht hatte, Aufmerksamkeit zu erregen, war da kein Mensch! Der Tengelmann war wie immer gähnend leer. Ich hatte es für mich getan, ich schwöre es, einfach nur so zum Spaß und weil ich schon damals meine Lebenszeit gern zum Üben genützt habe.

REGELMÄSSIGES ÜBEN IST MEINE TÜR ZUM GLÜCK.

Kleiner Tipp am Rande

Nichts macht glücklicher, als ein kontinuierlicher Prozess, der dir die Möglichkeit gibt, etwas wachsen zu sehen. Ich habe in meinem Leben unendlich viele Kurse besucht, das Wichtigste ist das private, regelmäßige Üben. Ich mache das auch in einer Ecke am Flughafen oder in der U-Bahn. Lass die Blicke der anderen einfach an dir abgleiten, und du kannst deine Wartezeit viel sinnvoller nutzen.

Schon bemerkenswert, wie deutlich sich meine »Berufung« bereits in frühesten Kindertagen Raum verschafft hat, und trotzdem hatte keiner ein Auge dafür. Ich fühlte mich von meiner Umgebung missinterpretiert und unverstanden.

Meine Eltern arbeiteten beide beim Fernsehen und hatten mir aufgrund ihrer persönlichen Erfahrungen glaubwürdig versichert, dass alle Schauspielerinnen ab einem gewissen Alter als arbeitslose Alkoholikerinnen enden. Außerdem meinte meine Mama, alle Mädchen wollen Sängerin oder Tänzerin werden. Ich solle mir doch bitte ein originelleres Berufsziel ausdenken.

Das hat natürlich tief gesessen, denn »unoriginell« war das Letzte, was ich sein wollte. So kam es, dass ich noch mit Anfang 20 durch die Stadt gelaufen bin und nicht wusste, wo ich hingehörte und was ich mal werden sollte.

Ich kam mir vor wie ein sehr buntes hässliches Entlein, das nirgends seinesgleichen findet, und fühlte mich innerlich blockiert und verwirrt, bis zu dem Moment, in dem mein Unbewusstes ganz klar für mich gehandelt hat.

Meine Entdeckerin

Eines schönen Sommertages im Englischen Garten, in den frühen 80er-Jahren, lief mir Marianne Sägebrecht über den Weg. Sie war eine Bekannte meiner großen Schwester und quasi die Mutter der »Opera Curiosa«. Unter ihren Fittichen hatte sich eine beachtliche Kleinkunstszene in meiner damals sehr lebendigen »Weltstadt mit Herz« entwickelt. Ich hatte zufällig mein schönstes gelbes Theater-Tanz-Kleid an, bin einfach direkt auf sie zugelaufen und habe sie gefragt, ob ich mal bei einem ihrer gemischten Abende auftreten könne. Sie lachte laut und meinte: »So, wie du ausschaust, bist du eine richtige Regenbogenprinzessin. Komm am nächsten Freitag zu uns ins Hinterhoftheater, kriegst a Viertelstund.«

Immer wenn ich an jenen magischen Tag denke, an dem mein wahres Leben endlich beginnen konnte, bin ich dankbar dafür, dass ich damals nicht gezögert habe. Einen Moment der Unentschlossenheit, und mein Schicksal wäre vielleicht völlig anders verlaufen. Daher an dieser Stelle mein ...

Tipp

Trainiere deine Spontaneität. Dem ersten Impuls zu folgen ist der Schlüssel zur eigenen Intuition und somit auch zum Glück. Wenn die Gegenbetrachtungen im Kopf erst mal Oberhand gewonnen haben, traut man sich nicht mehr. Demnächst, wenn du Lust verspürst, einfach auf irgendjemanden oder irgendwas zuzugehen, tu es einfach! Zähle eins, zwei und los. Selbst die schroffste Abweisung ist schneller verdaut, als eine vertane Lebenschance. Und in den meisten Fällen wirst du positiv überrascht sein, denn wahre Spontaneität hat viel mehr Charme als ein mühsam vorbereiteter Auftritt. Du kannst üben, dich selbst ins kalte Wasser zu schubsen! Selbst wenn du pudelnass wieder rauskrabbeln musst, bist du trotzdem erfrischt. Aber jetzt schnell zurück zur Geschichte.

Ich habe mir als Erstes eine Videokamera ausgeliehen, meine Musik aufgelegt und mich beim Tanzen gefilmt, weil ich mir nicht sicher war, ob ich spinne oder ob ich tatsächlich was konnte. Fühlte sich das, was ich da machte, nur gut an, oder sah es auch für ein Publikum gut aus? Diese Frage konnte ich Gott sei Dank zu meiner Zufriedenheit klären.

Mein erster Auftritt

Keine drei Tage später stieg ich also diese kleine Stufe hinauf in den Lichtkegel dieses einzelnen Scheinwerfers.

Die Menschen strahlten mich an, ich improvisierte einen lustigen Tanz zu einem Klavierstück von Errol Garner. Das Publikum klatschte begeistert, ich sang ein Lied a cappella, und die Leute johlten, ich wurde immer leichter und erzählte einen Witz. Sie prusteten los und lachten sich weg. Mich durchströmte eine unglaubliche Energie, und es fiel mir wie Schuppen aus den Haaren: »Das ist meine Welt!«

»Hier oben kann ich endlich genau so sein, wie ich bin.« Was heißt oben? Das waren gerade mal 20 Zentimeter, aber es war ein ganz großer Schritt für mich! Okay, nur ein kleiner Schritt für die Menschheit, aber diese Menschheit liegt mir plötzlich zu Füßen und tobt.

Gut, es waren nur 30 Leute an diesem Abend da, aber für mich fühlte es sich an wie die ausverkaufte Allianzarena.

Und von da an hieß es nie mehr: »Boohey, du nervst!«, sondern: »Boo-hey, wie toll, wie mutig, wie geil!!« Ich war nicht mehr durchgeknallt – ich war eingeschlagen! Aus dem verrückten Huhn wurde ein Paradies-vogel! Das hässliche Entlein wurde zum Bühnenschwan.

Ich bin eine Künstlerin und habe alle meine Planeten im Hause der Brettlschnepfe, ich will kreativ sein, etwas Neues schaffen. Wenn ich Bäckerin geworden wäre, hätte ich mich entweder umgebracht oder meine eigene Brezelform erfunden. Mein Beruf ist meine Berufung, er ist der Sinn meines Lebens.

MEIN PERSÖNLICHER SCHLÜSSEL ZUM GLÜCK IST ETWAS NEUES ZU ERFINDEN UND ES VOR PUBLIKUM AUFZUFÜHREN.

Ich bin anders als die anderen Mädchen, ich will nicht heiraten und ein Kind bekommen, ich werde befruchtet von Gedankenblitzen, schreibe sie auf, gehe damit schwanger, das Ding wächst in mir heran, nimmt Gestalt an, und dann bringe ich eine Soloshow auf die Welt, mit Tanz, Gesang und bunten Kostümen.

Es ging los

Meine erste abendfüllende One-Woman-Show – »Der Sissi Perlinger-Skandal« – habe ich nach monatelangen Presswehen am 6.4.1986 in der »Negerhalle« in München entbunden und bin dann mit meinem damaligen Freund, Michi Kunz, von Ammergau bis Altona über sämt-liche Bühnen getourt. Tingeln in den 80ern, das war eine Mischung aus Abenteuerurlaub, Überlebenstraining und Partisanenausbildung. Meinen kleinen Hund Felix, den ich gerade frisch aus dem Tierheim geholt hatte, hab ich immer bei meiner Nachbarin Nani abgegeben, weil er beim Autofahren kotzen musste.

Mein Stiefvater, nachdem er meine erste Show gesehen hatte, sagte strahlend: »Kind, du bist ja richtig gut!«, und schüttelte mir voller Stolz die Hand. Meine Mama war völlig aus dem Häuschen und freute sich wie Bolle, weil ich das alles doch von ihr geerbt hatte: Singen, Tan-zen und Schreiben.

Allerdings, mein heimlicher Traum ist nie wahr geworden, nämlich, dass mein Papa irgendwann plötzlich im Publikum sitzt und hinterher zu mir kommt und sagt: »Sissi, ich bin stolz auf dich!«

Also hab ich gedacht, muss ich den Sprung ins Fernsehen schaffen.

Fernsehen, kennen Sie?!

Das war vor Internet, das war damals noch was Tolles. Und zu der Zeit hatte ich auch schon meinen Agenten Harry, der schenkte mir zum Geburtstag drei Wunschbändchen. Ich bin heim, hab mich auf die Knie geworfen und gesagt:»Lieber Gott, du weißt, dass ich nicht an dich glaube, aber Hauptsache *du glaubst an mich*. Ich habe hier nämlich drei Wunschbändchen, und ich weiß nicht, wo ich die sonst einlösen soll. Also: Ich wünsche mir,

1. dass mein neues Bühnenprogramm super wird,
2. dass ich meine eigene Fernsehshow bekomme und
3. dass die tolle Hauptrolle in dem Kinofilm klappt, an dem Harry gerade dran ist. Danke!«

Dann habe ich meine Ärmel hochgekrempelt, das soll bekanntlich helfen, und tatsächlich, innerhalb relativ kurzer Zeit ist alles wahr geworden, ich hatte Wahnsinnsglück!?!?

Aber glücklich ... wirklich glücklich war ich nicht.

Kleiner Tipp
Pass gut auf, was du dir wünschst! Es könnte wahr werden.

Seit dieser Zeit denke ich darüber nach, was Glück für mich ganz genau bedeutet. Ich empfinde es als großes Privileg, dass ich tatsächlich die Chance hatte, alle meine damaligen Träume zu erfüllen, damit volle Kanne vor die Wand zu fahren und danach aufstehen und weitergehen zu können. Die Suche nach dem Glück ist ein großer Luxus, den die westliche Welt sich gerade leistet – das Thema ist in aller Munde. Kein Wunder, wir sind doch heutzutage alle in dem Glauben groß geworden, dass die Erfüllung unserer äußeren Bedürfnisse automatisch auch innere Glückseligkeit schaffen würde. Ganz klar: Es hat so lange Zeit an allen Ecken und Enden gemangelt, dass wir erst einmal den Wohlstand kennenlernen mussten, bevor die nächsten Lernschritte kommen konnten, hin zu einer tiefer sitzenden Zufriedenheit. Hierzu ein kleiner erster Ausschnitt aus meinem Lied ...

... vom Glück

Die Menschheit hat Zeit und untersucht es zum ersten Mal.
Ungarische Wissenschaftler sehen in ihm den heiligen Gral,
Wichtigtuer, Gschaftlhuber schreiben Bücher fürs Regal.
Es zu sezieren und zu zerdiskutieren halt ich für fatal!
Glück, das man plant, in den Kalender schreibt,
da fragt man sich vergebens, wo es jetzt schon wieder bleibt.
Glück artet aus in den völligen Stress,
wenn ich mein Glück am Glück der andern mess.
Aber Menschen sind gründlich
und drum fragen wir uns stündlich,
ganz ausdrücklich,
bin ich denn auch wirklich glücklich???

Natürlich war ich damals überglücklich, als ich meine erste Hauptrolle in dem ZDF-Weihnachts-Dreiteiler »Stella Stellaris« bekam. Und ich habe mir sofort Geld geliehen und bin nach New York geflogen und habe Tag und Nacht mit meiner Schauspiellehrerin, Susan Batson, an der Rolle gearbeitet. Am Ende der zweimonatigen Vorbereitungsphase wusste ich alles über diese Außerirdische. Wie sie träumt, wovon sie sich in ihrem Raumschiff ernährt und sogar wie sie aufs Klo geht. Es war ja immerhin meine erste Hauptrolle. Leider waren aufgrund der Kameraführung all diese wunderbaren Details nie im Bild zu sehen – aber egal.

Und dann ging es Schlag auf Schlag: Ich bekam meine erste eigene TV-Show »Schräge Vögel« beim ZDF und daraufhin auch ganz viele Filmrollen, habe bei »Virgin Records« meine neue CD veröffentlicht, zwei Bücher geschrieben, die PR für all diese Produkte vorangetrieben, 'ne Modekollektion für Karstadt entworfen, Moderationen auf Gala-Events gemacht, und natürlich landauf, landab meine Liveshows gespielt. Plötzlich hatte ich gefühlte 580 Drehtage und 720 Bühnenauftritte *im Jahr*, und das über ein ganzes Jahrzehnt. Und keine 679 458 Flugmeilen, 789 Meetings und 59 388 Liter Kaffee später hatte ich fünf Jobs gleichzeitig und war ein kleines bisschen überarbeitet.

Es ist, als würde man immer nur die Speisekarte lesen, aber das Essen nie runterschlucken. Meine Seele wurde immer hungriger, aber nichts von alldem hat mich wirklich satt gemacht. Ich war allerdings auch viel zu beschäftigt, um das alles überhaupt noch zu bemerken.

Es gibt da übrigens ein interessantes Phänomen: Wenn man Frösche ins heiße Wasser wirft, dann springen sie ganz schnell wieder raus, wenn der Wassertopf jedoch langsam erhitzt wird, bleiben die einfach sitzen und sterben.
So ähnlich ging es mir. Ich war so busy, all diesen verschiedenen tollen Herausforderungen gerecht zu werden, dass ich wie eine Lokomotive, deren Motor immer hochtouriger rattert, durch mein Leben gestampft bin. Keine Zeit, keine Zeit! Wie der weiße Hase aus »Alice im Wunderland«.
Vor lauter Schauspielunterricht hatte ich ganz vergessen, dass man auch mal den einen oder anderen Film absagen könnte ... oder sogar müsste? Aber ich konnte es ja im Vorfeld nie so genau wissen. Vielleicht kam gerade jetzt diese eine tolle Rolle, die ich unter gar keinen Umständen verpassen durfte, so wie in »Der letzte Kurier«. Außerdem pinselten die Film- und Kabarettpreise dem aufgeblähten Ego natürlich den Bauch.
Mein Terminkalender war komplett schwarz zugekritzelt, und ähnlich düster hab ich mich dann auch irgendwann gefühlt. Frank Zappa hat mal ein klassisches Musikstück geschrieben, »The Black Page«, das er so nannte, weil man vor lauter Noten keinen Flecken weißes Papier mehr entdecken kann. Ungefähr so klang auch mein Leben damals,

wie moderne Zwölfton-Experimental-E-Musik. Das dazu passende Bild hätte man nur malen können, wenn man lautschreiend Farbbeutel auf eine Leinwand geknallt hätte.

Auch hierzu ein kleiner Tipp

Falls du gerade in so einer Lebensphase stecken solltest, hier ein gutgemeinter Rat, den mir meine Therapeutin einst gab: Jedes Element deines Lebens, das dir wichtig ist, braucht auch seine Zeit, und seinen Freiraum. Also in erster Linie mal du selbst, dann erst die Beziehung, die Familie, die Freunde und auch das Hobby, der Hund oder die Weiterbildung – je nachdem, wo deine wahren Prioritäten liegen. Diesen Dingen musst du zeitlich gerecht werden, um dein Glück aufbauen und bewahren zu können. Im Prinzip musst du solche Freiräume und Spezialzeiten leider schon Jahre vorausplanen und – wie alle anderen Termine auch – in den Timer eintragen, und dich genauso strikt daran halten, als wäre es ein Meeting mit dem Boss. Wer sonst ist der Chef in deinem Leben, wenn nicht du selbst!

Ich habe damals jede freie Fläche zugebucht, weil ich gar nicht auf die Idee kam, mir im Vorfeld auch Zeit für mich zu nehmen. Auf dem Papier und aus der Ferne sieht ja auch alles ganz machbar aus. Wenn man jung und energiegeladen ist, scheint alles sowieso ganz leicht zu sein. Wenn dann aber ein paar unvorhergesehene Zwischenfälle dazukommen und du plötzlich nur noch von einem Termin zum anderen hetzt, dann bist du irgendwann fix und alle.

Erschwerend kam für mich hinzu: Im Showgeschäft kann man auch nicht einfach mal eben krank werden. Da hängt an jeder Verpflichtung, die man eingegangen ist, ein riesiger Rattenschwanz von sehr viel Geld und von unzähligen Menschen, die man nicht enttäuschen will. Ich dachte damals immer, ich darf nicht zimperlich sein und muss durchhalten können, denn eines wusste ich ganz genau: Ich gehöre in diesen Beruf.

Morgens wenn ich aufwache, putze ich mir als Erstes die Zähne, schärfe meinen Verstand und spitze meine Zunge. Auf der Bühne muss man laut werden können, übertreiben, sich was trauen, die Dinge beim

Namen nennen, alle zum Lachen bringen und gern im Mittelpunkt stehen. Für den Job braucht man ein gutes Durchsetzungsvermögen und eine gesunde Portion Egozentrik, und ich muss als Chefin auch mal auf den Tisch hauen können, um mir Respekt in meinem Team zu verschaffen. Ich gebe zu, diese Eigenschaften sind nicht unbedingt dafür geschaffen, dass Männer sie als wahnsinnig attraktiv ansehen. Die meisten Jungs finden die klassischen weiblichen Attribute viel interessanter, wie zum Beispiel: Anpassungsfähigkeit, schüchterne Zurückhaltung, Geduld, schweigsam zuhören können, liebevolle Aufopferungsbereitschaft und vor allen Dingen, sich selbst nicht so wichtig zu nehmen, sondern sich eher in den Dienst einer höheren Sache zu stellen, zum Beispiel *seiner* Karriere.

Alles andere gilt bei vielen Männern nach wie vor gern als anstrengend. Mein Ex-Ex hat oft gesagt: »Du hast immer deinen eigenen Kopf und machst nie das, was man dir sagt, das nervt.«

Ich möchte gar nicht wissen, wo ich gelandet wäre, wenn ich immer getan hätte, was er für richtig hielt, ich weiß nur, dass ich immer wieder nach drei Jahren verlassen wurde. Hey, ich war auch drei Jahre alt, als mein Papa gegangen ist! Zufall?

Nun, meine Beziehungen waren sowieso nie das Zentrum meines Denkens, um das sich alles drehte, sondern mein künstlerisches Weiterkommen. Und ich gebe offen zu, es war bestimmt nicht leicht für meinen Freund. Ich war ja nie da. Ich bin nur noch nach Hause gekommen, um meinen Koffer neu zu packen und sofort wieder abzudüsen. Das lässt keiner gern mit sich machen, schon gar kein Löwe-Mann. Und so hat mein damaliger Partner in der Zwischenzeit still und heimlich nach einer Frau gesucht, die bereit war, seine Kinder zu bekommen.

Karriere oder Karies

Ich war so abgelenkt von meinen Verpflichtungen, dass ich auch das gar nicht bemerkt habe. Irgendwann hatte ich nicht mal mehr Zeit und Muße für die Kreativität. Auch künstlerisch hatte sich alles verselbstständigt. All das, was mir wirklich wichtig war, ist mir entglitten und in den Hintergrund gerückt. Karriere kann auch sein wie Karies, sie frisst dir ein Loch in die Seele. Die ominöse Straße zum Erfolg ist steil und ohne Rastplätze.

Da gibt es noch nicht einmal Leitplanken auf diesem serpentinenschwangeren Bergpass zwischen meiner Identität und der Massenkompatibilität, oben auf dem Olymp der höchsten Einschaltquoten. In der Glotze gilt ja die Devise: Das Publikum muss nach 30 Sekunden wissen, wer du bist. Meine besten Freunde haben das nach 30 Jahren noch nicht kapiert. Wusste ich das überhaupt selbst? Ich habe damals immer nur gedacht, mein Glück würde irgendwo oben auf der Karriereleiter warten. So ungefähr ab Stufe zehn verschwände dann jedes Problem, und ab da müsste es auch automatisch mit dem Glücklichsein losgehen.

Leider ist man da oben nicht irgendwann mal angekommen und kann den Ausblick genießen, sondern man braucht ein Netz und einen doppelten Boden. Also eigentlich genau das, was ich gerade nicht gehegt und gepflegt hatte: nämlich eine stabile Beziehung. Einen liebevollen Partner, der dir den Rücken stärkt und für dich da ist, wenn du ihn brauchst. Bei dem du dich ausruhen und Kraft tanken kannst. Der dir mit Rat und Tat zur Seite steht und dich auch mal darin bestärkt, weniger zu arbeiten.

Ich habe in dieser Zeit viele sehr erfolgreiche Männer kennengelernt, die genau so eine Frau zu Hause hatten und deswegen ziemlich stressfrei ihren aufreibenden Job über mehrere Jahrzehnte hinweg absolvieren konnten. Ich habe kaum weibliche Stars getroffen, die nicht private Probleme gehabt hätten.

Das liegt meiner Meinung nach daran, dass sich die meisten Frauen immer noch ein Alphatier angeln wollen. Das sind aber leider wiederum genau die Männer, die auch in der Beziehung eine führende Position anstreben. Von so einem Partner zu erhoffen, dass er sich zurücknimmt und seinem Weibe die nötige Rückendeckung gibt, ist völlig illusorisch. Denn er erwartet ganz klar von seiner Frau, dass sie alles tut, um seine Karriere zu fördern, indem sie seinen Kram erledigt und seine Kinder großzieht.

Aber egal wie erfolgreich, gebildet und finanziell unabhängig die Dame von Welt heutzutage ist, sie wünscht sich trotzdem immer noch 'nen Kerl, der besser ist, weil sie zu ihm aufschauen möchte. Er muss also größer, klüger, älter und noch reicher sein als sie. Mit anderen Worten: eine Mischung aus James Bond, Lassie, dem Weihnachtsmann und Dagobert Duck.

Und deswegen sind so viele tolle Frauen immer noch Single, weil es solche Typen nur im Sankt-Nimmerleins-Land gibt. Okay, der Weihnachtsmann kommt einmal im Jahr, aber das ist sexuell auch nicht gerade befriedigend ...

Kleine Info

Als Frau das eigene Beuteschema mal neu zu überdenken ist eine Chance, die eine Leopardin gar nicht hat, aber ein waches menschliches Wesen sehr wohl.

Es gibt heute Gott sei Dank auch sehr attraktive, lustige und überaus liebenswerte Versorger und Beschützer, die vielleicht auf den ersten Blick nicht die tollen Siegertypen mit dem schnittigen Auto sind, aber bei näherer Betrachtung oft die wesentlich beziehungsfähigeren, treueren und auch reiferen Männer. Wenn sich ein erwachsenes männliches Individuum aus freien Stücken dafür entscheidet, dass es keine Lust hat, sich dem Leistungsdruck unserer materialistischen Welt auszusetzen, ist er kein Loser, sondern er tut in meinen Augen einen wichtigen Schritt weg von den allgemeinen Lebensprämissen eines Pavianrudels. Es gibt inzwischen sogar Männer, die kapiert haben, dass sie eine viel ruhigere Kugel schieben, wenn sie den Hausmann geben und die Frau die Kohle heimbringen lassen. Frauen stressen sich mit ihrem Porentiefrein-Perfektionismus im Haushalt sowieso viel zu sehr. Ein Mann hat diesen Lupenblick gar nicht, um zu sehen, ob da noch ein kleiner Schmutzrand auf der Anrichte ist. Und gerade Kinder brauchen doch ein bisschen Dreck, um ihr Immunsystem zu trainieren. Den Männern kann ich an dieser Stelle nur sagen: Die Angst vor starken Frauen ist unbegründet. Schließt nicht von euch auf andere. Ein starker Mann wird in seiner hierarchischen Welt immer darum bemüht sein, die anderen zu dominieren. Eine starke Frau hingegen lässt ihre Umgebung erblühen, weil Frauen wesentlich mehr Gemeinschaftssinn haben.

Nun gut. Mir wurde jedenfalls irgendwann immer klarer: Meine Sieger-straße hatte sich in einen Holzweg verwandelt, der morsch geworden war und unter meinen Füßen zusammenbrach. Eines Nachts, nach ei-ner endlosen Phase sich steigernder Hast und Überarbeitung, hatte ich einen sehr intensiven Traum. Ich gehe in den Stall, der im Keller meines Hauses liegt. Dort steht ein völlig verhungertes weißes Pferd, das sich kaum noch aufrecht halten kann, und ich, nur ich, bin dafür verant-wortlich. Ein unglaublich schlechtes Gewissen bedrückt mich zutiefst. Das einstmals strahlende Tier ist total verwahrlost und klapprig, weil ich es sträflich vernachlässigt habe, so sehr, dass es fast gestorben wäre. Also führe ich den Klapper vorsichtig ans Tageslicht und schwöre ihm dabei unter Tränen, dass ich so was nie mehr zulassen werde.

Doch plötzlich ist da meine amerikanische Aerobictrainerin, und die schreit: »Reiß dich am Riemen!« Und sie zerschmettert meinen Siegerpokal aus Metall auf dem Boden. Der zerspringt in 1 000 Teile und verursacht einen irrsinnig lauten, schrillen Lärm. Es tönt durch-dringend wie ein Düsenjäger in meinen Ohren, aber wieso steht der in meinem Hotelzimmer?

Und da werde ich wach. Ach so, das ist mein Wecker. Ich mache ihn aus, aber er klingelt immer noch. Ich werfe ihn an die Wand, aber es schrillt immer noch! Oh mein Gott, das ist Alarm!!! Es brennt!

Ich renne panisch zur Tür, reiße sie auf ... Feuer!!

Vor mir steht das Zimmermädchen und sagt: »Nee ... Frühstück! Sie wollten Toast unnen Ei und 'nen Kaffe unnen Brei.«

Nein! Dieses gellende Geräusch ist in meinem Kopf! Aber da fällt mir ein, dass mein Tonmann beim Soundcheck immer sagt: »Wenn's pfeift, dann ist das die Backenzahnfüllung, die plötzlich auf Kurzwelle empfängt.«

Der ist mal Radiotechniker gewesen und muss es ja wissen.

Und dann klingelt es wirklich, das Handy, mein Agent. »Hallo Har-ry, was gibt's? Nö, bei mir ist alles okay. Ich höre nur gerade so einen schrillen Ton in den Ohren ... nee-nee, kein Grund zur Sorge! Bei mir piept's. Das is wahrscheinlich mein innerer Vogel, der pfeift. Haha ...

was? Stresssyndrom?? – So ein Quatsch, ich hab doch keinen Stress, ich hab ein Pfeifen im Ohr; das ist der Backenzahn ... kürzertreten? Wann soll ich das denn noch machen? Ich mach eh viel zu wenig. Heute Morgen hab ich schon wieder nicht trainiert. Madonna arbeitet wahrscheinlich doppelt so viel wie ich!«

Kurzer Tipp

Sich zu vergleichen, das ist der sicherste Weg, sich unglücklich zu machen. Es wird immer jemanden geben, der mehr hat oder besser ist als du. Wenn du den anderen deine Aufmerksamkeit schenkst, werden all die wunderbaren Dinge, die du mitbekommen hast, herabgewürdigt. Aber jetzt schnell zurück zu meinem Telefonat.

» ... Okay, wir sehen uns heute Abend in Salzburg ... ach so, Wien, egal. Hauptsache Schweiz! ... Hahaha, Bussi, ciao!« Ich lege auf und denke nur, so 'ne Memme! Wenn ich bei jeder Lappalie anfangen würde rumzuzicken, könnte ich den Tourneeplan, den der mir gebucht hat, nie einhalten. Da kommt plötzlich das Zimmermädchen aus meinem Bad. »Ach Frau Perlinger, ick habe det Jespräch eben mitjekricht, wa. Mene Schwäjerin, die hatte ooch det Piepen im Ohr, ick stecke Ihnen mal det Kärtchen inen Waschbeutel rin ... da werden Sie jeholfen. Und noch 'ne schöne Fahrt nach Wien. Soll ja sehr schön sein in der Schweiz.«
Ähm, danke, Berlin – Wien an einem Tag, kein Thema. Ich hab ja den neuen Smart! Nur schade, dass man vor lauter Navi die Straße kaum erkennen kann.

The Race

Ich versuch doch, die Bälle flachzuhalten,
das Time-Management entspannt zu gestalten,
prüfe mit Anwalt jeden Vertrag
und kontere cool den Gegenschlag.
Ja, trotzdem tauchen Probleme auf,
Shit, ich hab die falschen Reifen drauf!
Hier aufpassen, da ausweichen,

'nen Boxenstopp kannste völlig streichen.
Wie Formel 1, so is mein Leben;
Formel 2 heißt weiterstreben.
Die Triumph-Trophäe, nach der ich spähe,
verstaubt im Schrank, aber Gott sei Dank
jag ich schon der nächsten nach:
mit Stunk im Tank und noch mehr Krach.
Der Wagen schlingert, das Heck bricht aus,
die Steuernachzahlung bringt mich draus.
Eigentlich soll ich runterschalten,
aber ich will den Anschluss zur Spitze halten.
Ein Riesengerangel um die Position,
die Meute hinter mir drängelt schon.
Rasend um die Wette rennen,
aber ich wollte doch weg von diesen Zwängen!
Okay, ich geb's zu, ich bin abgespannt.
Also kauf ich ein paar Blümchen am Wegesrand,
leg mir 'ne schöne Musik auf
und bring mich wieder gut drauf.
Und hab mir mit diesem angepissten Drecks-Blütenstaub
mein ganzes nigelnagelneues Auto versaut!
Aber von so was, da lass ich mich nicht runterziehen;
Okay, ich geb es zu, ich hab ein bisschen rumgeschrien.
Dreht sich denn wirklich die ganze Welt
nur noch um Status, Ruhm und Geld,
Gesetze, Kredite, zu kleine Rendite?
Die Last der Gebote, die List der Verbote,
das Leben verplant und komplett überteuert,
und wir sind längst wie ferngesteuert.
Bin voll am Bibbern, die Knie am Zittern,
mein Herz ist am Flattern, die Knochen am Schlackern.
Hektische Flecken sind nicht zu verdecken ...
Ich bin völlig verspannt im Nacken
und kann morgens nicht mehr ... frühstücken.

Stresssyndrom! Was ist das denn eigentlich?

Ich schau zu Hause im Lexikon nach: »Eine physiologische Dysfunktion aufgrund psychischer wie physischer Überlastung.« Siehe Abbildung, und da ist ... *ein Foto von mir!!*

Die erste Pause nach zehn Jahren

Jaa, ich geb's zu: Ich hab ein bisschen viel um die Ohren. Okay, ich gönne mir jetzt 'ne Auszeit! Also bring ich meinen kleinen Felix mal wieder zu meiner Nachbarin, ach nee, der ist ja schon dort und gebe mir ein verlängertes Wochenende in so 'ner niederbayrischen »Wellness-Beauty-Hühner-Farm«.

Ich drapiere mich dekorativst auf eine Liege in den Badebereich und lausche den mit Walgesängen unterlegten Kaufhausklängen. Endlich habe ich mal den inneren Abstand zu meinen momentanen Problemen gewonnen und ...

Meine Güte, hier laufen aber auch Leute rum. Manfred Deix übertreibt in seinen Karrikaturen kein bisschen. Der liebe Gott hat uns doch angeblich nach seinem Ebenbild erschaffen. Heiliger, muss der scheiße aussehen.

Wenn man sieht, was da so aus dem Pool gekrochen kommt. Der Unterschied is gar nicht sooo groß zwischen Wellness und Lochness, und dann auch noch im quer gestreiften Badeanzug. Aber eigentlich ist das echt gemein!

Die arme Frau kann wahrscheinlich nix dafür. Es ist wissenschaftlich erwiesen, dass über 60 Prozent der dickleibigen Menschen genetisch so veranlagt sind. Die können nur dick! Das ist wie 'ne lange Nase, abstehende Ohren, die kann man auch nicht runterhungern oder wegtrainieren. Wie soll das denn gehen? Mit Naso-Labial-Push-ups?

Hier mein Tipp

Die Medien reden uns ein, dass jeder durch weniger Essen und mehr Sport schlank werden kann.	Das stimmt einfach nicht. Rundlich zu sein ist sehr oft eine genetische Veranlagung; es liegt also an einem

Gen und nicht am Zum-Kühlschrank-Gehn. Abnehmen zu wollen funktioniert in vielen Fällen einfach nicht! Gott sei Dank gibt es im Internet Foren, in denen Männer ganz explizit »weiche Frauen« suchen. Wenn du so ein Fall sein solltest, entziehe dem Thema jegliche Aufmerksamkeit. Nimm es als Herausforderung, diese ganze Oberflächlichkeit von dir abfallen zu lassen. Wir alle sind aufgerufen, uns innerlich gegen diesen übertriebenen Schlankheitswahn zu wehren.Seit der Entstehung des Homo sapiens hat die Evolution die entsprechenden Gene mühsam zusammengesammelt, um so einen typisch weiblichen Rubensarsch zu modellieren. Und warum? In der Eiszeit wärmt er, im Sommer gibt er Schatten. Und bloß weil irgendwelche Modediktatoren sagen: »Ab jetzt nur noch Apfelpopöchen«, haste mit so 'nem genetischen Erbe die Arschkarte. Darunter leiden nicht nur die Dicken. Wir alle werden von diesem Schlankheits- und Schönheitswahn terrorisiert: Auch ich lasse mich dermaßen unter Druck setzen!

Kein Wunder, dass mein innerer Wasserkessel pfeift.

Sie sagen jetzt vielleicht: »Was will die denn? Komm, mit der Figur, da hat man doch kein Problem.« Aber wenn du in der Öffentlichkeit stehst, da wird jedes Gramm auf die Goldwaage gelegt, und wehe du hast ein My zu viel, dann kommt gleich die Heidi-Klum-Fraktion, diese Bulimiker-Partei, und stellt dich an den Hochglanzpranger. Da heißt es dann wieder Dellenalarm! Und wir machen mit!
Frauen kaufen sich ja keine Wichsheftchen, wir geilen uns daran auf, wenn ein Paparazzo einen Weltstar mit Cellulitis erwischt. Und dann wird abgelästert, dagegen ist Dieter Bohlen ein einfühlsamer Therapeut. Aber das muss man sich doch mal genauer anschauen.
Wir Mädels inhalieren also mit masochistischer Lust Zeitschriften, in denen steht, dass wir sowieso nur eine einzige wandelnde Problemzone sind, die abgesaugt gehört.

Ist Ihnen schon mal Folgendes aufgefallen? Je mehr Aufmerksamkeit man diesem Thema schenkt, umso mehr Problemzonen tun sich auf: Krähenfüße, Doppelkinn, Hängetitten, Schwabbelbauch, Reiterhosen, Cellulite haben wir dann auch.

Das Problem wird auch noch dadurch verstärkt, dass wir Frauen als Sammlerinnen jahrtausendelang trainiert haben, auch noch die kleinste Beere im Unterholz zu finden. Und mit diesem typisch weiblichen Lupenblick, mit dem wir sogar die Butter im Kühlschrank finden, begutachten wir dann auch unsere Oberschenkel.

Ich hab vor Kurzem in einer Sendung gesehen, wie ein Schönheitschirurg die Partie, die abgesaugt werden sollte, mit 'nem schwarzen Filzer angezeichnet und dick schraffiert hat. Wissen Sie warum? Weil Männer das sonst gar nicht sehen würden. Aber wenn man die mit der Nase draufstupst, fangen die auch an ... tja: »What you focus on – expands!« Das worauf man fokussiert, das wird größer, und zwar auch die Fettpölsterchen.

Und davon profitieren dann die Schönheitschirurgen.

Da höre ich hinter mir ein lautes Händeklatschen ... und eine Männerstimme ruft: »Hello Ladies. Ich bin Gregory, Euer Personal-Ernährungs Supervisor. Jetzt beginnt das Übungsessen im Bio-Vegetarischen-Vollkorn-Tempel!« –

Das trifft sich. Mann, hab ich einen Kohldampf! Ich werfe einen Blick in die Speisekarte. Ein kleiner Salat kostet 26 Euro?? Da fällt einem das Abnehmen schlagartig leicht. Wahrscheinlich ist der Balsamico von Prada, die Crème fraîche von Coco Chanel, und das Olivenöl hat der Versace höchstpersönlich gepresst, mit seinen Arschbacken ... Ohoh, er kommt!

Gr: Okay, es geht um die Bewusstheit beim Essen, das innere Fett auf der Seele. And don't forget: Big brother is always Weight Watching you!! – Was würdest du wählen, hä??

Sis: Ich nehme das Mädchengedeck, ein stilles Wasser, Zimmertemperatur und 'nen kleinen Obstsalat.

Gr: Oh my god, Früchte um diese Uhrzeit, das ist 'ne glatte 6 minus, setzen.

Sis: Ach? Und mit Aufnahme dieser Nahrung löse ich quasi einen automatischen Selbstvernichtungs-Countdown aus?

Gr: Right!

Sis: Und wenn ich ein Croissant genommen hätte?

Gr: Hätte ick dir 'nen Gnadenschuss gegeben. Du isst jetzt das. – Sprach's, stellt mir 'nen Teller mit einem sorgfältig arrangierten Nix vor die Nase und entschwand.

Sis: Das ist die neue mikroskopische Molekularküche, quasi-theoretisch-hypothetische Nahrungsaufnahme. Dieser Ernährungsplan ist definitiv kurz vor der Fotosynthese. Wenn der Satz stimmt: »Du bist, was du isst«, dürfte ich nach diesem Abendessen hier gar nicht mehr existieren.

Mir geht dieser Schlankheitswahn dermaßen auf den Senkel! Alle reden nur noch vom Dünnerwerden, aber wenn man die Glotze anschaltet, nix als Kochsendungen!! Und da darf es dann plötzlich nur noch Sahnebutter sein und Doppelrahmstufe und natürlich alles nur vom Feinsten! »Oiso, der Ding kocht seine Nudeln ja nur noch in handgeschöpftem finnischem Quellwasser, gei, du, des schmeckst du aber auch, da möcht ich wetten.« Sagte meine übergewichtige Tischnachbarin zu ihrem Gegenüber.

Amerikanische Wissenschaftler haben herausgefunden, dass wir irrsinnig schlank werden, wenn wir nur noch synthetisch hergestellte Diätmargarine, künstliche Süßstoffe, cholesterinfreien Speck und garantiert eifreien Eiersalat essen. Das erzeugt zwar Krebs, aber amerikanische Wissenschaftler haben auch rausgefunden ... dass sie am meisten Geld verdienen, wenn sie sich von großen Lebensmittelkonzernen schmieren lassen. Gott, ich muss echt aufpassen, dass ich hier nicht noch schlechter draufkomme.

Hierzu mein kleiner Tipp am Rande

Der Einzige, der wirklich weiß:

1. was du brauchst,
2. was dir schadet,
3. was dir fehlt oder
4. welche Gifte du unbedingt ausscheiden solltest, ist dein Körper.

Also gilt es, das eigene Körpergefühl zu trainieren. Gut, es gibt Menschen, die sind »zuckersüchtig«, und ihr Körper scheint ihnen zu sagen: »Du brauchst jetzt sofort drei Tafeln Schokolade.« Aber auch das kann man heilen.

Zugegeben, ich habe auch schon Leute getroffen, die sich durch den übermäßigen Genuss von Karottensaft 'ne Leberzirrhose gezüchtet haben, aber das war nicht der Körper, sondern der Kopf, der das irgendwo gelesen hatte.

Ein gesunder Körper hat eine ganz klare Sprache, um sich mitzuteilen. Wir haben 'nen »Gieper« auf die Sachen, die uns fehlen und die wir brauchen. Wenn wir unsere Sensibilität trainieren, dienen wir unserem persönlichen Wohlergehen wesentlich mehr, als wenn wir sklavisch irgendwelchen Ratgebern glauben, die sich sowieso ständig verändern. Nur freudvoll und genießerisch seine Essgewohnheiten auf Dauer zu verändern hält uns auch auf lange Zeit gesund.

Wenn man gutgelaunt über solchen unabänderlichen Kleinigkeiten stehen möchte wie der Tatsache, dass man ein paar Kilo zu viel auf den Hüften hat, dann muss man auch eine gesunde Form des Ignorierens kultivieren.

Au Mann, ich wünschte, ich könnte diesen Pfeifton in meinem Ohr überhören und auch diese ganze übertriebene Angst, womöglich nicht mehr begehrenswert zu sein; das ist doch nur Medienpropaganda. Das muss man sich einfach immer wieder ganz klar vor Augen halten, und dazu hole ich kurz mal etwas aus.

Das Bild der Frau im Wandel der Zeit

Früher, bei Hofe, waren die älteren adeligen Damen angesehenes Zentrum des gesellschaftlichen Lebens, und vor allem auch als Liebhaberinnen heiß begehrt und umworben. Ganz klar, sie waren im Bett nicht so verklemmt und viel erfahrener. Außerdem waren sie als Gesprächspartnerinnen wesentlich gebildeter und unterhaltsamer als die jungen Dinger.

Aufgrund ihrer hohen Geburt konnte man diese Frauen gar nicht unterdrücken. Und sie hatten Zugang zu Bildung und waren in gesellschaftlichem Austausch versiert. Diese Frauen waren zwar für die breite Masse unerreichbar, aber ich kann mir vorstellen, dass sie trotzdem auch einen Vorbildcharakter hatten.

Mit dem Beginn der industriellen Revolution brauchte man in den Ballungsgebieten der Produktionsstätten plötzlich ganz viele

Arbeiter (Landflucht, Bevölkerungswachstum dank steigender Hygiene, rückgängige Kindersterblichkeit ...), die sich den ganzen Tag und teilweise auch die Nacht über in den Fabriken abrackerten. So entwickelte sich ein ganz anderes Bild einer »idealen Frau«. Diese musste in erster Linie zuverlässig zu Hause bleiben und die Familie zusammenhalten (wenn nicht auch sie ebenso wie die Kinder zu Fabrik»sklaven« wurden, die unter inhumanen Bedingungen schufteten).

Und so etablierte sich ab dem Ende des 18. Jahrhunderts (bis zum Beginn des Ersten Weltkrieges) ein anderes Frauenbild. Übrigens wurde schon damals die Arbeit der Frauen geringer bezahlt, weil sie ja keine Familie ernähren mussten. Und natürlich waren ihnen keinerlei Führungsaufgaben zuzutrauen, denn das hätte Strenge und Durchsetzungsvermögen bedeutet.

Für das Bürgertum wurde in Zeitungen, Theaterstücken, vor allem natürlich von der Kanzel herab nur noch eines gepredigt: Selbstaufopferung, Keuschheit und Einhaltung der ehelichen Gebote, nach dem Motto:»Seid bloß froh, wenn ihr schnellstmöglich unter die Haube kommt, denn sobald ihr die ersten Falten habt, seid ihr auf dem Heiratsmarkt wertlos. Sobald ihr euch auch nur eine Verfehlung leistet, werdet ihr in der Gosse landen, und ohne einen Beschützer und Versorger seid ihr sowieso nicht lebensfähig.«

Eine Bäuerin musste in erster Linie arbeiten können, aber in den Städten wurde das Ausleseverfahren immer strenger.

Der kleine Mann wurde schon immer dumm gehalten, und der wollte natürlich, dass seine Frau noch dümmer ist. Eltern hatten damals große Angst, wenn ihre Töchter zu viel lernen wollten, denn eine gebildete Frau hatte kaum Heiratschancen. Der Brief eines Hauslehrers aus der damaligen Zeit spricht Bände. Der schreibt doch tatsächlich:»Keine Sorge, ich werde Ihren Töchtern nur so viel Nützliches für Küche, Haus und Hof beibringen, dass sie auf alle Fälle noch einen heiratswilligen Mann finden werden.«

Eine Frau, die mal den Mund öffnete, war sofort ein ungebührliches, geschwätziges Weib! Und das Schlimmste war, eine eigene Meinung zu haben. Deswegen haben Frauen immer mehr Wert auf ihr Aussehen gelegt. Denn das Einzige, was sie sein durften, war: jung, fruchtbar und schön.

Genau genommen hält diese Sichtweise als medienpolitischer Feldzug bis heute an. Und von so etwas lass ich mich doch nicht ins Bockshorn jagen, pah!! Soweit die Theorie.

In der Praxis muss ich leider gestehen, dass ich mir ganz schön Sorgen über die Zukunft mache, wenn ich mal nicht mehr attraktiv bin. Immerhin bin ich alle drei Jahre gezwungen, wieder da rauszugehen, auf diesen ...

Beziehungs-Anbahnungs-Rummelplatz

Da werde ich dann angekettet an die Achterbahn der Emotionen. Hui, das geht manchmal ganz schön hoch rauf, das Dumme ist, du weißt vorher schon, jetzt geht es auch gleich wieder ganz rasant nach unten! »Das macht Spaß, das macht Freude?!? Hereinspaziert in das Spiegellabyrinth der Projektionen und Illusionen! Trauen Sie sich in die Geisterbahn der unerfüllten Liebe. Kommen Sie, schöne Frau, schießen Sie sich ein Herz.« Schuss, daneben. Schuss, *daneben ... dann eben* nicht! Wir Mädels lassen uns doch immer noch voll verarschen. Mir macht diese Flirtsause null Spaß. Ich will wohlbehütet unter die Haube und, in trockene Tücher gepackt, mein Ding machen können. Aber die Eintrittskarte in dieses weiche, warme Nest unter dem großen starken Flügel eines Mannes heißt: Knackarsch!

Und ständig ist »Bikini-Saison«; da soll frau dann plötzlich innerhalb von zwei Wochen alles weghungern?

Unglaublich, wie die Medien uns mit Schönheits- und Jugendwahn indoktrinieren. Aber wehe, wenn eine, die in der Öffentlichkeit steht, sich schönheitsoperieren lässt. Dann wird sie von den gleichen Medien wie die Sau durchs Dorf getrieben. Also was denn jetzt?!? Ich finde, Hauptsache man erkennt nach der OP noch, wer da so hübsch ist!

Aber das ist doch auch keine Lösung, da müsste frau quasi permanent nur noch an sich rumschrauben lassen, um bei diesem immer extremeren Schönheitswahn überhaupt noch mitzukommen.

Früher waren wir Weiber dazu verdammt, die Klappe zu halten und Strickmaschen zu zählen, heute haben wir uns ja »ganz toll emanzipiert« und zählen Kalorien. Und wir sind inzwischen auch schon sehr gebildet, wir lesen Frauenmagazine. Dabei hat man herausgefunden, dass das Selbstvertrauen nach der Lektüre von solchen Blättern um bis zu 60 Prozent sinkt. Aber wir lesen anscheinend nichts anderes. Ich war kürzlich beim Friseur, frage nach einem SPIEGEL, bringt die mir ein Handspiegelchen – von dem Magazin hatte sie noch nie was gehört! Es geht anscheinend nur noch darum, »fit und in« zu sein. Übrigens heißt »to fit« auf deutsch »passen«, aber wenn wir alles mitmachen, was uns diese Modeheinis vorleben, dann müssen wir uns demnächst auch die Rosette bleichen. Das ist der neue Trend aus Amiland. Meine Güte: das brennt doch bestimmt. Den Song dazu gibt's ja schon lange: »Burn burn burn, that ring of fire«.

Au Mann, ich will mich hier im Hotel doch wellnessen und erholen, stattdessen rege ich mich nur auf. Und jetzt, besonders da ich merke, dass ich wirklich ruhebedürftig bin, wird es in mir total lärmig. Je leiser es draußen ist, umso lauter wird es in mir drinnen. Tagsüber geht es, aber im Morgengrauen ist es am schlimmsten. Das ist die zehnte Nacht, in der ich wegen dieses Pfeiftons kein Auge zumache. Ich frag mich ernsthaft, ob ich je wieder glücklich werde, setze mich auf die Bettkante und weine. Zum Glück hab ich meine Gitarre eingepackt, und in dieser Nacht schreibe ich die zweite Strophe zu meinem Song.

Das zweite Stück vom Glück

Wenn ich fünf Sterne, zehn Gänge eingeladen wär,
bin ich dann auch wirklich glücklich
bis zum Dessert, mit allem was ich da verzehr?
Bestell ich mir ein dickes Rumpsteak,
krieg ich dann ein Stück vom Glück?
Besitz ich ein schickes Grundstück,
besitz ich dann ein Stück vom Glück?
Find ich ein wertvolles Fundstück,

find ich dann das Glück?
Beherrsch ich ein tolles Kunststück,
beherrsch ich dann das Glück?
Das ewige Suchen nach dem großen Kuchen
kann man als Fehlinvestition verbuchen.

Ist denn alles, was ich bis dahin in meinem Leben getan habe, eine große Fehlinvestition in die falsche Richtung, habe ich mich total verkalkuliert? Jetzt, da ich so allein in der Wellness-Oase sitze, merke ich erst das ganze Ausmaß meines Unglücks. Ich wusste bis dato gar nicht, wie düster es in mir aussieht. Wie konnte ich nur so ganz allein hierher fahren, ohne Ablenkung, ganz auf mich selbst zurückgeworfen, ich spiele gerade die Hauptrolle im Horrormovie meines eigenen Lebens, und das Monster sitzt in meinem Kopf und schreit. Das ist ja das blanke Grauen. In mir öffnet sich ein Abgrund. Oh Gott, da darf ich jetzt bloß nicht reinfallen.

Ich schalte schnell den Fernseher an, um mich abzulenken, aber anstatt auf andere Gedanken zu kommen, bringt mich das nur noch schlechter drauf. Wo ich auch hinzappe, gibt es nur noch Kriege, Krisen und Börsencrashs. Das Böse-Welt-Syndrom schlägt zu. Seitdem ich auf Tournee schlaflos vor der Glotze hocke, merke ich, dass ich immer paranoider werde.

Jetzt verstehe ich auch, wieso die Selbstmordrate nach Spätnachrichten so sprunghaft steigt. Die Menschen sind übermüdet, gestresst und deprimiert. Manchmal genügt schon eine geballte 15-minütige Ladung Horrormeldungen, und der Riemen, an dem man sich gerissen hat, zerreißt. Da kann man nur noch aus dem Fenster springen, weil man keinen anderen Ausweg mehr weiß. Wenn es einem psychisch nicht so gut geht, ist man besonders sensibel für diese Angstmacherei, die da läuft. Und paradoxerweise verkaufen sich die meisten Presseorgane mit 'nem Super-GAU auf der Titelseite erst richtig gut. Und je gruseliger die Überschrift, umso gieriger greifen die Menschen dann zu so einem Schmierblatt. Au Mann, ich darf schon gar nicht mehr an 'nem Zeitungskiosk vorbeigehen, da krieg ich jedes Mal das nackte Grausen, wenn ich diese Schlag-Zeilen sehe. Jetzt weiß ich auch, wieso diese Dinger so heißen. Die zu lesen macht mich immer so nieder*geschlagen*. Und wenn gerade mal nix Schlimmes passiert ist, bauscht der gewitzte Presse-Profi-Apokalyptiker eine Mückengrippe mal eben schnell zu einer Elefanten-Pandemie auf oder greift hin und wieder zu einem schrecklichen Terroralarm. Das sind die besten Methoden, Menschen in Panik zu versetzen. Ich will ja hier keine irrwitzigen Verschwörungstheorien verzapfen, aber Flughäfen dürfen wir wahrscheinlich bald nur noch nackt betreten und müssen dann am Schalter Urin- und Speichelproben abgeben. Wir könnten uns ja mit diesem Gemisch auf der Bordtoilette selbst in die Luft sprengen! Ich will auch nicht völlig pa-pa-paranoid und durchgeknallt erscheinen, aber da steckt doch Methode dahinter; da-da-das ist doch von langer Hand so inszeniert, dass man uns solche Ängste einpflanzt, damit wir wieder nach einem starken Führer schreien, der uns beschützt. Die Nummer hat doch schon mal so wunderbar funktioniert.

Übrigens, vom TV-Programm werden wir so verblödet, dass wir gar nicht mehr merken, wie man uns für dumm verkauft. Ich meine, das ist doch nicht übertrieben, wenn ich sage, wir werden alle auf einer nach unten offenen Richterskala in den Strudel eingesogen, der sich immer schneller drehenden Dämlichkeits-Spirale. Und früh genug eingesetzt ist sie ein bewährtes Verhütungsmittel gegen eigenständiges Denken. Aber warum tu ich mir das an? Warum schau ich trotzdem in diesen Kasten hinein? Ganz einfach, weil ich diesen Ton im Ohr nicht ertragen kann. Alles ist besser als das. Und wieder bin ich am Zappen. Gott sei Dank sind die Nachrichten jetzt vorbei, dafür läuft jetzt 'ne Kochshow-Quiz-Kochshow-Reality-Kochshow-Nanny-Kochshow-Soap. Wollen die uns eigentlich mästen?

Ich komme mir manchmal vor wie Schweinchen Babe, wenn es kapiert: »Der Bauer füttert mich nur, weil er mich später aufessen will!« Aber nein, jetzt bloß nicht durchdrehen! Wir werden nicht geschlachtet, nur dressiert ... bis wir weltweit vereinheitlichte Konsumenten sind. Die perfekte »Konsum-Ente« ist eine dicke, wandelnde Werbe-Litfaßsäule: das T-Shirt von Löwenbräu »Bier formte diesen Körper«, auf der Kappe »Dieser Hohlraum wurde entleert by Bild« und quer über dem Hosenstall »Dieser Werbeträger wird Ihnen präsentiert von der Berlusconi-Medienholding«.

Man hat sich rettungslos verschuldet für Auto, Haus, iPhone, ii-Toaster und ii-Klobürste und wird den Rest seines Lebens in der Tretmühle abarbeiten. Und weil wir brave Bürger sind, tanzen wir nach Feierabend im »Shoppingcenter« noch den Konsum-Ententanz. »Ja, jetzt kauf ich mir noch das. Und dann kauf ich mir noch das, und dann kauf ich mir noch das, das, das und das.«

Auuu! Mein Scheiß-Pfeifen wird immer lauter. Wenn ich heute versuche, mich an diese Phase meines Lebens zurückzuerinnern, verschwinden die Bilder in der Dunkelheit; alles um mich herum war damals düster und deprimierend.

Ich absolvierte meinen Alltag fast wie in Trance, keine Ahnung, wie ich überlebt habe. Wenn ich Leute treffe, die mir in dieser Zeit über den Weg liefen, erzählen sie mir Geschichten von einem mir fremden Menschen namens Sissi. Ich habe vor Kurzem zufällig ein Gedicht gefunden, das ich damals in meiner »Schwarzen Periode« geschrieben habe.

Gedicht vom Ende

Du weißt, du bist echt am Ende, wennde ...
nicht mehr gerade gucken kannst,
dich sogar in der heißen Wanne verspannst,
dein Wäschekorb bis oben voll ist,
dein Liebesleben nicht mehr so toll ist,
die Mailbox vor Messages explodiert,
man sich mi'm Handy die Beine rasiert,
du dich trotzdem weiterhetzt, den Autoschlüssel in den
Sicherheitsgurt steckst,
anstatt es zu merken, nur noch fluchst und hupst,
aus Versehen den Wachtmeister duzt.

Ich muss so wahnsinnig randaliert haben, dass dieser Polizist mich tatsächlich auf die Wache geschleift hat, obwohl ich doch völlig nüchtern war. Ich kann mich nur noch daran erinnern, dass ich am nächsten Morgen, als ich aus der Haft entlassen wurde, direkt losgegangen war, in die ...

HNO-Klinik

Wissen Sie, was ich an Krankenhäusern am meisten hasse? Das Licht. Ich sehe schlagartig 30 Jahre älter aus, und vor mir steht ein gut aussehender Chefarzt und schickt mich direkt in die Geriatrie. Und dieser Geruch! Da kommen bei mir immer die alten Erinnerungen hoch ... als mein Papa mich mit drei Jahren wegen einer Schokoladenvergiftung ins Krankenhaus gebracht hatte und danach für immer verschwunden war, weil ich so vehement darauf bestanden hatte, meinen Leoparden-Bärchen-Anzug zu tragen und weil ...

Ah, da kommt Gott sei Dank der Chefarzt höchstpersönlich, Prof. Dr. Pfaffinger, groß, silbernes Haar, die absolute »Konifere« auf seinem Gebiet.
Arzt: Frau ... äh ... Perlinger ... Sie sind aber nicht die Mutter von dieser schrillen Ulknudel?
Sis: Nicht direkt.
Arzt: Nee-nee, haha. Wir gucken das ja immer sehr gern, meine Frau und ich, dieses »Ladykracher«. Ist ja sehr witzig. Also, wo drückt denn der Schuh?
Sis: Ich habe ein sehr lautes Pfeifen im Ohr ...
Arzt: Auf welchem?
Sis: Auf beiden Seiten.
Arzt: Dann haben sie also zwei Teenie-Tussis. Haha! Ich kann ja auch sehr lustig sein, sagt zumindest meine Frau. Äh, seit wann haben Sie das denn?
Sis: Seit vier Monaten, drei Tagen und zwei Stunden!!
Arzt: Na, dann habe ich eine gute Nachricht für Sie. Sie können sofort wieder nach Hause gehen.
Sis: Ach, das kann man ambulant behandeln?
Arzt: Jetzt kommt die schlechte Nachricht: Das kann man gar nicht behandeln. Sie haben die unheilbare Volkskrankheit Tinnitus, benannt nach dem römischen Feldherren Tinnitus Maximus; der seine eigenen Soldaten totgeschrien hat.

Sis: Wie, da kann man gar nichts dagegen tun??

Arzt: Doch, in den ersten zwei Wochen schon.

Sis: Und was kann ich nach vier Monaten tun?

Arzt: Ja, da gibt es nur noch eine Lösung ... Legen Sie sich ein paar Kinder zu – die übertönen das. Äh, in Ihrem Alter natürlich Enkel.

Spricht's und eilt auch schon mit wehendem Kittel hin zum nächsten unlösbaren Fall.

Wichtiger Tipp zum Thema Tinnitus

Diesmal nicht am Rande, sondern am Ende des Buches im Anhang (ab Seite 253). Dort gibt es eine sehr ausführliche Anleitung, was zu tun ist, wenn es dich erwischt haben sollte.

Mir ist es gelungen, mein Pfeifen nach drei Jahren wieder loszuwerden. Leider wusste ich das alles damals nicht und bin erstmal ordentlich im Dunkeln herumgetappt.

Ratschläge

Was soll ich denn jetzt machen? Jeder erzählt mir was anderes, und plötzlich sind alle Spezialisten.

Meine Mama meint: »Lass doch mal die Seele baumeln.« – »Au ja, gib mir ein Seil und zeig mir, wie ein Henkersknoten geht.« Oli sagt: »Nackt grillen in der Toskana ist der letzte Schrei in der Entspannungstherapie.« – »Häh? Nach dem Motto: ›Welches Würstchen hätten Sie denn gern?‹« Schweschter Eschter rät: »Jetzt gang hald amol den Jaakobs Weg, am beschde über glühende Kohle und no schreibsch: ›Ich bin dann mal weg und verbrenn mir die Sohlen!‹« Mein Psychiater sagt, ich solle Abstand gewinnen, mir öfter mal selbst über die eigene Schulter schauen. Mein Physiotherapeut erklärt meinen Nacken dazu für viel zu steif. Ich hab damals sowieso immer öfter neben mir gestanden, nicht schön, was ich da gesehen habe.

Eine fremde Frau in der Straßenbahn schaut mich kurz an, dann bricht es aus ihr heraus: »Wos du brauchst, is a gscheide Chakra-Klangschalen-Therapie.« – »Mir ist inzwischen alles egal, Hauptsache es hilft.« Sie gibt mir gleich 'nen Stapel Adressen, und prompt werde ich einmal durchgereicht, durch das gesamte ...

Esoterische New-Age-Heilungs-Parallel-Universum

Der erste »Body Worker« steckt mir rituell abzufackelnde Spezial-
kerzen in die Ohren, bis mir das Wachs auf der anderen Seite wieder
raustropft. Der zweite setzt mich in die Unterdruckkammer, bis mir
die Augäpfel platzen. Der dritte gibt mir chinesischen Wurzelsud aus
Pandafußpilz und Nillenkäse vom Yak. Riecht wie Opa unterm Arm,
hat aber tatsächlich geholfen.

Dieser Tee schmeckt so widerwärtig, dass ich tatsächlich sogar den
Tinnitus vergesse, während ich kotzend über der Kloschüssel hänge.
Genau in diesem Moment klingelt mein Handy. Mein Agent hat schon
immer ein großartiges Gefühl fürs richtige Timing. »Hallo, Harry,
nein ich freu dass du anrufst.« – Kotz.

»Was? Meine Fernsehshow ist abgesagt?? Würg! Die adaptieren lieber
das Erfolgsformat ›Nackte Mädchen waschen Autos‹?! Kotz!! Klar, das
bringt Quoten, wenn Frauen sich zu Waschlappen degradieren lassen.
Vom Fensterleder zum Fensterluder?! - Kann ich jetzt bitte in Ruhe
weiterkotzen.«

Kaum habe ich aufgelegt, klingelt das Telefon schon wieder. Im Display blinkt ein Herz; es ist mein Freund! »Hallo Schatz ... wie bitte? ...
Es ist aus!? Gerade jetzt machst du mit mir Schluss?? – Nein, eigentlich
passt es perfekt ins Bild. Das waren doch genau drei Jahre ... Hallo?
Schatz!« Aufgelegt.

Ich bin wie ferngesteuert, gehe ins Bad und putze mir erstmal die Zähne. Da fällt mein Blick auf eine Visitenkarte in meinem Waschbeutel,
die mir vorher nie aufgefallen ist. Ach genau, die ist von dem Zimmermädchen damals in Berlin. Und da steht:

Pech kommt selten allein, das heißt,
dass der Teufel immer auf einen Haufen scheißt.
Und verliert man erst mal ganz den Mut,
ist das Licht am Ende des Tunnels ein Zug.
Wenn die Sonne scheint und die Vögel singen,
und du denkst, jetzt sei's perfekt, sich umzubringen,
dann rufe bitte bei mir an, weil ich dir dann helfen kann.

Mein Telefon klingelt noch mal: »Hallo Schatz! Was?? ... Du hast *in meinem Zahnputzglas deine Hämorrhoidencreme* vergessen! Jetzt weiß ich auch, wieso das so scheiße schmeckt.« Ich lasse direkt noch einen Schwall ins Klo, schließe den Deckel, drücke die Spülung und blicke verwundert auf die Rückseite der Karte, und da steht: »Spezialpraxis für Tinnitus-Therapie«.

Das ist ein Zeichen, ein Wunder, ein Wink Gottes. Da muss ich sofort anrufen. Aber *wo ist* mein Handy? Ich öffne reflexartig den Klodeckel, und da liegt es tot auf dem Grund des weißen Porzellans. Oh mein Gott! Keine TV-Show mehr, kein Mann mehr und dann auch noch nicht mal ein Handy. Das ist ganz eindeutig der absolute Tiefpunkt meines Lebens. Ich falle in ein unendlich tiefes schwarzes Loch und denke, alles ist vorbei.

Liebe ist wie eine Droge

Man darf nicht vergessen: Bis vor nicht allzu langer Zeit hat es für eine Frau den sicheren Tod bedeutet, wenn sie von ihrem Versorger und Beschützer »in die Wüste geschickt« wurde. Wenn wir plötzlich allein dastehen, schütten wir auch noch heutzutage die gleichen Todesangsthormone aus wie unsere Vorfahren vor etwa 250 000 Jahren. Die Liebe hat die Kraft, uns in die höchsten Höhen zu katapultieren, aber auch in die tiefsten Tiefen zu stürzen.

Liebe kann man heute endlich auch ganz wissenschaftlich erklären: Mann und Frau sind von der Natur diametral entgegengesetzt veranlagt worden, damit sie als Symbiose gut funktionieren, um dem Nachwuchs optimale Überlebenschancen gewährleisten zu können. Damit sie sich jetzt aber nicht dauernd streiten, weil sie eben so unterschiedlich sind, schüttet der Körper am Anfang einer Beziehung einfach eine ganz heftige Dröhnung Hormone aus, um den anderen in rosarotem Licht erscheinen zu lassen.

Ich kenne dieses Phänomen sehr gut aus eigener Erfahrung. Kaum bin ich mit einem Mann zum ersten Mal im Bett gewesen, reagiere ich, als hätte ich den ersten »Schuss« gesetzt bekommen. Ich verschmelze mit ihm zu einer Einheit, schwebe wie auf Wolke sieben und projiziere mir jedes Mal den Wolf. Mein Körper schüttet schon beim ersten Sex dermaßen viel Bindungshormon Oxytocin aus, dass ich jedes Mal denke: »Boo, jetzt hab ich mir aber den genialsten Typen rausgelassen, den die Welt je gesehen hat.« Frisch Verliebte und schwere Kiffer zeigen genau die gleichen Symptome: Sie liegen den ganzen Tag im Bett und verschieben alles auf morgen.

Außerdem werfen beide ihr Geld zum Fenster raus. Der Süchtige schlappt täglich zu seinem Dealer: »Ey Alter, ich brauch dringend Stoff!« Ich hingegen rase ständig zur Parfümerie Douglas und kaufe alles, wo draufsteht, dass es mich verführerisch macht. Ich habe heute noch die Stimme von Deutschlands beliebtestem Tierfilmer und Verhaltensforscher, Dr. Bernhard Grzimek, im Kopf, wenn er so schöne Sätze gesagt hat wie: »Wird ein paarungsfähiges Weibchen von einem Männchen umworben, hortet es panisch Antifaltencremes, sinnliche Düfte und Hornhautabrubbelgeräte.«

Langjährige Süchtige und Verliebte sind auch irgendwann für alle vernünftigen Argumente überhaupt nicht mehr zugänglich. Zum Beispiel weiß man doch heutzutage, dass jede zweite Ehe nach etwa fünf Jahren wieder geschieden wird. Die anderen bleiben nur zusammen, weil sie ein ernsthaftes Gespräch vermeiden wollen. Gut, viele sind auch so anständig und möchten mit der Scheidung lieber warten, bis die Kinder tot sind.

Trotzdem treten täglich lauter völlig hormonzugedröhnte Menschen vor den Traualtar. Und warum meinen Sie, veranstalten Freunde und Verwandte da ein Hupkonzert? Hupen ist ein klassisches Warngeräusch! Das heißt in Wirklichkeit natürlich: Tut tu tututut, tut es nicht!!!

Nun, vom wissenschaftlichen Standpunkt aus betrachtet, ist Liebe also nichts anderes als eine von der Natur sehr geschickt designte Einstiegsdroge; ein Hormoncocktail, der allerdings leider nur so lange ausgeschüttet wird, bis der Nachwuchs so etwa mit vier bis fünf Jahren aus dem Gröbsten raus ist. Dann ist es evolutionsbedingt in den letzten 450 000 Jahren einfach geschickter gewesen, wenn sich andere genetische Kombinationen zusammengetan haben. So hatte man eine höhere Trefferquote, dass wenigstens ein Nachkomme all die Unbill überlebte, mit der man sich damals rumzuschlagen hatte. Und deswegen sind die meisten auch heute noch nach ungefähr fünf Jahren kein Paar mehr, sondern eine verkehrsberuhigte Zone.

Mich, in meinem damaligen Zustand, kann man, ohne großartig zu übertreiben, als »Beziehungs-Junkie« auf kaltem Entzug bezeichnen. Und wer hilft dir da? Niemand!

Für Drogenabhängige gibt es alle möglichen Therapieformen, der Suffkopf wendet sich vertrauensvoll an die »Anonymen Alkoholiker«. Aber ich bin damals wirklich dem Schlimmsten ausgeliefert gewesen, was es auf der ganzen Welt gibt, nämlich: den Kommentaren und den guten Ratschlägen meiner Verwandten und Bekannten. »Des hat doch a Blinder mit am Krückstock gsähn, dass des net lang gut gehen konnte mit euch zwei. Ihr wart einfach viel zu unterschiedlich. Was musst *du* dich auch in an klugen, gutaussehenden Mann verlieben!?«

Gott sei Dank gab es auch etwas mitfühlendere Worte wie: »Das Wichtigste ist nun mal, dass man seine Trauer zulässt, gell. Die Verarbeitung des Trennungsschmerzes dauert ja Jaaaahre, eigentlich ... genau genommen, mindestens doppelt so lange, wie die Beziehung selbst gedauert hat.« Na super, dann treff ich den Mann meines Lebens halt erst im Seniorenheim: »Keiner ist so gefühlvoll wie *er* ... beim Katheterwechseln.«

Sehr aufbauend ist auch, wenn man hört: »Männer sind doch wirklich nicht so schwer zu verstehen. Wenn bei meinem Schnucki-Bärli was nicht in Ordnung ist, zwei, drei Handgriffe an der richtigen Stelle, und schon ist die Sache wieder im Lot. Du, da nimmst dir jetzt an Jungen, die wissen zwar nicht, was sie tun, aber dafür können sie es wenigstens öfter am Tag.«

Den einzig vernünftigen Ratschlag gibt meine Freundin Britta, die sagt nur ganz trocken: »Komm, lass uns Schuhe kaufen gehen. Du weißt doch, das hilft immer.« Aber nach dem 15. Paar wird mir klar, ich brauche ganz dringend professionelle Hilfe. Und da hab ich mich an diese anonyme Liebeskummer-Selbsthilfegruppe gewendet, »Die schwa-schwä-Schwe« ...

Die schwarzen schwäbischen Schweschtern

Zum Frühstück gibt es »Hol dir die Kraft«-Saft und »Gemeinsam sind wir stark«-Quark mit »Ich lass mich nicht mehr schocken«-Flocken, und zum Drüberstreuen, aber nur für die, die wirklich wollen, 'ne kleine Prise »Luderzucker«.

Mir wird der »Ich schaff's auch ohne Mann«-Tee mit einem Schuss »Ich finde mich toll«-Vollmilch und einem großen Löffel »Ich tu mir gut und schon mich«-Honig gereicht.

Und dann werden wir von »Schweschter Eschther« in die geheimen Heilmethoden eingeweiht: »Also, mir nehmet da imma a alde Waschmaschinatrommel, die der Bruder Walter mit anem selbschtklebendem Samtbabier so schee beklebt hat, gell, und na werfed mir die ganz Trauer nei und alles, was uns belaschtet und blokiart, und na zündet mir's an. Ha des isch ei brudal befreiendes Ridual, spürt ihr diese reinigenden Kraft von dem Feuer? ... Mir nennet des immer ›Scheitern als Weg‹.«

Dieser Satz ist der Tropfen, der meine Amphore nun zum Überlaufen bringt. Ich packe meine Sachen und flüchte im Laufschritt aus diesem Seminar. »Scheitern ist okay, aber mein Weg wird das bestimmt nicht sein.« Ich sitze im Auto und finde mal wieder die Stelle nicht, wo man den Schlüssel reinstecken muss, um den Wagen anzulassen, aber das ist vielleicht ganz gut so, denn man kann nicht fahren, wenn einem der Kopf zwischen den Knien hängt.

Ich weiß, man soll den Kopf nicht hängen lassen, wenn einem das Wasser bis zum Hals steht, aber wenn ich ihn nicht da unten gehabt hätte, dann wäre mir auch diese Visitenkarte nicht aufgefallen, die mir unter meinen Autositz gerutscht war. Mein Handy war ja, als sie mir zum ersten Mal in die Hände gefallen ist, im Klo gelandet. Bis ich es endlich zu einem funktionierenden Telefon geschafft hatte, war das Adresskärtchen durch meine völlig geistige Umnachtung schon wieder verloren gegangen. Nach all meinem verzweifelten Suchen taucht es jetzt zum zweiten Mal wie von magischer Hand unter meinem Autositz auf. Ich rufe sofort an und lande bei einem Anrufbeantworter, der mit der brüchigen Stimme einer älteren Dame mit starkem Wiener Akzent besprochen ist. »Tuut, Tuut, kracks ... Hier ist die Tinnitus-Praxis, Freudina Sorgenfrey. Hilfe gegen den Pfeifton im Ohr gibt es *nur* nach dem Pfeifton auf dem Band ... piiiiiiep!«

Drei Tage später gebe ich meinen Hund zu meiner Nachbarin und begebe mich für ein Intensiv-Wochenende in therapeutische Obhut.

In der Therapie

Sie ist eine bemerkenswert wache alte Dame und hält mir als Erstes einen ausführlichen Vortrag.

Th: Geh bitte, Frau Perlinger, es gibt ja gute Gründe für Ihre Ohrgeräusche. Es pfeift, weil die Luft im Hohlraum zwischen Ihren Ohren auf keinerlei Widerstand trifft.

Was will Ihnen denn dieser Alarmton in Ihrem Inneren wohl sagen? Er schreit Sie förmlich an, sich schleunigst zu ent-schleunigen. Sie müssen Ihren inneren Stress abbauen, aber der Weg zu Gesundheit und bleibendem Glück führt uns auch immer erst mal in den Keller. Dort gärt bei Ihnen eine tief verschüttete Trauer; die haben Sie als Kind in eine große Kiste weggepackt, und da liegt nun auch Ihre Empfindungsfähigkeit vergraben. Deswegen rasen Sie dem Glück vergeblich hinterher; weil Sie es gar nicht fühlen können, selbst wenn Sie es haben.

Jetzt setzen Sie sich ama drei Wochen lang in einen Schaukelstuhl, hören tief in sich hinein, und Anfang der vierten Woche fangen Sie gaaanz langsam an zu schaukeln.

Der bin ich direkt mi'm nackten Arsch ins Gesicht gesprungen.

Sis: In mich hineinhören?? Da werd ich ja taub, und ich kann noch nicht mal die Bullen rufen wegen Lärmbelästigung. Außerdem hab ich keine frühkindlichen Verletzungen. Ich bin hier wegen meinem Tinnitus und nicht wegen meiner Kindheit, ist das klar!?! Und außerdem hatte ich den schönsten Bärchenanzug der Welt; und dass mein Vater mich verlassen hat, das hab ich längst verarbeitet! Außerdem geht das niemanden was an. Da braucht man ja Gummistiefel bis unter die Achseln, um durch den ganzen »Bullshit« durchzuwaten, den Sie einem da erzählen. Wieso pissen Sie mir ins Handtäschchen und wollen mir dann weismachen, dass es regnet? Ich dachte, Sie wollen mir helfen, wissen Sie was, Sie sind für mich Luft, und zwar schlechte, Sie können mir mal den Schuh aufblasen!«

Ich stürme aus der Praxis und stehe plötzlich in einem sehr kleinen fensterlosen Raum und mein Blick fällt auf ein Schild, auf dem steht: »ALLES WIRD GUT!!« Daneben liegt eine Packung Kleenex, und während ich noch denke, was soll denn der Scheiß? ... breche ich heulend in ihrem Wandschrank zusammen.

Wenig später liege ich Daumen lutschend in ihren Armen, und als wüsste mein Unbewusstes, dass ich jetzt endlich in guten Händen bin, brechen alle Ängste gleichzeitig aus mir heraus.

Ich habe Angst, nicht zu genügen, und dass man mich nicht lieben kann, sonst wäre mein Papa doch nicht einfach weggegangen. Und ich habe Angst, dass der Tinnitus nie mehr aufhört, Angst vor der Zukunft und vorm Altwerden und davor, nie mehr schlafen und nie mehr glücklich sein zu können ... und, und, und.

Ganz kleiner Tipp

Wenn du von deinen Ängsten überwältigt wirst und keine Therapeutin zur Hand ist, probier mal, alle Dinge in deiner Umgebung ganz bewusst anzufassen. Fühle deutlich die verschiedenen Oberflächenstrukturen, Materialien und Temperaturen. Wenn du diese Übung zehn Minuten lang gemacht hast, dann wirst du merken, dass du wieder sehr viel mehr im Hier und Jetzt bist und nicht mehr im Bann der Vergangenheit. Dies ist ein bemerkenswerter Trick, der sich komisch anhört, mir aber schon öfter sehr geholfen hat.

Ein Stück vom Glück

Manchmal heißt Glück, ganz verlassen zu sein,
denn nur so lassen wir uns auf was Neues ein.
Manchmal heißt Glück, schrecklich krank zu werden
und dann glücklicherweise gerade nicht zu sterben.
Die Seele wählt bewusst jedes Leid und jede Reinkarnation;
in den tiefsten Tiefen ist Zeit für echte Transformation.

In diesen Krisen, das ist längst bewiesen,
findest du zu dir zurück.
Nach jeder Qual, nach jedem Berg, nach jedem Tal
öffnet sich die Tür zum Glück.
Zum Glück öffnet sich die Tür zum Glück –
immer wieder irgendwo ein kleines Stück.

Oft erkennen wir erst viel später, wo sich im »Raum-Zeit-Kontinuum« unseres Lebens ein kleines Kaninchenloch aufgetan hat und wir den ersten Schritt in die richtige Richtung tun. Aber im Nachhinein weiß ich, dass mir in dem Moment der Schlüssel zu meiner Heilung vom Tinnitus in die Hand gegeben wurde (siehe Seite 253), als meine Therapeutin in ihrem unglaublich lang gezogenen Wienerisch den Satz sagt:

Th: Geh bitte, konzentrieren Sie sich auf Ihren rechten Arm.

Sis: Auf bitte was?

Th: Mein rechter Arm ist warm, gaaanz warm.

Sis: Soll ich die Heizung ausmachen?

Th: Sprechen Sie mir nach: Mein rechter Arm ist warm.

Sis: Ihr rechter Arm ist ...

Th: Nein, nicht IHR rechter Arm, MEIN rechter Arm!

Sis: Ja, sag ich doch, Ihr rechter Arm!! Au Mann, ich kann mich nicht konzentrieren, es klingelt so in meinen Ohren.

Th: Dann gehen Sie einfach nicht ran, sondern fühlen Sie die Schwere und Wärme Ihrer rechten Hand.

Das nennt man Autogenes Training, und das habe ich dann einige Monate lang geübt. Wir haben aber auch noch einige andere sehr effektive Übungen gemacht, zum Beispiel »hyperventiliert«. Dazu liegt man am Boden und muss so lange intensiv einatmen, bis die Hände sich ganz steif nach innen rollen. Und dann kommen tatsächlich ganz viele Bilder aus meiner Vergangenheit hoch.

Plötzlich bin ich wieder im Krankenhaus: Mein Papa verschwindet den Gang hinunter; ich höre noch seine Autoschlüssel klimpern und spüre, dass er für immer geht.

Ich muss ganz furchtbar weinen, diesmal kommen die Tränen, als hätte man ein Schleusentor geöffnet, und ein riesiger Druck kann sich entladen. Es ist eine tiefe Kindertrauer, die da berührt wird, und ich habe Angst, dass ich nie mehr aufhören kann zu weinen. Im selben Moment jault der Tinnitus, als hätte jemand den Lautstärkeregler aufgedreht, und dann flaut er plötzlich ab – zum ersten Mal seit Monaten auf ein fast erträgliches Maß ... Von fern höre ich Worte zu mir rüberwehen.

Th: Gehen Sie in diese Traurigkeit hinein, das ist *Ihr inneres Kind*, das da erwacht. Versetzen Sie sich zurück in Ihre Kindheit.

Ich bäume mich auf, ich will nicht ertrinken im Tränenmeer und schreie sie an.

Sis: Neiiin! Können wir denn nicht mal über 'ne andere Kindheit reden, muss das denn immer die meine sein? Die von meiner Freundin Inge zum Beispiel, die war viel schlimmer als meine, die hat nie Gummibärchen bekommen. Wo soll ich denn da anfangen?

Th: Beim Bärchenanzug?!

Kommt es ganz trocken von ihr zurück.

Zack, schon steh ich wieder in dem Krankenhausgang.

Sis: Oh Gott, der Bärchenanzug, den hätte ich nicht anziehen dürfen. Das Rüschenhemd mit dem Schottenröckchen, das wär's gewesen. Aber mir war egal, dass es ihm peinlich war. Ich fand ihn doof und spießig, ich wollte ihn provozieren, ich habe ihn restlos überfordert, ich bin anstrengend!!!

Schon von meiner Geburt an war es echt nicht leicht für meinen Papa. Der hat sich damals wahrscheinlich gedacht: So ein Kind, das kann doch jeder. Gurke rein und fertig. Aber dann musste er mit ansehen, wie meine Mama eine riesige sommersprossige Melone rauspresst. Wie brutal so eine Geburt ist, das sieht man doch schon daran, dass im Kreissaal selbst hartgesottenste Männer, so 'ne Schränke mit Lederjacke, tätowiert bis zur Halskrause; aber wenn der Kopf durchkommt – aaaah – haben die 'nen Kreislauf wie ein Schneeflöckchen.

Deswegen gibt es auch so wenig Hebammeure, Hebamisten oder Hebammeriche. Für 'nen Mann muss es sowieso echt traumatisierend sein, ein Kind zu bekommen ...
Ich meine, wenn ich mich in die Lage meines Vaters versetze. Da kommt so ein schleimiges Ding aus deiner Lieblingsöffnung gekrochen, das zuzelt Mamas Titten leer, fordert die gesamte Aufmerksamkeit, macht tierischen Lärm und Dreck und alles kaputt, und es wird auch nie dafür ausgeschimpft.
Du hingegen kannst plötzlich nix mehr richtig machen, wirst zum Laufburschen degradiert, aus deiner Wohnhöhle verdrängt und sollst nur noch Kohle ranschaffen – für den kleinen Pascha ...

Da reißt mich Frau Sorgenfrey aus meinem Gedankenstrom.
Th: Geh bitte, Frau Perlinger, Sie sollen sich nicht in die Lage Ihres Vaters versetzen, sondern in Ihre Kindheit.
Sis: Aber ich kann den Neid auf kleine Kinder sehr gut verstehen. Wenn ich rülpse, sagt nie einer: »Gott wie süß, sie hat ein Bäuerchen gemacht.« Wenn er mich nicht verlassen hätte, dann wäre ich heute auch nicht neidisch, dann hätte ich bestimmt viel mehr Liebe und Aufmerksamkeit bekommen, und er hätte ...
Th: Hätte, hätte, Kerkerkette. Das bringt doch nix, da stürzen Sie mir nur in die Tiefe der Konjunktive. In der Psychotherapie nennt man so etwas eine klassische Konstellation des »Hätte meine Tante Klöten, wäre sie mein Onkel«. Sie sind heute alt genug, sich verantwortungsvoll um sich selbst und Ihr inneres Kind zu kümmern. Und nur darum geht es jetzt. Der Papa ist dafür längst nicht mehr zuständig.
Sis: Aber mein Papa musste wegen mir sogar seinen geliebten Porsche gegen einen hellblauen Opel Kapitän eintauschen.
In so 'ner Familienschleuder siehst du schlagartig um 30 Jahre älter aus. Das ist nicht leicht für 'nen Mann mit aufkeimendem Haarausfall. Und ich bin an allem schuld. Er hat mir all das wahrscheinlich nie verziehen. Schauen Sie nicht so streng. Ja, ich weiß, ich soll mich nicht aufregen. Mein rechter Arm ist weich und warm, meine rechte Hand ist schwer, gaaaaanz schwer.

Th: Wie stehen Sie denn eigentlich zu Kindern?

Sis: Kinder? Hm, das stand irgendwie nie auf meiner To-do-Liste. Ich hab mal irgendwo über Michelle Pfeiffer gelesen, dass sie plötzlich regelrecht »Appetit« drauf bekommen hat, ein Kind zu kriegen. Mir ging das nie so. Das war mir immer fern. Genauso, wie mir auch nie einfallen würde, in Essig eingelegte Paprikaschoten zu kaufen – das ist einfach nicht mein Ding, danach stand mir nie der Sinn. Warum, weiß ich auch nicht. Ich kann mir natürlich hinterher 1000 Gründe zurechtfummeln, warum ich das vom Kopf her nicht so gut finde. Aber da hatte mein Bauch längst die Entscheidung getroffen gehabt, dass ich keine Nachkommen will. Und dann ist es ja ganz leicht, das mit der Ratio noch ein bisschen zu untermauern.

Sorry, aber die Weltbevölkerung hat sich in den letzten 25 Jahren verdreifacht. Ich versteh das nicht! Alle reden von der Globalisierung, wir surfen täglich im World Wide Web, und immer noch schauen wir nicht so weit über unseren Tellerrand, dass wir begreifen: Das massivste Problem dieses Planeten ist die Überbevölkerung!!! Jede Rattenpopulation reguliert die Anzahl ihrer Nachkommen, wenn die Ressourcen knapp werden. Aber wir beuten munter diesen Planeten aus, nach dem Motto: Sollen die in der Dritten Welt doch alle verrecken, Hauptsache wir haben Hummer satt zu Dumpingpreisen.

Unsere einzige Sorge ist: »Die Deutschen sterben aus!! Oh Gott, dieses tolle Volk von Richtern und Henkern.« Ich kenne Leute, die das mit einem Aufatmen zur Kenntnis nehmen würden, ehemalige KZ-Insassen zum Beispiel.

Mein linkes Bein ist warm, gaanz warm ... Das stimmt aber gar nicht, es ist eingeschlafen.

Hinter der ganzen Panikmache, dass wir aussterben, steckt doch sowieso nur der Gedanke, die Frauen zurück an die Wiege zu bringen. Aber wenn sich eine Frau heute für ein Kind entscheidet, dann ist es in 70 Prozent der Fälle so, dass ihre ach so selbstverständliche Unabhängigkeit ein Ende hat, weil sie gar keinen Platz in einer Tagesstätte findet, damit sie weiter ihren Beruf ausüben kann. Das heißt, sie gerät voll in die finanzielle Abhängigkeit eines Versorgers.

Heutzutage gehen aber leider 70 Prozent der Beziehungen in den ersten zwei Jahren nach einer Geburt kaputt, das heißt, da habe ich mich mit 140-prozentiger Wahrscheinlichkeit zur Alleinerziehenden degradiert, mich damit finanziell ruiniert, meine Chancen, einen Neuen zu finden, drastisch dezimiert, meinen Freundeskreis auf Leidensgenossinnen am Spielplatz minimiert, und meine Titten sind demoliert!! Da ist man dann schlagartig ein Sozialfall an der untersten Einkommensgrenze, aber darüber wird in den schicken »Mutter und Tochter im Partnerlook«-Modestrecken nie berichtet. Und das wird von uns verlangt, bloß weil die Herren Politiker die gesamte Rentenpolitik verpennt haben.

Ich will damit nur sagen, das Kinderkriegen muss man schon wirklich wollen. Nur: Viele Mädels denken darüber gar nicht nach, weil man ihnen suggeriert, dass Kinder zum Leben einer Frau automatisch dazugehören, sonst täte es ihr später leid. Das kann ich so nicht unterschreiben.

Ich kenne zig Frauen, die sich schon ganz früh gegen Kinder entschieden, ihre Vorkehrungen getroffen und dies auch nie bereut haben.

Ich zum Beispiel bin eine gute Künstlerin, aber ich hätte eine ganz schlechte Mutter abgegeben, dafür bin ich nicht begabt und nicht geboren. Also, wenn ich was Kleines, Speckiges, drollig Grinsendes will, dann kauf ich mir 'ne Buddha-Statue.

Früher war das natürlich anders, traditionell gesehen war ein Leben ohne Kinder nicht denkbar. Auch heute noch, wenn man Statistiken liest, kann man ganz klar sehen:

FÜR VIELE SIND KINDER DER SCHLÜSSEL ZUM GLÜCK.

Aber eben nicht für alle. Ich glaube, dass man so eine folgenschwere Entscheidung ganz genau und mit klarem Kopf durchdenken muss, bevor man diese Verantwortung auf sich nimmt. Ich sage auch immer: Man soll nichts übers Knie brechen, auch wenn einem noch so schlecht ist.

Wenn ich mir meine Freundin Babsi anschaue, bis deren Tochter endlich aus dem »Hotel Mama« ausgezogen ist, da hat diese Alleinerziehende im Lauf ihres Lebens für Teletubbies, Barbiepuppen, Computerspiele, Reitstunden, Handys, Nachhilfestunden und Markenklamotten so unheimlich viel Kohle rausgehauen! Wenn sie all das Geld auf ein privates Rentenkonto eingezahlt hätte, könnte sie sich bis ans Ende ihrer Tage von einem Butler im goldenen Rollstuhl durch Marbella schieben lassen. Deswegen gebären Akademikerinnen statistisch gesehen auch die wenigsten Kinder; die rechnen sich so was wahrscheinlich vorher einmal alles ganz genau durch.

Dank unserer tollen Politik kriegen heute die sozial Schlechtgestellten die meisten Kinder. Klar, in 'nem trostlosen Plattenbau im 15. Stock hat sich die Frage »Hund oder Kind?« leicht beantwortet. Die haben keinen Garten, also ein Kind.

Aber in solchen Gegenden werden Menschen nicht artgerecht gehalten. Dass Leute, die an der Armutsgrenze leben, das Kindergeld eher selten in Nachhilfestunden anlegen, sondern mehr in Alkohol und Zigaretten, ist doch wohl klar. Und Kinder machen nun mal ihren Eltern alles nach, auch wenn die noch so sehr versuchen, ihnen Manieren einzuprügeln.

Wir subventionieren in unserem Land also gerade das Prinzip »Survival of the Doofest«. Und die Sozialhilfeempfänger von morgen sollen dann unsere Rentenmisere lösen? Na toll! Wenn Politiker von Beruf Gasleitungen verlegen müssten, wäre die Welt schon längst in die Luft geflogen. Ich hoffe, Sie verstehen mich jetzt nicht falsch! Ich will hier um Gottes willen keine rechte Politik propagieren, im Gegenteil! Ich finde, wir sollten, wenn uns der Nachwuchs ausgeht, lieber die verwaisten Kinder aus den armen Ländern adoptieren und ihnen das zurückgeben, was wir ihnen durch die Kolonialisierung gestohlen haben, nämlich eine faire Chance auf ein glückliches Leben!!

Wenn wir die Zukunft retten wollen, sollten wir auch lieber erst einmal versuchen, all den Kindern, die wir schon haben, Zugang zu einer anständigen Bildung zu ermöglichen. Und wir müssen Arbeitsplätze schaffen, zum Beispiel in der Umwelt oder im sozialen Sektor. Da fehlt es doch überall an Personal. Stattdessen werden fast 20 Prozent unserer Jugendlichen direkt in die soziale Mülltonne getreten, indem man sie ungefördert an einem völlig bescheuerten Lehrplan scheitern lässt. (Siehe dazu meine Vorschläge für Ausbildungen und einen alternativen Lehrplan ab Seite 216.) – Ich finde, unser Schulsystem ist dermaßen veraltet ...!!!

Th: Frau Perlinger, bitte nicht ins Politisieren abschweifen. Wir sind hier in einer Therapie und nicht am Stammtisch. Wieso echauffieren Sie sich eigentlich dermaßen über dieses ganze Kinderthema, wenn ich mal fragen darf. Das betrifft Sie doch – soweit ich das bis jetzt mitbekommen habe – gar nicht, weil Sie für sich sowieso Ihre klare Entscheidung getroffen haben.

Sis: Haben Sie eine Ahnung, wie oft ich mich rechtfertigen muss, dass ich mich so entschieden habe. Man wird ja regelrecht schief angesehen; nach dem Motto:»Na, da ist doch was nicht ganz in Ordnung mit Ihnen! Muttersein ist doch die größte Erfüllung, und gerade Sie wären doch bestimmt eine tolle Mutter geworden ... bla bla bla.« Das nervt mich einfach, als wäre ich zu doof gewesen, so etwas für mich allein entscheiden zu können.

Ich glaube zum Beispiel auch, dass ich mein Kind nicht einfach in eine Kita geben würde; mein Bauchgefühl sagt mir ganz klar, dass zumindest die meisten Kinder ihre Mutter in den ersten drei Jahren ganz intensiv brauchen. Auch so etwas wird heute als reaktionäre Äußerung abgetan, dabei hat das mit Politik erst mal gar nichts zu tun, das sind Instinkte. Und weil ich meinem Kind nicht hätte zumuten wollen, mit einer »Nanny« aufzuwachsen, bloß weil ich weiter berufstätig sein möchte, habe ich mich gegen ein Kind entschieden. Sie sehen: Ich finde 1000 Gründe dagegen. Denn ich will – und wollte damals – meine innere Entscheidung mit Argumenten untermauern.

Dabei fällt mir noch was ein. Wissen Sie, was mir kürzlich erst passiert ist, das hat mich wieder an das Thema »Hormone sind wie Drogen« erinnert. Also dazu jetzt mal eben ein Ausblick, ausführlicher kommt's auf Seite 223: Ich habe seit meinen Teenietagen zwei Freundinnen; die eine ist in Drogenkreise geraten und ziemlich abgerutscht, die andere hat ein Kind bekommen.

Die Symptome waren leider allen Ernstes total identisch. Beide sahen wirklich zum Davonlaufen aus, total runtergekommen, hatten plötzlich unfassliche Augenringe, haben ihre sozialen Kontakte komplett vernachlässigt! Die Wohnungen waren in einem Zustand wie nach 'ner Absturzparty, und es gab bei beiden nur noch ein einziges Gesprächsthema: »Das solltest du unbedingt auch mal probieren! Plötzlich sehe ich die Welt mit ganz neuen Augen.« Mütter, ebenso wie Menschen unter dem Einfluss von bewusstseinserweiternden Substanzen, sagen sogar genau die gleichen Sachen. Kein Wunder!

Eine Frau, die ihr Kind stillt, produziert massenhaft Dopamine. Wenn sie dieselbe Menge dieses »Dopes« namens MDMA nicht im Blut, sondern in Pillenform in der Tasche hätte, würde sie bei einer Razzia dafür richtig lange in den Knast gehen.

Aber eigentlich ist das doch von Mutter Natur sehr gnädig eingerichtet worden. Wie soll man sonst die Klecksereien eines Zweijährigen »gaaanz toll« finden?! »Das ist aber ein schöner Elefant!« – »Mama, das bist duuh.« Eigentlich müsste der Staat konsequent sein und Müttern den Autoführerschein nehmen. Und natürlich auch beide Elternteile dazu verpflichten, einen Kinderführerschein zu machen. Für jeden Quatsch muss man heute 'ne Prüfung ablegen, aber ein Kind großziehen, das läuft schon irgendwie, oder was? Welche Frau lässt sich im Suff ein Arschgeweih ins Gesicht tätowieren? Aber Kinder werden ständig so gezeugt: Hopplahopp, es war ein Unfall, aber die Supernanny wird's schon richten, oder wie?

Männer haben diese Dopamin-Ausschüttungen, die beim Säugen produziert werden, ja leider nicht. Und deswegen hat mein Papa ja auch die Biege gemacht.

Th: Geh bitte, Frau Perlinger, auch Männer sind stolz auf ihr Kind.

Sis: Ja, aber erst wenn es die eigene Anwaltskanzlei eröffnet und Liebe, Lob und Anerkennung über den Rechtsweg einklagen kann. – Auua, das Pfeifen kann einen wahnsinnig machen. Ich darf mich nicht immer so aufregen.

Meine rechte Hand ist warm, ganz warm, mein rechtes Bein ist nicht epiliert.

Th: Hätten Sie sich denn, wenn die Umstände ganz andere gewesen wären, für ein Kind entschieden?

Sis: Für mich wäre es okay gewesen, wenn ich ein Ei hätte legen können, aus dem ein Küken schlüpft, das nach zehn Minuten auf eigenen Beinen steht; dann ja. Aber ich kriege ja nicht mal mein eigenes Leben auf die Reihe, wie kann ich mich einem Kind zumuten?

Ich überlasse diese verantwortungsvollste aller Aufgaben lieber den Frauen, die alles unter einen Hut bringen: Kinder, Küche, 'nen Kerl und 'ne Karriere auf der Überholspur, wie meine Bekannte Ursula: Die hat aber auch eine türkische Putzfrau, ein bosnisches Kindermädchen, eine tschechische Köchin, eine Polin, die für sie ihre Eltern pflegt, und die russische Privatassistentin, Natascha Mopsovskaya, die sich um die Bedürfnisse ihres Mannes kümmert.

Tja, so was kann ich mir leider nicht leisten!

Kleine Info

Wenn wir diese »modernen Sklavinnen« nicht hätten, müssten wir deutschen Frauen ganz schnell wieder all diese Arbeiten selbst machen. Also immer großzügig Trinkgeld geben und nett sein zu den Leuten, die uns helfen, so frei zu sein! Wir verdanken es eigentlich nur dem Marshallplan (der sorgte für den industriellen Wiederaufbau), dass wir heute so fein dastehen.

Wenn die Alliierten sich nach dem Zweiten Weltkrieg dazu entschieden hätten, die Pläne des Herrn Morgentau zu verwirklichen, wäre Deutschland ein reines Agrarland geworden, und wir würden wahrscheinlich genauso gelackmeiert aus der Wäsche schauen wie irgendeine Rumänin, die heute versucht, ein Bein auf den Boden zu bekommen. Aber zurück zum Thema.

Sis: Ich wäre, wenn überhaupt, eine Spätgebärende gewesen. Ich wollte mir natürlich ersparen, was passiert, wenn der Nachwuchs genau dann in die Pubertät stolpert, wenn ich als Mutti gerade mit wehenden Fahnen in die Menopause rausche ... wie bei meiner Freundin Babsi und ihrer Tochter. Diese Konfrontation ist der »hormonelle Super-GAU«. Das ist von morgens bis abends wie ein einziges Schlammcatchen-Turnier: »Meine Damen und Herren, links im Ring die Herausforderin, die pickelige Hormonzeitbombe Susi trifft auf ihre von Hitzewallungen gebeutelte Gegnerin Mutti.« – Gong!

Mutti: Du ziehst jetzt diese Jacke an, es sind 15 Grad minus!

Susi: Die Jacke macht dick, ich hasse dich. Ich will nicht aussehen wie du.

Mutti: Ich bin nicht dick!!!

Susi: Ach nee?! Und wieso vögelt Papi dann 'ne andere?

Gong!! K. o. nach der ersten Runde.

Schwuler Junge

Also abschließend zum Thema Kinder hätte ich eigentlich nur noch Folgendes zu sagen. Für mich käme ganz klar nur eine Möglichkeit in Frage: Wenn ein Kind, dann einen schwulen Bub.

Das ist natürlich schlagartig ein Sechser im Lotto für jede Mutter. Der prügelt sich nicht mit anderen Jungs auf dem Schulhof, sondern der bewirft seine Freunde mit Wattebällchen. Der kommt nicht verdreckt vom Fußball, sondern der macht gepflegtes »Stöckelschuh-Wettlaufen mit Handtäschchen-Weitwurf«.

Wenn der sich tätowieren lässt, dann mit einem »Mutti ist die Beste«, und er bringt nie irgendwelche indiskutablen Schwiegertöchter nach Hause, sondern nur gutaussehende Jungs. So 'nen Hetero-Teenie siehst du doch ab der Pubertät nie mehr, der hockt nur noch vorm Computer. Mit einem schwulen Sohn kannst du reden und Schminktipps austauschen. Der sagt auch nie: »Mutti, du bist peinlich!« Der entwirft mir höchstens die geilsten Klamotten; und wenn ich Glück habe, wird er Modezar, oder er bringt ganz viele Pokale als »Herrenreiter« heim. Der schleppt mich bis ins hohe Alter mit auf jede Party und betüddelt mich bis ins Grab.

Außerdem haben Schwule vor allen Dingen Humor. Als ich 'nen Freund von mir fragte, wann er eigentlich bemerkt hat, dass er schwul ist, sagte er: »Als ich mich nach vorn runterbeugte und vier Eier sah.« Ein anderer sitzt nach einem Unfall im Rollstuhl. Als ich ihn in der Reha besuchte, meinte er: »Ach, weißt du, es hat auch seine Vorteile. Endlich kann ich richtig hohe Stöckelschuhe tragen, ohne dass mir immer die Füße so wehtun.«

Th: Frau Perlinger, Sie schweifen schon wieder ab! Es ist ganz normal, dass ein Mädchen, das so früh von seinem Erzeuger verlassen wurde, eine Vaterproblematik mit sich herumschleppt, aber Probleme mit Männern kann man ...

Sis: Probleme mit Männern habe ich noch nie gehabt. Ich bin eine echte »Männer-Versteherin«. Eigentlich bin ich ein schwuler Mann im Körper einer Frau. Ich habe auch keinen Penisneid. Das Einzige, was mich nervt: dass ich kein Herz in den Schnee pinkeln kann. Sie haben hier ja auch so ein dämliches Schild auf Ihrem Klo: »BITTE NUR IM SITZEN PINKELN!«

Sis: Hören Sie mal. Der männliche Homo erectus hat seit seiner Entstehung seine Treffsicherheit trainiert. Tiere kennzeichnen ganz genau die Grenzen ihres Reviers. Wir Menschen leben auf immer engerem Raum zusammen, und deswegen müssen Männer gut treffen können. Wie stilvoll ein männliches Wesen seine Duftmarke setzt, wird sich in seiner Fortpflanzungsstatistik erweisen. Der Pandabär zum Beispiel pisst allen Ernstes im Handstand an Bäume. Weil er ein sehr kleiner Bär ist; und je höher er die Duftmarke setzt, umso größer erscheint er der Panda-Dame, die da auf olfaktorischer Gen-Shopping-Tour ist.
Wie wichtig diese Zielsicherheit für Männer ist, sieht man daran, dass es sogar kleine Fußballtore als Urinal-Einsatz gibt, mit so 'nem kleinen Ball, der die Farbe verändert, wenn man ihn trifft.
Und es gibt auch eine iPhone-Applikation, da musst du mit der Kloschüssel im Display die gelben Tropfen fangen, die aus deiner Richtung kommen. Man kann den Schwierigkeitsgrad verstellen: Je mehr Biere du einstellst, desto schwerer wird die Kontrolle. Man muss Männer nur bei ihrem spielerischen Ehrgeiz packen, dann putzen sie dir sogar das Klo. Gut, nicht mit »Meister Proper«, aber immerhin mit ihrem keimfreien Mittelstrahl. So ein Profistruller, der pinkelt dir die Kloschüssel nicht nur sauber, sondern rein.
Okay, ich gebe es zu, wahrscheinlich habe ich doch Penisneid. Ist aber auch so eine geile Konstruktion, dieses Ding! So vielseitig einsetzbar, einfach zu bedienen, und vor allem mit manueller Zielvorrichtung.
Wir Frauen hingegen gehen in Ski-Abfahrt-Position, denn keine deutsche Frau setzt sich auf eine Kloschüssel, die sie nicht selbst gerade

eben, persönlich, desinfiziert hat. Und dann strullen wir blind unter uns. Das geschieht völlig unkontrolliert, in der Zielsicherheit nur übertroffen von Nilpferden. Haben Sie das mal im Zoo beobachtet? Das Hippopotamus hat so ein kleines pinselartiges Schwänzchen, mit dem es seine Exkremente in einem Umkreis von zehn Quadratmetern fein säuberlich zerstäuben kann.

Wir Frauen sind in dieser Beziehung ganz ähnlich veranlagt und daher eigentlich ein Konstruktionsfehler. Wären wir ein Auto, es gäb eine weltweite Rückholaktion. Zum Glück fehlen die Zeugen, und so schleichen wir nach vollbrachter Tat einfach unauffällig vom Klo ... verlangen aber von den Männern, dass die sich dann da reinsetzen sollen! Bitte?? Wieso sollen die nur im Sitzen pinkeln?! Die dengeln doch bloß mit ihrem Ding an den Porzellanrand und bringen uns dann 'nen Sack voller Pilze mit nach Haus. Wie doof kann frau denn sein?

An dieser Stelle würde ich gern noch einen kleinen Witz zu diesem Thema einflechten, weil er gerade so gut passt: Kommt der liebe Gott ins Paradies und verkündet Adam und Eva, er hätte sich zwei Geschenke für sie ausgedacht. Das erste ist, im Stehen pinkeln zu können. Adam ruft sofort: »Au ja, das klingt gut, das will ich!« – »Okay«, sagt Gott, »dann bekommt Eva die multiplen Orgasmen.«

Th: Wie stehen Sie eigentlich dazu, dass Sie eine Frau sind?

Sis: Äh, ehrlich gesagt, mein Papa hätte sich schon eher einen Buben gewünscht. Er hat immer meine Ohren vorgedrückt und gesagt, dass ich so fast wie ein Junge ausschaue. Aber jetzt mal allen Ernstes. Als Frau hast du doch volle Kanne die Arschkarte gezogen. Und das nicht erst seit der Christianisierung!

Zum Beispiel in der griechischen Mythologie, wie werden wir Frauen denn dort dargestellt?! Das ist doch unfasslich. Wir sind entweder immer nur Sirenen oder Furien oder Xanthippe, Medusa, Pandora oder Kassandra. Wir bringen immer nur das Übel in die Welt. Selbst die Göttinnen sind alles eitle, rachsüchtige Schlampen, die schuld an den Kriegen sind.

Männer finden immer tolle Vorbilder in diesen Geschichten: Herkules der Starke, Odysseus der Gewitzte, Siegfried der Drachentöter, später

Roy der Tigerbändiger oder heutzutage Bruce Willis, George Clooney oder Ottfried Fischer: Das sind starke Männer. An wem soll ich mich orientieren? An Camilla Parker Bowles? Na, ja, die wurde ja wenigstens mit 60 Jahren noch geheiratet. Das muss ihr erst mal eine nachmachen. Ich hab mir neulich ein Buch gekauft, das heißt »Die 50 vorbildlichsten Frauen der Weltgeschichte«: eigentlich ein Heftchen und kein Buch, und 15 von diesen 50 Frauen der letzten 5 000 Jahre sind dann auch noch imaginär. Da war zum Beispiel Daisy Duck dabei, weil die damals unseren Schuhgeschmack entscheidend mitgeprägt hat.

Okay, ich kann schon verstehen, dass wir Frauen es »heldinnentechnisch« nicht wahnsinnig weit gebracht haben, es hat ja auch vom Vater immer geheißen: »Du möchtest eine Schulausbildung? Du wirst schön geheiratet, kriegst Kinder, des passt schon.« Und der Ehemann ergänzte später: »Du willst arbeiten gehen? Womöglich machst noch a Karriere und verdienst mehr als ich. Wie steh ich denn dann da?«

Und mit 50, wenn die Kinder aus dem Haus sind, wird sie heutzutage einfach gegen eine Jüngere eingetauscht. Ja, das ist wirklich kein Zuckerschlecken. – Ich finde es verwunderlich, dass nie eine Omi auf der Straße plötzlich anfängt, Amok zu laufen. Oder haben Sie schon mal die Zeitung aufgeschlagen und dann stand da KAFFEEKLATSCH-MASSAKER.

Weil wir keine starken Heldinnen haben, die sagen »Bis hierher und nicht weiter!«, kriegen Frauen immer noch durchschnittlich 23 Prozent weniger Lohn für dieselbe Arbeit. Sie sehen, wir Frauen haben eigentlich gute Gründe, hin und wieder mal sauer zu sein. Aber wissen Sie, was echt gemein ist? Dass es für 'ne Frau total tabu ist, wenn sie mal ein bisschen auf den Tisch haut und ihre Meinung sagt. Dann heißt es gleich: »Weißt du eigentlich, wie hässlich du aussiehst, wenn du so rumschreist.«

Bei Männern ist das dynamisch, der Zorn des Gerechten, als Frau bist du sofort 'ne hysterische Xanthippe: Achtung, Achtung, schwerer Zickenalarm im Hühnerweg 34! Meine Ex, der unbemannte Besen, hat mal wieder 'ne schwere Wallung. Bitte den Bereich weiträumig umfahren. Danke. Over.

Sie sehen, wir Frauen haben die A-Karte gezogen, in vielerlei Hinsicht, und wissen Sie, wo am meisten?? Im Bett. Der Kitzler ist ja für viele von uns immer noch ein ziemlich kleines Buch mit sieben winzigen Siegeln, sozusagen ein Stecknadelkopf in einem Schamhaarheuhaufen. Da wäre also für viele von uns noch Übungsbedarf. Und was macht die Speiseeisindustrie? Sie bringt immer nur phallisches Anschauungsmaterial auf den Markt: Magnum, Nogger dir einen, Ed von Schleck und Flutschfinger. Als ob wir Frauen noch üben müssten?!?

Wieso, frage ich, gibt es von Langnese nicht endlich 'ne lebensgroße Übungsmuschi? Wer als Erster die versteckte kleine Kirsche findet, hat gewonnen! Das wär mal ein Spaß für die ganze Familie. Da würden die Scheidungsziffern schlagartig sinken und die Geburtenraten sprunghaft ansteigen. Wir Deutschen würden nicht mehr aussterben ... Aber mich fragt ja keiner. Meine Damen, lassen Sie sich nicht von irgendwelcher Polemik beirren. Wir sollten unbedingt lernen, unsere Wut zuzulassen.

Kleiner Tipp

Wenn du Aggressionen rauslassen willst, nimm bitte deinen Lebenspartner aus der Schusslinie. Wertvolles Porzellan und Menschen sollten dabei nicht zu Schaden kommen. Die große Wut ist oft ganz alt und aufgestaut und hat mit dem Auslöser oft viel weniger zu tun, als du meinst. Sie braucht einfach erst einmal einen geeigneten Blitzableiter, ein Ventil. Geh lieber ins Boxtraining oder hau mit einem Tennisschläger so lange auf ein Kissen ein, bis du dich wohler fühlst ... bevor du weiterdiskutierst.

Meine Freundin Britta meinte, meine Aggressionen kämen davon, dass ich unbefriedigt sei. Ich bräuchte einfach nur wieder einen Mann, und ich solle doch mal wenigstens auf so eine Internet-Ehe-Anbahnungs-Website gehen.

Ich tippte also www.gugel.de – bing ... stand da plötzlich: Gugelhupf, 6 Eier, 250 g Mehl ... Ah, falsch geschrieben. Jetzt richtig, und da sollte man dann eingeben, wie man sich seinen zukünftigen »Traummann« vorstellt.

Also hab ich geschrieben: Er soll gut tanzen, gern mit mir shoppen gehen und auch hin und wieder mal mit mir reden. – bing ... schon hatte ich 'nen Volltreffer! Dieter Demel, 42 Jahre, groß, blond, blauäugig; arbeitet als Tänzer in der Bar zum Crazy Horst und nennt sich nach 22:30 Uhr nur noch »Doris Klitoris«.

So viel zu meinem Männergeschmack.

Britta meinte dann, ich sollte es doch mal mit einer Singleparty versuchen. Das ist für mich wie die Vorstufe zum Swingerclub, da kriegst du wahrscheinlich am Eingang ein Schild um den Hals gehängt: »Ich hab keinen mehr abgekriegt, wer will mich noch?« Ich geh doch auch nicht freiwillig in eine Leprakolonie.

Von guten Freunden hab ich mir versichern lassen, dass eine Frau in meinem Alter, die jetzt noch mal 'nen geilen Typen an den Start bringen will, ungefähr so ist wie jemand, der sich mit einem brennenden Zirkusreifen vor einen überfahrenen Hund stellt und sagt: »Hopp, spring!«

Kleiner Tipp

Wenn du verlassen worden bist, nicht hektisch und panisch eine neue Beziehung suchen. Diese Phase, in der du ein Single bist, ist die einzige Zeit, in der du zu dir selbst finden kannst. Da gilt es rauszukriegen, wer du bist und was du wirklich willst. Du kannst dich endlich den Dingen widmen, die du sonst immer vernachlässigt hast: Hobbys, Freunde, Fortbildung … Es ist eine Odyssee. Du wirst in die Einsamkeit verbannt, musst Trauer und Wut überwinden, den Drachen »Angst« besiegen, und dann kannst du zum Helden im Mythos deines eigenen Lebens werden. Und als solcher bekommst du eine phänomenale Anziehungskraft auf deinen künftigen Traumpartner, der da draußen schon lange sehnsüchtig auf dich wartet. Und wenn du Frau bist, lass ihn kommen, und wenn er da ist, lehn dich zurück und lass ihn machen. Männer wollen erobern.

Auf der freien Wildbahn

Sis: Ich dachte mir damals: Mach dich locker, geh einfach öfter als sonst in die Kneipe, nimm die Sache wie ein Mann und trink ein Bier, denn *kein* Alkohol ist auch *keine* Lösung … Prost. Hey, was soll daran falsch sein?

In der Antike, da war Alkoholtrinken ein religiöses Ritual, da hat man sich getroffen, um zu Ehren des Gottes Dionysos ein Trinkgelage abzuhalten. Da war es eine kultische Handlung, sich kollektiv die Kante zu geben. Und die Kellnerin war nicht einfach nur die Bar-Schlampe, sondern das war die Hohepriesterin, und die hat aufgepasst, dass ein jeder ausgesoffen hat. Da hätte man unter fünf Promille gar nicht heimfahren dürfen. Die haben das schon richtig gemacht, in der Antike. Die haben diese ewig umeinandernörgelnde Gouvernante von Großhirn einfach mit Sprit ausgeknipst.

Was unsere Gesellschaft heute als Delirium tremens verunglimpft, war damals der Garderoben-Vorbereich vom Nirwana. Es gibt ja auch nichts Entspannenderes als drei Maß Bier, das ist besser als eine Woche Mallorca. Gut, nicht mehr früh am nächsten Morgen. Aber so ein Urlaubseffekt ist auch schnell verflogen; spätestens wenn du am Flughafen in ein Taxi steigst und dir eine akute Duftbäumchen-Vergiftung einhandelst.

Th: Geh bitte, Frau Perlinger, bis jetzt ist Ihre Suche nach dem Glück doch ein einziges großes Weglaufprogramm. Sie trinken, weil Sie den Schmerz nicht ertragen wollen, und Sie suchen krampfhaft einen neuen Partner, weil Sie es mit sich selbst nicht aushalten. Aber das bleibende Glück finden wir nicht im Außen! Und Sie sind auf Ihrer Suche doch schon völlig am Ziel vorbeigeschossen. Könnten wir denn bitte noch mal zu Ihrer beruflichen Geschichte zurückkehren, da scheint mir der Hase im Pfeffer zu liegen.

Sis: Das stimmt, ich habe mich sehr über meinen Beruf definiert, ich dachte Karriere machen bringt das Glück automatisch mit sich, und das Perfide war, dass ich mich auch in allen Disziplinen gut gehalten habe. Mir wurde erst viel später klar, dass ich mich völlig verzettle. Zuerst war es spannend, jede Herausforderung anzunehmen, und der Rausch des Erfolges ist ja auch wirklich ein gutes Gefühl. Vom Kater und den Nebenwirkungen dieser »Droge« reden die Menschen kaum. Man hört nur: »Die hat´s geschafft.« Schneller, höher, weiter ist doch die Devise, und das leben uns die Amis seit Jahrzehnten so überzeugend vor, dass man erst mal reifer werden muss, bevor man umdenken lernt.

In den USA werden jedes Jahr zwölf Milliarden Dollar für Forschung ausgegeben, nur um herauszubekommen, wie man Kinder dazu bekommen kann, die neuesten Produkte zu kaufen.

Sie müssen mir mal sagen, ob Sie mich für völlig durchgeknallt halten, aber in der Glotze geht es meiner Meinung nach nur noch um die Massenaufzucht domestizierter Arbeitsprimaten.

Wenn ich mir die Kids heute anschaue, denk ich mir manchmal, dass die superreichen Konzernbosse irgendwann eine ganz perfide Wette abgeschlossen haben, die ungefähr so lautete: Okay, wetten dass unsere weltweite Manipulationsmaschinerie inzwischen so machtvoll ist, dass wir es innerhalb von ein paar Jahren schaffen werden, 80 Prozent der Jugendlichen in den hässlichsten, geschmacklosesten Klamotten rumrennen zu lassen, und das mit ganz viel Werbefläche drauf!

Und es ist ihnen gelungen. Ich glaube, spätestens wenn Adidas und Nike fusionieren, übernehmen sie die Weltherrschaft. Die unmenschlichsten Arbeitsbedingungen und die weltweit niedrigsten Löhne – das zahlt sich einfach aus. Was die Jugend da mit sich machen lässt, ist so unbewusst, dass es wehtut. Das schreit doch zum Himmel, das ist ungefähr so, als hätte John Lennon damals ein T-Shirt vom Ku-Klux-Klan getragen.

Aber die Kids merken das ja gar nicht mehr. Im Alter von 14 Jahren hat ein durchschnittlicher amerikanischer Teenager 100 000 virtuelle Morde auf dem Bildschirm gesehen. Diese emotionale Abhärtung hat natürlich zur Folge, dass die Menschen immer extremere Kicks suchen, um überhaupt noch irgendetwas zu empfinden. Und diese Suche nach dem nächsten Thrill ist das, was unsere Wirtschaft am Laufen hält. Ich bin da vielleicht etwas überempfindlich momentan, aber abgestumpfte Menschen wollen immer mehr konsumieren, und sie sind manipulierbar, weil sie von ihren Gefühlen abgeschnitten sind. Die Jugendlichen lassen das alles kritiklos mit sich geschehen.

Th: Fräulein Sissinger, jetzt seien Sie mal nicht so intolerant! Diese jungen Menschenkinder sind uns geschickt worden, und die haben auch ihre Aufgabe, im Großen und Ganzen. Sie malen das Bild einer schrecklich düsteren Zukunft. Je mehr Sie daran glauben, umso eher wird es für Sie selbst auch zur Realität.

Sis: Ja, ich weiß. Ich wundere mich über mich selber, wie ich so negativ werden konnte. Außerdem, wenn ich so über die Jugend daherwettere, komme ich mir wie eine dieser Omis von damals vor, die uns auf der Straße als verlauste Hippies beschimpft haben. Ich sollte wirklich wieder mehr versuchen, das Gute in jeder Situation zu sehen.

Okay, in diesem Fall kann ich ganz klar sagen: Das Gute ist, dass ich in den 70ern aufwachsen durfte. Ich hätte es nicht überlebt, diese ewige Gleichmacherei und diesen Markenwahn. Inzwischen sind wirklich alle Jugendlichen identisch angezogen, weltweit, ob in Bombay, Sydney oder Wanne-Eickel.

Kinder werden heutzutage facebook-gemobbt, fernseh-ferngesteuert und in Uniformen gesteckt. Das heißt für mich: Es gibt Krieg; wahrscheinlich als Erstes zwischen Blackberry- und iPhone-Nutzern. Ein Feindbild kann innerhalb eines Jahres perfekt maßgeschneidert in unsere Köpfe gepflanzt werden. Heute der islamische Terrorist, morgen vielleicht schon alle Alten oder Dicke oder Leute, die No-Name-Produkte tragen??

Es ist doch jetzt schon so, dass du von deinen Klassenkameraden zum Freiwild abgestempelt wirst, wenn du nicht in den angesagten Klamotten rumlaufen willst oder kannst. Ich will jetzt keine Verschwörungspanik machen, aber das heißt für mich ganz klar: Bald wird die Welt komplett aufgeteilt in die großen rivalisierenden Absatzmärkte der führenden Konzerne, und dann gibt es die Markenkriege. Auf allen Sendern läuft der gleiche abendfüllende Propaganda-Werbefilm, in dem es nur noch um Productplacement geht. Durch alle Einkaufscenter tönt die omnipräsente Stimme des Modediktators: »Wollt ihr den totalen Schick?« Und alle recken ihre Kreditkarte in die Luft und schreien: »Ja!«

Nur »Untermenschen« tragen No-Name-Produkte. Das abtrünnige Infanterie-Regiment von »Dolce und Gabbana« wurde von der akkurat aufgestellten »Cavalli-Cavallerie« in einem einmaligen Formationsritt im Blitzlichtgewitter zu Kanonenfutter gemacht. Gefangene kommen ins »Ed-Hardy-Umerziehungsfeldlager« von Karl Lagerfeld. Heute gehört uns »Escada«, morgen die ganze Welt.

Und dann gibt es irgendwann nur noch Monopolherrschaften, und wir kriegen alle 'nen Chip unter die Haut und finden es toll. Endlich sind wir sicher, weil wir komplett überwacht werden. Viele Menschen heutzutage bewegen sich sowieso nur noch von der Glotze oder dem Computer weg, um dem Pizzaservice die Tür zu öffnen. Denen ist das alles inzwischen völlig egal – nur ich reg mich maßlos auf. Und damit den Kindern ja keiner mehr was anderes einflüstern kann, werden heute auch ihre Stars einfach in der Retorte gemacht. Da wird übrigens sehr darauf geachtet, dass diese »neuen Helden« auch wirklich völlig unbewusst, unkritisch und unpolitisch sind!

Th: Aber wenn Sie heute jung wären, dann würden Sie doch wahrscheinlich auch versuchen, den Absprung in eine Karriere über eine dieser Castingshows zu bekommen, oder etwa nicht?

Sis: Oh Gott, das wäre mein Tod gewesen, da hätt ich keine Chance gehabt ... Mein rechter Arm ist schwer, gaanz schwer. Jetzt bloß nicht aufregen. Da wird doch nur nach ganz klar festgelegten Kommerzkriterien gecastet. Es geht ausschließlich darum, ob der Kandidat im momentan vorherrschenden Trend entsprechend vermarktbar ist.

Diese Kinder, denen man sagt, sie bekämen dort bei den Shows eine große Chance, werden doch nur mit unmöglichen Knebelverträgen ausgebeutet. Und gerade die Bewerber mit dem geringsten Bewusstsein für eine eigene Identität und Meinung, die konturlosen Mitläufer, werden jetzt als Vorbilder für unsere Jugend hochstilisiert. Das sind doch nur noch Aushilfskellner und Saisonarbeiter, die Fastfood unters Volk schmeißen und ständig ausgetauscht werden, um das Konsumrad noch ein bisschen schneller drehen zu können. Diese ewigen In-und-Out-Listen erinnern mich geradezu an die deutsche Blockwartmentalität, mit der die Befehle von oben nach unten weitergetreten werden.

Für seltene Pflanzen, die es aus eigener Kraft nach oben schaffen, sind die Raster der Radio- und TV-Anstalten bereits viel zu engmaschig geknüpft. Es herrscht absolute Monokultur in unserer Musiklandschaft, auch wenn sie als Multikulti verkleidet ist. Und Menschen, die auf einer Bühne stehen, sind tatsächlich Rollenmodelle für Jugendliche. Die brauchen und suchen Idole, und was bekommen sie vorgesetzt? In den meisten Fällen handelt es sich nicht um Künstler, sondern um geltungsbedürftige Streber, kontur- und charakterlose Angeber: nix im Hirn, nur leere Puppen; arrangiert zu vermarktbaren Boy- oder Girlgruppen, von Schönheitsoperationen entstellt, durch Botox und Drogen ruhiggestellt. Ich weiß auch nicht, wieso ich so dermaßen Gift und Galle spucke! Übertreibe ich maßlos, weil ich schlecht drauf bin, oder habe ich mit alldem, was ich da sage, recht? Es ist ja schick geworden, am anderen rumzukritisieren, je böser, umso besser! Wenn ständig junge Leute öffentlich in der Luft zerrissen werden, so, wie es ein Dieter Bohlen mit ihnen macht, dann traut sich doch keiner mehr, sich mal gehenzulassen oder einfach nur aus Freude ein Lied zu singen. Und deswegen sind so viele Teenager heute so verunsichert, dass sie erstmal zehn Schnäpse brauchen, bevor sie sich mal ein bisschen amüsieren können. Komasaufen kannte ich bisher nur aus Russland. Die Zustände sind dort aber auch von solcher Trostlosigkeit, dass ich es niemandem verdenken kann, wenn er sich lieber 'ne Vollnarkose verpasst. Und wie wir alle wissen, ist »Realität ja auch nur eine Halluzination, die durch akuten Alkoholmangel entsteht«.

Nur zur Info für Jungs: Frauen mögen keine Männer, die rauchen, Alkohol saufen und Kaffee trinken, denn erstens haben die schlechten Atem, zweitens kriegen sie im Suff keinen hoch, und drittens schlafen sie danach noch nicht mal ein. Es geht auch anders. Dazu ein kleines Experiment.

Hier ein Tipp

Ich hab Folgendes schon öfter erfolgreich angewendet: Verabredet euch zu zweit oder mit mehreren Freunden fürs Oktoberfest oder eine ähnlich laute, alkoholisierte Großveranstaltung. Vorher beschließt ihr, dass ihr nüchtern bleibt, aber betrunken tut. Das geht ganz leicht; man muss nur »ole, ole, oleee« schreien, dabei grinsend die Arme heben und ein bisschen rumwanken. Schon ist man schlagartig integriert, weil die echten Betrunkenen den Unterschied gar nicht merken und euch sofort in die Arme schließen und zum Mittrinken einladen. Dann hebt ihr einfach eure mit Wasser gefüllten Maßkrüge und trinkt die auf ex aus. So hat man den ganzen Abend echt Spaß, spart sich Geld und den Kater am nächsten Morgen. Und man kann sich vor allem hinterher noch an alles erinnern, was schön ist.

Sis: Jugendliche dröhnen sich zu, weil sie überfordert sind. Neueste Umfragen haben ergeben, dass es die größte Angst der meisten Kids ist, eine öffentliche Rede halten zu müssen.

Das fürchten die wirklich laut eigenen Aussagen noch mehr als den Tod. Das heißt, bei einer Beerdigung wären sie nicht gern derjenige, der die Trauerrede hält, sondern lieber der, der im Sarg liegt?!?

Die machen sich selbst zu viel Leistungsdruck. Kein Wunder, bei all diesen übernatürlich tollen Helden, die da künstlich erschaffen werden. Kinder lernen, indem sie sich vergleichen, sich ein Vorbild suchen und diesem dann hinterhereifern. Wenn man aber niemals mit dem mithalten kann, was vorgelegt wird, weil die anderen viel toller aussehen, reicher oder schicker sind, als man selbst je sein wird, dann ist man natürlich frustriert. Und wer Frust schiebt, der konsumiert. – Ich glaube, darum geht es, nur darum.

Außerdem denke ich oft darüber nach, was ich in meinen diversen Drehbuch-Workshops gelernt habe: Die wichtigste Eigenschaft jeder Serien-Hauptfigur besteht darin, dass diese Person ihre Probleme niemals wirklich in den Griff bekommen oder gar lösen darf. Sonst ist schlagartig Schluss mit dem Humor, und die Serie ist vorbei.

Aber diese modernen Helden leben uns doch täglich vor, wie man angeblich das Leben zu meistern hat. Wir werden also vom Fernsehen darauf abgerichtet, uns ja nicht wirklich weiterzuentwickeln. Das ist schon alles ziemlich paradox.

Nach jahrtausendelanger Unterdrückung haben wir endlich Presse- und Meinungsfreiheit, und schon haben die meisten Leute gar keine eigene Sicht der Dinge mehr. Aber wer braucht heute noch eine eigene Meinung, wenn die morgen schon wieder kalter Kaffee ist?

So ein 60-Jähriger hat heute zusammengerechnet fast 20 Jahre seines Lebens Tag und Nacht permanent vor der Glotze gesessen. Früher war ja wenigstens irgendwann mal Sendeschluss, heute kommen da dann die Sexyclips. Okay, das ist für viele Männer schon fast interaktives Fernsehen, aber man darf sich nicht wundern, dass die Geburtenraten zurückgehen und dass diese Menschen sich bei Umfragen als »ganz und gar nicht glücklich« bezeichnen.

Ich rede hier natürlich nur von unreflektiertem Suchtverhalten, das unsere Lebenszeit stiehlt, aber ich will jetzt nicht nur schimpfen. Es gibt Leute, die medientechnisch noch nicht gehirngewaschen sind. In meinem Bekanntenkreis gucken viele nur Tiersendungen oder arte. Die kaufen den Playboy auch bloß wegen der interessanten Artikel! Hey, und das Fernsehen ist ja auch wichtig: Man muss sich doch informieren! Das stimmt natürlich, und es gibt ja Gott sei Dank auch immer wieder tolle Sendungen, zum Beispiel in der Sparte ...

Politisches Kabarett

Kabarettisten sind seltsame Vögel, meist mit komischen Frisuren. Sie sitzen allabendlich auf irgendeiner Senderstange und imitieren die Stimmen von Politikern. Ich habe auch angefangen als »Letzter Kakadu, der noch fliegen kann auf dieser Welt«, und ich lache sehr gern über die bösen Witze und die tiefen Wahrheiten, die da endlich mal zur Sprache kommen. Ich denke dann auch oft: Ha, jetzt hat der kleine David dem großen Goliath aber ganz schön in den Arsch getreten. Genau genommen ist es allerdings eher so, dass sich die ganze oppositionelle Energie in einem herzhaften Lachen kanalisiert, und dann kann der Alltag wieder getrost so weitergehen wie bisher. Wir sitzen nur noch vor der Glotze, anstatt für unsere Interessen auf die Straße zu gehen. Ist der Kabarettist also doch eher systemstabilisierend? So, wie ein außereheliches Geplänkel oft eine Ehe retten kann, weil man sich das, was fehlt, woanders holt, so kann der Kabarettist momentanem Unmut zur Entladung verhelfen. Und dann wird wieder schön weiter dasselbe gewählt. Das würde auch erklären, warum die am meisten verlachten Politiker trotzdem immer am längsten an der Macht geblieben sind. Das waren wahrscheinlich sogar die Kabarettisten selbst, die die immer wieder gewählt haben, weil sie sonst viele Pointen nicht mehr hätten machen können. Vom geschäftlichen Standpunkt aus kann man sagen, je doofer ein Politiker ist, umso leichter hat es der Kabarettist.

Unter George W. Bush hat der Markt für Verschwörungstheoretiker und Comedians geboomt, und selbst die Buchbranche erlebte eine

Blütezeit mit all den Veröffentlichungen über seine Lügengeschichten und Dummheiten. Für die österreichischen Kabarettisten war der Tod von Jörg Haider eine echte Katastrophe. So ein ultrarechter Undercover-Schwuler ist natürlich ein dankbares Opfer, quasi ein Goldesel. Wissen Sie, was der Unterschied zwischen einem Comedian und einem Kabarettisten ist? Der Comedian macht es wegen dem Geld, der Kabarettist wegen des Geldes.

Ich finde, was der Kritiker für den Künstler, ist der Kabarettist für den Politiker. Der Kritiker wär gern Künstler geworden, hat es aber nicht geschafft, und kompensiert seinen Frust mit besonders bösen Verrissen, durch die er sich seinerseits auch wieder in seiner Branche profilieren kann. Der politische Kabarettist glaubt auch, dass er es eigentlich viel besser als der Politiker könnte, hat aber im entscheidenden Moment das feuchtfröhliche Kneipen-Politisieren vorgezogen. Und das war gut so, denn der Weg des Berufspolitikers ist steinig und von Kompromissen gesäumt. Wozu die Mühsal, wenn doch der Kabarettist heutzutage berühmt und reich werden und auch den neuen Mercedes umsonst fahren kann. Er hat auf alle Fälle mehr Spaß im Job und wird nach der Wahl nie für seine Worte zur Rechenschaft gezogen, sondern er kann einfach immer nur endlos weiter über die Fehler der anderen schimpfen. Konstruktive Lösungsvorschläge kommen da leider so gut wie nie vor, weil das natürlich nicht so lustig ist. Man könnte also sagen: Unter dem Deckmäntelchen des Weltverbesserers ist der Kabarettist die Made im Speck der politischen Missstände.
Natürlich möchte ich an dieser Stelle ganz klar hervorheben, dass der Politkabarettist ein ganz wichtiger, kritischer Kommentator des öffentlichen Lebens ist, den wir alle nicht missen wollen. Denn er übernimmt eine unersetzliche Rolle in dem Spiel, unsere Demokratie intakt zu halten. Er legt beständig seinen erhobenen Stinkefinger in die schwärenden Wunden und stochert im offenen Fleisch.
Ich kann nur hoffen, dass der Kabarettist mit humorvoller Kritik, wie ich sie gerade geäußert habe, genauso gut umgehen kann, wenn sie

an ihm geübt wird, wie er darin brilliert, sie auszuteilen. Aber davon gehe ich aus, ist er doch mittlerweile von der kleinen Brettlbühne fast schon in die Primetime gerückt. Große Namen können viel bewirken; ich bin froh über diese Entwicklung.

Th: Als was sehen Sie sich denn eigentlich, Fräulein Sissinger?

Sis: Ich weiß es nicht, für mich gibt es keine Schublade. Ich bin schwer zu vermarkten, wahrscheinlich weil ich so ein Zwitterwesen bin oder Tritter oder ein Quadroubler, vielleicht auch ein Cinquoloid oder ein Sextant. Keine Ahnung! Fragen Sie mich bitte nicht, wie das Label heißen soll, das man auf mich draufkleben könnte. So viele Herzen schlagen in meiner Brust, aber ich gehöre nie irgendwo wirklich dazu. Okay, ich hab das Comedy-Gen, aber ich könnte nie nur auf der Bühne stehen und quatschen. Das geht zum einen Ohr rein und zum anderen raus. Ich will Bilder erschaffen; darum wollte ich ja als Kind auch Malerin werden.

Ich habe eine kabarettistische Ader, aber Politiker inspirieren mich null. Die sind nie authentisch, reden nur das daher, was sie sagen müssen, um wiedergewählt zu werden, und agieren sowieso nur noch als Marionetten der Großfinanz.

Meine Regisseure haben oft gesagt, ich sei eine Vollblutschauspielerin, aber ich habe mich beim Drehen nie wirklich wohl gefühlt. Das ist mir zu langweilig, ich will selbst schreiben, die Regie führen, die Kostüme entwerfen und das Lichtdesign bestimmen. Und ich will vor allem die Figuren spielen, die in mir stecken, und nicht irgendwelche Abziehbilder von uralten Frauenklischees. Gott sei Dank kann ich das ja alles in meiner Show machen. Eigentlich habe ich ein wahnsinniges Glück, dass ich diesen Beruf ergreifen durfte und ihn ausüben kann. Mein Gott, ich bin so froh, dass ich alles, was mir Spaß macht, einfach in meinen Programmen und Büchern verwirklichen und sagen darf. MEIN SCHLÜSSEL ZUM GLÜCK IST MEINE BERUFUNG.

Sis: Wie konnte ich mich nur so ablenken lassen, so dermaßen von meinem Weg abkommen. Wie konnte ich nur so doof sein, zig andere Berufe zu machen, anstatt bei meinen Leisten zu bleiben??

Th: Das hat was vom Märchen des »Hans im Glück«. Der hat auch seinen Goldklumpen, also seine Seele, gegen immer wertlosere Sachen eingetauscht, bis er am Schluss nix mehr hatte.

Sis: Ja, es sind die Kirschen in Nachbars Garten, die immer erstrebenswerter erscheinen, als das, was man schon hat. Ich neige auch dazu, mir Anerkennung erkämpfen zu wollen. Ich hab mich schon als Teenie immer mit den Jungs gemessen. Im Raufen, beim Frisbeespielen, im Schach. Ich dachte, wenn ich besser bin, werde ich respektiert und dafür geliebt.

Ich hätte nie geglaubt, dass ich genüge, so wie ich bin, aber es ist genau gegenteilig. Die meisten Jungs haben es dicke, wenn sie von 'nem Mädchen besiegt werden. Ich war zum Beispiel mal sehr verknallt in einen Typen, der ziemlich gut in Poolbillard war. Ich hab das zwei Jahre lang dermaßen geübt, dass ich eines Abends, vom Anstoß weg, alle »halben« Kugeln nacheinander versenken konnte. Den Typen hab ich deswegen trotzdem nicht gekriegt. Gott sei Dank habe ich daraus gelernt, diesen Ehrgeiz in meinen Beruf fließen zu lassen.

Als Teenie war ich in einer ganz seltsamen Clique. Da wurde nur gekifft und vom Weltuntergang geredet: total deprimierend! Ich habe die irgendwann, eines Morgens, alle aus meinem Leben rausgeworfen. Und plötzlich hatte ich das Gefühl, ganz wichtige Zeit vergeudet zu haben. Ich musste tierisch Gas geben, um mein Abitur noch hinzukriegen, und dann hab ich nach der Schule direkt in diesem Tempo weitergemacht.

Th: Wie war das denn, diese Zeit als Teenager? Erzählen Sie mir doch mal, was da so in Ihnen vorging?

Sis: Ich glaube, das Wichtigste für mich war damals die Musik. Ich und mein bester Freund Helmut Hak haben jeden Tag stundenlang die neuesten Platten gehört und die englischen Texte übersetzt und auswendig gelernt. Ich konnte meine Lieblingsscheiben Ton für Ton und von A bis Z mitsingen. In den 70ern waren die Musiker die großen Stars. Jeder von ihnen hat seine eigene Zaubersuppe gekocht, und wir Fans haben der nächsten Platte entgegengefiebert wie ein Verhungernder einem Festtagsbuffet. Damals wurden Sänger zu Ikonen, weil sie herausragende Individuen waren, mit Ausdruckskraft und Charisma. Man wurde zum Star, weil man eine echte Message hatte, eine eigene Meinung, und diese total verkörpert und gelebt hat. Die weltweite Jugendbewegung hat gelauscht und die Botschaft weitergetragen. Damals haben die sich fast alle erst einmal komplett weggebeamt, bevor sie auf die Bühne gegangen sind. Und dann haben sie ihr ebenfalls völlig zugedröhntes Publikum umgeweht, nee, im Prinzip umgehauen. Aber dieser ständige und äußerst maßlose Konsum sämtlicher im Umlauf befindlicher halluzinogener Substanzen hat die Bannerträger der Bewegung ganz schön früh dahingerafft.

Drogen haben die Bewegung mit ausgelöst, Drogen haben alles auch wieder ausgelöscht. Fast alle großen Helden von damals sind tot.

Was soll uns das sagen? Nur ein toter Held ist ein guter Held?! Wenn jemand für immer die Klappe hält, dann kann man ihn sogar in den Medien ganz wunderbar verherrlichen, denn es können ja keine neuen Provokationen mehr von ihm ausgehen.

Die Achtundsechziger

Ich gehörte altersbedingt leider nur zur Nachhut der größten, spannendsten und nachhaltigsten Umwälzung unseres gesellschaftlichen Lebens, die die gesamte westliche Welt je erlebt hat. Eine wirklich friedliche Revolution, eine echte Jugendbewegung, keine künstlich erzeugte Modewelle, sondern eine großartige Idee, die sich in so vielen Köpfen und Herzen zu einer unglaublichen Kraft entwickelte. Die Achtundsechziger-Bewegung hatte unglaublich viele gute Ansätze. Schade finde ich, wie das dann später geendet hat.

Wir wollten Kriege stoppen, die Umwelt schützen, der Dritten Welt helfen, den Rassismus aufheben, die verklemmte Sexualität befreien, die Benachteiligung der Frau beenden, Kinder liberaler und liebevoller erziehen. Lauter große, wichtige Dinge, die echt nötig waren und von denen sich einige sogar verwirklicht haben, zumindest in den Großstädten der westlichen Welt. Wir waren politisch wach und unbequem. Wir sind nicht grölend mit der Burger-King-Pappkrone durch die Fußgängerzonen getorkelt, wir haben gegen Missstände demonstriert! Wir alle haben damals die Welt in vielerlei Hinsicht nachhaltig zum Besseren verändert. Mein Gott, man stelle sich vor, was diese Bewegung alles erreicht hätte, wenn all diese guten Ansätze nicht gleich wieder vergessen worden wären ... wegen der vielen Kifferei. Warum das alles so gelaufen ist und so viele junge Menschen damals an allerlei Drogencocktails gestorben sind, dafür gibt es mehrere verschiedene Erklärungsversuche.

Die Esoteriker sagen: Eine große Anzahl von Seelen wollte damals nur ganz kurz leben, weil sie vor der Schwelle zu einem höheren Bewusstsein standen. Durch die Drogen konnten sie schon mal einen kurzen Vorgeschmack darauf bekommen. Und aus Sehnsucht nach diesem Zustand haben sie sich wie Kerzen an beiden Seiten angezündet, damit sie schneller wieder geboren werden können.

Die Verschwörungstheoretiker sagen: Der CIA hat die Drogen in großem Umfang unter die Leute gebracht, weil der wusste, dass sich die revolutionäre Energie der Jugend so am schnellsten aufweichen lässt. Ich glaube, zum ersten Mal in der Geschichte der Menschheit hat die breite Masse versucht, den Umgang mit Drogen zu lernen. Und das hat natürlich dem Ansehen der ganzen Sache schwer geschadet. Deswegen herrschte auch bald ein sehr polemischer Tonfall in den Medien, und wenn ein Hippie überhaupt je auftauchte in irgendeinem Medium, wie TV oder Film, dann nur als zeitlupig bekiffter, schlabberhosiger Softie. Auch auf Kabarettbühnen verging kein Abend ohne eine Hippie-Verarsche-Nummer. Der wollsockige, Körner fressende, Kräutertee trinkende, Jesuslatschen tragende Frauenversteher war 20 Jahre lang dankbares Opfer und folglich leider auch das Letzte, was »Mann« sein wollte.

Okay ... Menschen, die Bäume umarmen, müssen sich nicht wundern, wenn man sie durch den Kakao zieht. Viele Männer haben zu Recht gesagt: »Was hab ich denn davon? Lauter Borkenkäfer in meinem Armani-Anzug.«

Aber warum waren die Achtundsechziger denn wirklich plötzlich so out, obwohl sie kurz vorher immerhin die Welt verändert hatten? Meiner Meinung nach, weil sie sich kommerziell nicht vermarkten ließen. Die Medien haben sie als Zielscheibe auserkoren, denn viele Freaks haben sich dem Markenwahn verweigert. Sie hören immer noch Bob Marley und nicht irgendwelche Boygroups, und ruinieren sich nicht ihre Gesundheit, um Papi zu beweisen, dass sie sich 'nen Porsche leisten können.

Die lassen sich auch nicht mit 'ner Abwrackprämie locken. Die fahren ihren VW-Bus weiter, bis er Moos ansetzt. Die stinkigsten, ältesten Dreckschleudern gehören paradoxerweise sehr oft irgendwelchen Freaks, die dann aber auf große Umweltaktivisten machen.

Mir sagt mein gesunder Menschenverstand: Irgendwann ist einfach Ende mit dem Wirtschaftswachstum. Die meisten Menschen in Deutschland haben doch schon zwei Autos. Eines, das im Stau steht, und eines, das irgendwo verkehrsbehindernd parkt.

Aber in erster Linie war es natürlich der Drogenkonsum, der diese ganze Bewegung unglaubwürdig machte. Den Indianern hat man Feuerwasser gegeben und ihre wunderbare Kultur zerstört, die Hippies haben sich völlig ins Abseits gekifft. Und warum?? Weil ihnen die weise Führung von erfahrenen Medizinmännern oder Schamaninnen gefehlt hat.

Th: Ich weiß, da wäre mein Typ gebraucht worden. Aber leider kommen solche jungen Leute so selten in meine Sprechstunde, bevor sie ihr Pfeifchen bauen ... Es gibt doch bestimmt einen Grund dafür, dass Ihnen das Thema so nahegeht?

Sis: Ich sage das hier alles mit so viel Nachdruck, weil ich ganz viele meiner Freunde verloren habe. Meine erste große Liebe ist damals vom ewigen Haschischrauchen schwer depressiv geworden. Der hat sich nach vielen schlimmen Jahren in psychiatrischen Abteilungen erhängt. Mein allerbester Freund ist nicht mehr von einem LSD-Trip runtergekommen und hat sich vom Arabella-Hochhaus gestürzt. Meine langjährige, liebste Schulfreundin hat vom Koksen so die Paranoia bekommen, dass sie sich irgendwann erschossen hat. Ich hatte auch einige Freunde, die mit dieser Scheiße zu kompletten Arschlöchern mutiert sind und sich finanziell total ruiniert haben.

Th: Haben Sie denn persönliche Erfahrungen mit Drogen gemacht?

Sis: Ich habe alles ein- oder zweimal probiert, für langweilig befunden und dann andere Sachen gemacht. Ich glaube, ich hatte einfach Glück, ich bin da grundlegend anders gestrickt im Gehirn. Ich bin einfach kein Sucht-Charakter.

Th: Im Prinzip sind Drogensucht oder Konsumsucht genau das gleiche Weglaufprogramm, nur dass sich die Leute auf Droge cooler vorkommen. Sie glauben, dass sie sich auf der Suche nach dem Sinn des Lebens befinden. Aber sie haben einfach eine Ersatzreligion für sich erfunden und meinen, im Rausch könnten sie die tiefen Wahrheiten der Existenz erkennen.

Wie sind denn eigentlich Ihre religiösen Prägungen?

Religion

Sis: Ach, also für mich war »der liebe Gott« immer in einer Liga mit dem Nikolausi und dem Osterhasi. So eine Art Himmelsyeti, aber ohne Fußspuren. Ich bin auch nie in die Kirche gegangen. Wieso soll ich gerade am Sonntag beten, wenn doch jeder weiß, dass Gott genau an dem Tag ruht. Den Rest der Woche sitzt er dann angeblich da oben, so »SED-spitzelmäßig«, und überwacht, ob wir auch alle seine Gebote einhalten, und wenn nicht, dann müssen wir in der Hölle braten. Aber er liebt uns ganz dolle. Das ist schizophren, da muss man doch paranoid werden. Schon Sigmund Freud hat geschrieben: Religion ist eine Massenpsychose.

Mein Religionslehrer sagte allen Ernstes mal den Satz: »Damit die Kinder vorbereitet werden auf diese sündige Welt, muss man sie frühzeitig traumatisieren.« Ich verstehe die grauenhaften Dimensionen hinter diesen Worten erst jetzt. Die Orden haben zu diesem Zweck Internate eingerichtet, und damit die Kinder auch alle Schweinereien mit sich machen lassen, hat man ihnen schön Angst eingejagt. Deswegen hängt da auch immer diese Leiche mit den zwei Brettern in jedem Klassenzimmer, dieser »Jesus-Baukasten«. Ein zu Tode gefolterter Gottessohn, was ist das denn für 'ne Botschaft? Wenn nicht mal Gott seinen eigenen Sohn vor der Grausamkeit der Menschen schützen kann, was werden die dann erst alles mit mir anstellen, wenn ich nicht gehorche?? Mein Reli-Lehrer meinte dann auch mit bedrohlichem Unterton: »Du weißt, was passiert, wenn man eines der zehn Gebote bricht?« – »Ja, dann sind's nur noch neun!« Da musste ich ganz schön Fersengeld geben, sonst hätte der mich windelweich geprügelt.

Ich dachte früher, das Wort »Advent« käme vom englischen »adventure«, weil die Geschichten, die uns erzählt wurden, so dermaßen abenteuerlich waren. Zum Beispiel, dass es eine Sünde ist, vom Baum der Erkenntnis zu essen. Hallo? Das ist doch, als dürfe man nicht vom Quell des Lebens trinken oder den Stein der Weisen finden. Hey, wenn ich nur im Paradies sein darf, solange ich doof bleibe, will ich da nicht sein! Was ist denn der Garten Eden? Der Big-Brother-Container??!! Noch viel heftiger finde ich, dass wir angeblich alle schon als kleine Kinder mit der Erbsünde behaftet sind? Weil vor etwa 2 000 Jahren der Sohn vom Big Boss umgelegt wurde, das ist doch wie sizilianische Sippenhaft. Was ist die Kirche denn? 'ne Mafia? Klar, deswegen ist der Vatikan ja auch der reichste Staat der Welt. Aber bis jetzt durfte man solche Dinge niemals öffentlich im Fernsehen sagen. Es könnten ja die Gefühle verletzt werden, von Menschen, die auf so billige Tricks reinfallen wie: dass man übers Meer latschen kann. Oder jungfräulich gebären. Oder Wasser zu Wein zu verwandeln. Solchen Leuten kann man anscheinend jeden Bären aufbinden, sogar sprechende Schlangen!?

Oder allein die abenteuerliche Vorstellung, dass Jesus drei Tage nach seinem Tod wieder auferstanden ist. Das ist für mich eine ganz gruselige Zombie-Nummer. Ich hab als Kind bei der heiligen Kommunion zu meiner Mama gesagt: »Ich will den Leib Christi nicht essen, der ist doch seit 2 000 Jahren tot, und die hatten damals noch nicht mal 'nen Kühlschrank. Außerdem bin ich kein Kannibale. Und sein Blut trink ich schon gar nicht, ich bin doch kein Vampir.« Meine Mama antwortete damals mit dem schönen Satz: »Geh Kind, das ist doch alles bloß symbolisch gemeint. Kommunion ist eine politische Sache, das heißt: komm zur Union.«

Th: Haben Sie überhaupt keinen Bezug zu einer höheren Wahrheit oder ein Gefühl dafür, Teil einer großen Schöpfung zu sein?

Sis: Oh doch, ich habe mir meine eigene Art von »Göttlichem Prinzip« erfunden. Wenn ich zum Beispiel einen Pfau sehe, da ist für mich ganz klar: Dieser Vogel ist der Beweis dafür, dass Gott existieren muss. Der Pfau ist nicht nur aus dem Programm »Survival of the Fittest«, also aus rein überlebenstechnischen Gründen so geworden, wie er ist. Das kann mir keiner erzählen. Das ist doch total unpraktisch und völlig überkandidelt. Diese türkisblau schillernde Farbenpracht, und obendrein rasselt, gluckert der ganze Vogel auch noch, wenn er ein Rad schlägt. Und dann noch dieses unfassliche Krönchen auf'm Kopf. Und wenn er den Mund aufmacht, klingt er wie eine Katze und sagt miau!? Für mich ist ein Pfau eigentlich sogar der Beweis dafür, dass Gott schwul sein muss. Nur dann kann man sooo einen unglaublichen Wahnsinns-Schwanz kreieren.

Ein schwuler Gott würde sowieso einiges erklären ... zum Beispiel die unbefleckte Empfängnis. Dazu fällt mir gerade ein, dass ich kürzlich gelesen habe, dass Elton John findet, Jesus sei ein überaus intelligenter und auch einfühlsamer Mann gewesen, der die Probleme der Menschen verstanden hätte. Und deswegen glaube er, Jesus war homosexuell. Elton schließt wahrscheinlich einfach von sich auf andere, und er macht Jesus eigentlich ein großes Kompliment.

Der Chef der »Katholischen Liga« aber empört sich natürlich sofort über dieses Statement: Wer sagt, Jesus sei schwul gewesen, würde ihn als *sexuell abartig* abstempeln!? Wenn hier irgendwer, irgendwen abstempelt, dann tut's doch wohl dieser Liga-Typ mit allen homosexuellen Menschen.

Ich selbst finde einen schwulen Jesus eine sehr stimmige Idee, weil ich mir dann seine Gestik gleich viel besser vorstellen kann, wenn er mit dem typischen Collier-Griff, leicht näselnd, die Nummer mit dem Balken im eigenen Auge sagt. Jetzt wird mir auch endlich klar, was er damit meint. Ich fand dieses Gleichnis immer sehr seltsam, aber jetzt weiß ich, dass es nur schlecht übersetzt wurde. Die Fummel-Transen in Nazareth haben auch damals schon wahnsinnig übertrieben mit dem Khol-Kajal-Lidstrich, und Jesus meinte natürlich den Balken *über* dem Auge.

Viele Historiker wiederum bezweifeln die reale Existenz seiner Person grundlegend, weil kein einziger der 25 überlieferten Geschichtsschreiber, die es zu Jesus' Lebzeiten in der Gegend gab, auch nur einmal über ihn berichtet hat. Es kann also genauso gut sein, dass die Figur des Gottessohnes im Neuen Testament völlig frei erfunden ist. Und diejenigen, die ihn kreierten, waren natürlich stockschwul.

Jesus in Indien

Es gibt da aber auch noch andere sehr interessante Theorien. »Liebe deinen Nächsten wie dich selbst« klingt sehr nach der buddhistischen Lehre, die er angeblich in Indien studiert hat. Auch dass er am Kreuz seinen Peinigern verziehen hat, das ist eine reife Leistung, die mich an die Geschichten der tibetischen Mönche erinnert, die nach 20 Jahren Folter und Arbeitslager noch nicht einmal ein posttraumatisches Symptom hatten, weil sie die ganze Zeit über das Thema meditiert hatten: »Hab Mitgefühl für das arme Wesen in deinem chinesischen Kerkermeister.«

Über die Jahre, die ein gewisser Jesus in Indien verbracht haben soll, gibt es übrigens nicht nur bei uns mehrere interessante Bücher, sondern auch in den indischen Veden genaueste Aufzeichnungen, die ihn sehr differenziert beschreiben.

Dieser Jesus war aus dem jüdischen Stamm der Essener (der Ursprung unseres Wortes Essenz). Die hatten ihren Namen von dem rituellen Brauchtum, dass alle heiligen Männer an einem bestimmten, astrologisch genau berechneten Tag in eine Kalebasse onaniert haben. Dann wurden diese Spermien mit einem Bambusrohr in die Vagina einer Jungfrau geblasen, auf dass sie den bestmöglichen neuen geistigen Führer gebären möge.

Der Konkurrenzkampf der Spermien scheint sich im Fall Jesus gelohnt zu haben, war dieser doch der einzige Ausländer in Indien, der es damals geschafft hat, Zugang in das Tempelinnere zu bekommen, und er wurde von einem echten Guru unterrichtet. Allerdings hat er sich laut der Überlieferung auch dort mit den herrschenden Religionsführern, den Brahmanen, überworfen und sie dafür beschimpft, dass sie ihr

Wissen nicht für das Volk auf der Straße zugänglich machten, sondern nur ihre Machtposition damit untermauerten.

Eine andere interessante Theorie ist die folgende: So, wie gewiefte Musikproduzenten gern die erfolgreichen Hits aus den Charts klauen und klonen, so hat man auch damals einige bewährte und bereits anerkannte Vorbilder einfach imitiert, wenn man eine neue Religion erfinden wollte. Man achtete darauf, alle wichtigen Kriterien einzusetzen, die man brauchte, um das doofe Volk davon zu überzeugen, dass das jetzt der neue Gott war. Dazu mussten ein paar grundlegende Eckdaten beachtet werden, die deswegen immer wieder in ganz ähnlicher Form auftauchen.

Ein kleiner Vergleich

Der Gott Horus wird um 1200 vor Christus im ägyptischen Totenbuch als Sohn des Gottes Osiris bezeichnet: Er wurde am 25. 12. von einer Jungfrau geboren, in einem Fluss getauft, vollbrachte Wunder, heilte Kranke, hatte zwölf Apostel, wurde gekreuzigt und stand drei Tage danach wieder von den Toten auf. Auch der indische Gott Krishna hatte übereinstimmende Vorkommnisse in seiner Vita. Ähnliches gilt auch für Mitras, auf dessen ehemaligen Kultstätten in Rom sehr viele Kirchen gebaut wurden. Woher kommen diese Parallelen?

Allein die Tatsache, dass bereits vor Christus zehn Götter von einer Jungfrau geboren wurden und durch einen »Stern im Osten« ganz klar als Messias angekündigt waren, lässt darauf schließen, dass mit »Jungfrau« wahrscheinlich eher das Tierkreiszeichen gemeint ist, zu dem dieser Ost-Stern gehört.

Wenn man die Bibel durchforstet, stößt man auf sehr viele astrologische Hintergründe.

Noch ein paar Beispiele: Das Kreuz ist ein uraltes Symbol aus dem heidnischen Kalender und wurde in vorchristlicher Zeit als Orientierungshilfe genutzt. Die oberste Gottheit der alten Welt war natürlich die Sonne, die Spenderin allen Lebens. Ihr Lauf wurde genau beobachtet, und das Jahr wurde in vier Jahreszeiten aufgeteilt. Also wurde ein Kreuz in einen Kreis gezeichnet, und diese vier Segmente wurden vom

Lauf des Mondes in vier mal drei Monate eingeteilt. Daher vermutlich auch die zwölf Apostel.

Die verspätete Wintersonnenwende, an der die Sonne von ihrem »dreitägigen Tod wiederaufersteht« und dann ihren Gang in Richtung. Süden aufnimmt, ist nicht ohne Grund der Geburtstag von mindestens 15 verschiedenen Gottheiten, die alle am 25.12. zur Welt gekommen sein sollen. Und allein zehn Gottheiten der alten Welt sind nach einem drei Tage langen Tod wiederauferstanden und danach zum Himmel emporgefahren.

Das Christentum hat sich also bekanntermaßen zusammengeklaut, was es brauchen konnte. Nicht nur die Schätze der Dritten Welt, sondern auch die guten Ideen, wie zum Beispiel den Rosenkranz. Bei den Arabern hieß er Sibha und hatte 33 Perlen, und die hatten ihn wiederum von den Hindus übernommen. Dort ist es die Mala mit 108 Perlen, die man zum Chanten der heiligen Worte verwendet, um sich durch deren Klang auf eine höhere Frequenz zu bringen.

Mich hat das alles auf folgende Idee gebracht: Ist Religion nicht genauso weiterzugeben wie ein Kochrezept? Sobald eine religiöse Institution als Machtinstrument funktionieren sollte, wird sie immer mit bestimmten Ingredienzien zusammengebraut. Für verschiedene Völker – je nach Geschmack – ein bisschen anders gewürzt. Aber im Prinzip kann man sagen: Man nehme eine jungfräuliche Geburt; das war damals wahrscheinlich auch eine gern genommene Ausrede, wenn man unehelich schwanger war, nach dem Motto: Nö, ich hab nicht gepoppt, das war Gott.

Eine weitere wichtige Zutat sind die Zaubertricks. Und was könnte werbewirksamer sein als das Wunder, Wasser in Wein zu verwandeln. Okay, bayerische Politiker arbeiten an ihrer Unsterblichkeit traditionell lieber mit kaltem Freibier. Wer heute einen neuen Kult gründen will, macht das besser mit 'nem Energydrink. Aber damals war ein anständiger Weinrausch wichtiger Teil jedes religiösen Rituals, hatte doch Dionysos den Rebensaft gerade salonfähig gemacht. Dann eine gründliche Taufe! Das hat jeder Guru gern, wenn er seine ganze miefende Kuttenbruderschaft erst mal ordentlich untertauchen kann.

Das schafft auch direkt Resultate: Alle sind wundergeheilt von ihren Stinkefüßen.

Dann das Ganze schön dekorativ ans Kreuz nageln, drei Tage abhängen lassen, kräftig mit Schuld und Sühne würzen, und vor allem ganz viel Angst vor der Hölle schüren. Das Sahnehäubchen ist natürlich die Belohnung im Jenseits.

Im Kochduell »Katechismus gegen Koran« wird dem Muslimen, der sich wohl verhält, eine fette Möhre vor die Nase gehalten: in Form von 71 Jungfrauen. Klingt auf den ersten Blick besser, als Harfe spielend auf einer Wolke zu sitzen. Ich verstehe allerdings gar nicht, was Männer an Jungfrauen so supertoll finden. Wenn guter Sex ein Formel-1-Rennen ist, dann ist der erste Sex folglich wie die erste Fahrstunde. So 'ne Jungfrau hat doch vom Tuten und Blasen keine Ahnung; die weiß doch nicht, wie man den Schaltknüppel bedient, ganz zu schweigen davon, wie man den richtigen Gang einlegt. Und es ist ja auch laut Überlieferung so, dass diese 71 Jungfrauen immer wieder zuwachsen. Was ist das denn für ein Albtraum, wenn der Sex bis in alle Ewigkeit immer so trostlos bleibt wie beim ersten Mal! Das ist ja »Täglich grüßt das Murmeltier goes Psychodrama«.
Und an diese armen Jungfrauen denkt mal wieder keiner?! Womit haben die das eigentlich verdient? Stellen Sie sich doch Ihr erstes Mal vor: Der Typ nimmt sich null Zeit fürs Vorspiel, weil er noch 70 andere hat. Und obendrein ist das noch so ein kratziger Vollbartträger, der sich auch nix erklären lässt, wie das jetzt genau geht, bei den Frauen, mit den klitoralen, den vaginalen und den multiplen Orgasmen!
Religion ist fest in männlicher Hand, und wir haben nur die überstrenge Patriarchenfigur in Gott hineininterpretiert – nix Mütterliches mehr. Und dieser eifersüchtige Übervater zwingt die Leute in die Knie und nötigt sie dazu, sich in zugigen Kirchen ein chronisches Knieleiden einzuhandeln. Und dann säuft der Pfarrer den ganzen Messwein auch noch selber aus und vergeht sich an den armen kleinen Messdienern. Kein Wunder, dass unsere Kirchen immer leerer werden. Was mich allerdings immer wieder stutzig macht, ist die Tatsache,

dass trotzdem jedes Jahr tausende von jungen Leuten an den Kirchentagen teilnehmen. Hä?? Wahrscheinlich, weil die gehört haben, dass es in den Schlafsälen was zum Poppen gibt, und zwar ohne Kondom. Es gibt da eine ganz bedenkliche Entwicklung bei der Jugend: Viele halten Kondome für große Vögel aus Südamerika. Dabei ist doch der »Kon-Dom« die kleinste Kirche der Welt, da passt nur einer rein, und der muss stehen!

Das bringt mich zu einer ganz anderen Frage: Könnte man denn eigentlich auch heute noch einfach eine neue Religion erfinden? Entstehen noch immer neue Glaubensgemeinschaften? Kaum hatte ich angefangen mir darüber Gedanken zu machen, habe ich erfahren, dass es genau dafür ein sehr schönes Beispiel gibt, den so genannten Cargokult auf der Südseeinsel Vanuatu.

Die Amis waren da mal stationiert und hatten natürlich eine ganze Latte von unglaublichen Wundern im Gepäck, und die kamen immer aus diesen riesigen Containern, auf denen »Cargo« stand. Noch heute, 60 Jahre später, veranstalten die Ureinwohner monatlich rituelle Militärparaden in Fantasieuniformen und mit selbst gebastelten Gewehrattrappen. Sie machen das Gleiche wie damals die US-Soldaten, nämlich in Reih und Glied aufmarschieren und irgendwelches unverständliches Zeug rumbrüllen. Alles in der Hoffnung, diese materiellen Wunder nochmal geschehen zu lassen. Das ist kein Witz.

Das ganze Thema ist sowieso eigentlich überhaupt nicht lustig, denn Religion ist nicht nur Opium fürs Volk, sondern Dynamit.

Sie ist leider meistens als Unterdrückungs-, Ausbeutungs- und Manipulationsinstrument erschaffen worden, mit dem man aus den nettesten Kindern Kreuzritter, Selbstmordattentäter oder Folterknechte machen kann. Wie mein Kollege Vince Ebert so schön sagt: »Die katholische Kirche hat im Mittelalter dermaßen gewütet, dass sie uns die Welt sozusagen besenrein übergeben hat.« Zum Glück ist das längst vorbei, sonst wäre ich sowieso nur noch ein Aschehäufchen.

Aber wenn ich heute durch den Vatikan gehe, den reichsten Staat der Erde, fühle ich, dass dort noch die gleiche Energie herrscht wie vor hunderten von Jahren. Und es werden noch die gleichen Dogmen gepredigt wie damals. Die Nachfolger der Männer, die meine Ururgroßmütter und alle anderen weisen heilenden Frauen zu Tode gefoltert haben, sind noch heute unangreifbar.

Vor dem Hintergrund dieser ungesühnten Verbrechen reg ich mich maßlos auf, wenn ich darüber nachdenke, was der Papst heute noch macht. Ich saß vor Kurzem in einer Talkshow mit einer Nonne, die ihr Leben lang aufopferungsvoll in Afrika gearbeitet hat, und sie sagte: »Ich habe dort in den Slums heimlich an die Prostituierten Kondome verteilt, weil ich das Leid einfach nicht mehr mit ansehen konnte. Und dafür bin ich jetzt unehrenhaft entlassen worden, und ich kriege nach 50 Jahren Dienst in der Mission nicht einen müden Euro von meiner Rente.«

Es ist noch immer nicht vorbei, die Kirche hat die halbe Welt niedergemetzelt und ausgebeutet; der Papst verursacht den Aidstod von Millionen von Menschen, aber keiner traut sich, etwas dagegen zu sagen. Als ich mich nach dem Beitrag dieser überaus couragierten Frau erbost zu Wort melden wollte, war die Sendung vorbei. Das brisanteste Thema des Abends konnte nicht in der Runde diskutiert werden?!

Die böse Macht

Ich habe schon als Kind gedacht, wenn ich manchmal abends an einer Kirche vorbeigegangen bin, es sieht aus, als würde Graf Dracula höchstpersönlich dort residieren. In Fantasyfilmen wird das Böse, das in einer düsteren Festung auf der Spitze des Berges haust, immer besiegt. Wir haben im realen Leben diesen Sieg noch vor uns. Die böse Macht hat diesen Planeten regiert und zu dem heruntergewirtschaftet, was er heute ist. Die katholische Kirche hat unter anderem das alte Wissen der Antike vernichtet, unsere Spiritualität und Naturverbundenheit zerstört; sie hat den natürlichsten Überlebenstrieb, nämlich die Sexualität, mit Schuld und Ängsten belegt; sie hat die heutige Dritte Welt ausgeraubt und ihre Untertanen bis aufs Blut ausgebeutet. Joseph Campell, der berühmte Mythenforscher, schreibt: »Es gab ihn immer und überall, den Tyrannen, der besiegt werden musste. Das Ungeheuer, das alles an sich rafft, terrorisiert von sich selbst, gehetzt von der Furcht, erwartete Aggressionen zurückschlagen zu müssen, die doch nur Spiegelungen seiner eigenen manischen Raffsucht sind, und er ist in der Geschichte millionenfach besiegt und überwunden worden.«

Kurze Info

Auch hier ist meiner Meinung nach die Bewusstwerdung und das Wissen das einzige Gegenmittel. Ich finde, dass es jetzt endlich an der Zeit ist, diese Institution zu entmachten.

Jeder von uns kann austreten und aufhören, Kirchensteuer zu zahlen. Wenn in deiner Umgebung alte Zöpfe weitergesponnen werden, dann schneide diese mit spitzer Zunge ab.

Die katholische Kirche hat uns auch unsere spontane Lebensfreude systematisch ausgetrieben, sie hat sogar das fröhliche Singen und Tanzen verboten, und man durfte jahrhundertelang nur noch zu irgendeiner trostlosen Spinett-Mucke wie ein Storch im Salat auf und ab stolzieren. Warum?

Wenn man den Menschen dieses wichtige Ventil nimmt, hat man sie ihrer Selbstheilungskräfte beraubt. Auf der ganzen Welt, in allen Zeiten und Kulturen, haben die Menschen Musik gemacht, gesungen und getanzt, weil es ein Lebensgefühl manifestiert, weil es etwas in uns auslöst. Musik macht etwas mit uns, das wir nicht unter Kontrolle haben, sie macht glücklich und wir können durch ekstatischen Tanz in Trance kommen. Und was ist Trance? Es bedeutet hinüberzugehen in ein anderes Bewusstseinsstadium, loslassen, frei werden; und in diesem Zustand bekommen wir Zugang zu unserer wilden ungezähmten Natur. Je fanatischer und fundamentalistischer die Machthaber, umso strenger werden deshalb die Musikverbote. Das sieht man heute in muslimischen Ländern. Bei uns haben die Nazis die »entartete Negermusik« auszurotten versucht und uns auf Marschmusik getrimmt. Und was kommt dabei raus? Selbst die Jury von DSDS klatscht bei einer Swingnummer auf eins und drei. Kein Wunder, dass der Rest der Welt uns Deutsche dafür belächelt. In Brasilien spielen schon die Babys mit der Rassel die geilsten synkopierten Grooves.

Also, was können die Menschen tun, wie können sie diese uralten Verklemmungen und Ängste loswerden? Ich sage, indem sie sie abschütteln, und zwar im wahrsten Sinne des Wortes. Sich zu schütteln und zu tanzen ist das Schönste, und es ist ungeheuer heilsam. Mich zu fröhlicher Musik völlig auszutoben und wie ein Kind »zum Affen zu machen«, das ist meine Lieblingsbeschäftigung. Glück ist ja eigentlich meistens ein Nebenprodukt dessen, was man gerade tut. MEINE LIEBSTE TÜR ZUM GLÜCK IST TANZ.

Bei meinen Trommelkursen, die ich seit Jahren mache, um die westafrikanische Djembe und die türkische Darbuka spielen zu lernen, tanze ich zwischendurch auch immer und fühle mich dabei, als würde ich davonfliegen. Danach bin ich irre gut drauf, total durchblutet und habe ein kreatives Hoch, in dem mir viele gute Ideen kommen.

Kleine Info am Rande

Bhagwan, also Osho – das ist derjenige, dessen Jünger immer mit einer »Apfelkernkette« rumliefen, mit einem »Flaschenöffner« unten dran, mit dem Bild vom »Weihnachtsmann« – hat die Kundalini-Meditation entwickelt, und die geht so: Du schüttelst dich, deinen Körper, 15 Minuten lang ganz doll zu einer geeigneten Musik. Danach setzt du dich hin und stellst dir vor, dass du wie ein Schneeflockenglas bist. In deinem Inneren senken sich die Teilchen ganz langsam und bedecken alles mit einer frischen, weißen, sauberen Reinheit, in deren Glanz du wie neugeboren erstrahlst.

Aus einer starken Bewegung in die große Stille zu gehen ist ein wunderbarer Kontrast, und es erleichtert das Stillsitzen. Du kannst dann die Bilder anschauen, die in dir hochkommen. Unser Geist ist ein großartiger Filmvorführer.

Das Schütteln ist meiner Meinung nach deswegen so gesund, weil alle Verspannungen und Energieblockaden im Körper einmal kräftig durchgekleppert werden und sich lösen können. Ich glaube ja, dass das Gleiche auch mit den Synapsen, also den Synapsen-Verbindungen im Gehirn passiert. Da öffnen sich neue Wege. Deswegen schütteln sich Schamanen in Trance, und aus dem Grund waren auch »Negertänze«

immer so verpönt. Tiere schütteln sich übrigens auch regelmäßig; das habe ich bei meinem Hund beobachtet. Wenn der ein Nickerchen gemacht hat, dann dehnt er sich erst mal ausführlich lang, und dann schüttelt er sich. Mein Physiotherapeut hat gesagt, dass es nach dem Ruhen wichtig ist, die Muskulatur durch Strecken erst einmal wieder zu aktivieren, sonst tut man sich leichter weh. Ich sage:»Das Schütteln dient zur Anregung des Kreislaufs, um sich zu lockern und um alles Schlechte von sich abfallen zu lassen. Auch die Flöhe?!«

Th: Eckart Tolle schreibt in seinem wunderbaren Buch»Eine neue Erde« eine schöne Sequenz über Enten. Wenn ein Erpel Streit hatte, schüttelt er sich hinterher einmal kräftig durch, danach ist er wieder ganz im Hier und Jetzt und geht fröhlich seinem Tagewerk nach. Ein Mensch neigt dazu, sich mit dem Streit zu identifizieren; sein Ego ist verletzt, er kann nicht loslassen, er brütet drüber und grollt dem anderen innerlich.

Ich würde dazu gern auch etwas aus der Primatenforschung hinzufügen, das sich sehr mit meinen Beobachtungen deckt. Männliche Menschen – ebenso wie Affen – streiten sich viel häufiger als Weibchen, aber sie versöhnen sich auch viel schneller und unkomplizierter. Wenn unter Freundinnen einmal der Segen schief hängt, ist es meist für immer aus. Ich kann dazu nur sagen: Mädels, macht euch locker und geht mal wieder gemeinsam zum Tanzen.

Schüttel-Nummer

Des, wiari mi draufbring, ist des, wiari schwing,
is des, was i magnetisch in mein Leben bring.
Ma sollt sich scho a Stickerl seiba ankicken,
ma muas ja bloß a bisl mit im Dagd wippen.
Ma kannt dazu dodal dezent mim Kopf nicken
und so richtig cool, total exakt, im Takt schnippen.
Sich schütteln is manchmal echt ein Muss;
wer's täglich duad, is aus einem Guss.
Ich waß es ist dodal tabu,
moch's bitte trotzdem ab und zu.

Schüttel dich und sing und tanz,
schüttel dich, lass ab den Dampf.
Schütteln lockert jeden Krampf,
Schüddellihnab, den Lebenskampf!
Schütteln is wira Re pe ra tur,
schüttel dich, deine Muskulatur.
Schütteln is wia Homöopathie,
verschüttel deine Energie.
Man schüttelt Hände ohne Ende,
doch was ich noch viel besser fände,
loss di los und gib di hin
und fühl den Rhythmus in dir drin.
Schüttel dich, gib dir an Ruck,
schüttel dich, lass raus den Druck,
schüttel dich, es is Freude pur.
Schüttel dich und scheiß auf die Frisur!

Auch wenn Sie mal wieder vor einem Spiegel stehen und sich zu fett
finden. Einfach einmal alles durchschütteln und ganz laut wie James
Brown singen:
»I feel good ... schwabbel, schwabbel, schwabbel, schwapp.
I knew that I would.«

Meine Therapie fruchtet langsam. Jetzt habe ich meine gesamte Kindheit aufgearbeitet, das Pfeifen im Ohr ist tatsächlich leiser geworden,
ich kann wieder schlafen, und das Wichtigste ist, ich kann schon ganze
zehn Minuten lang in mich reinhören, bevor ich hemmungslos anfan-
ge zu weinen. Aber glücklich bin ich deswegen immer noch nicht.

Glück ist nicht einfach nur die Abwesenheit von Leid, glücklich ist man
nicht automatisch. Ich dachte damals, ich hätte in meinem Job und in
der Kunst alles gefunden, was ich brauche. Leider bin ich, wie gesagt,
komplett über mein Ziel hinausgeschossen. An meinem beruflichen
Höhepunkt war ich so einsam, unglücklich und krank wie nie zuvor.

Das heißt, ich muss jetzt ganz neue Wege beschreiten und mich ganz neu definieren. Gott sei Dank hat mein Terminkalender sich etwas gelichtet, und ich habe tatsächlich drei Wochen Zeit. Also denk ich mir: Wegfahren wäre geil; mal auf neue Gedanken kommen; andere Länder, andere Ohrgeräusche.

Aber wohin?? Für viele Leute ist Urlaubsplanung relativ leicht: Die Kinder bestimmen, wo's hingeht; der Chef sagt wann, und die Bank wie lang. Ich für meinen Teil bin von meinem letzten Urlaub vor zehn Jahren noch völlig traumatisiert.

Das war so: Ich bin mit Sabine, einer Freundin dritten Grades, für ein verlängertes Wochenende spontan nach Malle geflogen. Ich kannte die kaum, und es ging schon mal so los, dass sie als Erstes am Flughafen einen »I love Mallorca«-Teller zum Aufstellen gekauft und ihn mir zur ewigen Erinnerung geschenkt hat. Vor einiger Zeit hat sie mich mal besucht und tatsächlich gefragt, wo der ist. Ich hab gesagt: »In der Reinigung.« Die fliegt nur irgendwo hin, um sich am Strand, in Öl getunkt, in eine Walrosskolonie einzureihen und rotbrutzeln zu lassen. Für die ist das Ozonloch so aktuell wie »Toast Hawaii«. Ich hab mich gefragt, warum die nicht einfach zu Hause bleibt und sich zwei Wochen lang von neun bis fünf Uhr auf die Sonnenbank legt? Wahrscheinlich, weil sie sich da nicht um sechs Uhr in der Früh ihre Liege mit dem Handtuch reservieren kann. Ach nein! Sie will ja abends auch durch die Restaurant-Meile schlendern und den vertrauten Klängen der Ballermann-Medleys lauschen. Menschen fliegen zur Erholung an Orte, an denen ein Lärmpegel herrscht, gegen den das Oktoberfest ein Schweigekloster ist.

Schon beim Anblick dieser knallbunten Fotospeisekarten möchtest du dir direkt den Magen auspumpen lassen, und dann steht da auf einer doch wirklich »Polio vom Grill«. Gegen dieses Huhn sollte man sich wahrscheinlich wirklich impfen lassen. Beim Italiener gibt es dafür auch sehr schön »frische Cozze«. Ein bisschen vorverdaut sehen die Muscheln auf den Tischaufsteller-Fotos auf alle Fälle auch aus.

Den Vogel schießt der Portugiese an der Ecke ab: Da gibt es allen Ernstes »Salmonelle fritte«. Tja, die Heimat der Salmonellen ist nicht nur der Kartoffelsalat. Sabine sagt, sie geht daheim oft zum Thai, aber wenn sie auf Phuket ist, geht sie lieber ins Bayrische Bräustüberl. Die meisten Menschen mögen es total exotisch-authentisch, aber bitte genau wie daheim.

Und Sabine ist auch eine von diesen Leuten, die alles ununterbrochen filmt. Als wir heimkamen, musste die sich erstmal die Kamera aus dem Gesicht operieren lassen. Diese Art Mensch gibt es bestimmt bald serienmäßig mit einem Schraubverschluss am Auge.

Die glaubt wahrscheinlich selbst gar nicht, dass sie im Urlaub war, und muss es sich und anderen beweisen. »Und, hast du dich gut erholt?« – »Keine Ahnung, den Film, auf dem ich mich erhole, finde ich gerade nicht.« Ihr Urlaub fängt erst richtig an, wenn sie ihn zu Hause auf dem Flachbildschirm zeigen kann.

Ich bin hinterher immer enttäuscht, wenn die Sonnenuntergänge alle verwackelt sind. Zweidimensional sieht es auch alles so anders aus.

»Nein, das ist keine Fototapete im Hintergrund. Ja, das Ding neben der Palme, mit den zwei Höckern, das bin ich.«

Kleiner Tipp

Ich schlage vor, du lässt in Zukunft lieber das gesamte Equipment zu Hause, genießt die Zeit und googelst hinterher mit deinen Freunden die entsprechenden Dokus im Internet.

Zum Thema »Wohin« habe ich ein kleines Lied geschrieben, das möchte ich Ihnen nicht vorenthalten.

Science fiction oder Steinzeit
Wofür bin ich bereit?
Will ich voll vergeistigt nach Erleuchtung suchen
oder doch lieber noch mit Vollpension buchen,
mir den Future-Schock geben in Tokio,
oder im Regenwald leben ohne Risiko?
Der letzte Ureinwohner wurde entdeckt,
da hat der erste Urlauber ins Weltall eingecheckt.

Willste Schläfer werden, zum Islam konvertieren
und vor lauter Hass die ganze Welt bombardieren?
Oder fah'ma zum Dalai Lama,
und meditiern uns ins Nirwana?
Die Wahl des Weges wird den Ausschlag geben
über die wahre Qualität in meinem Leben.
In den Cyberspace oder zum Schrumpfkopfjäger,
mit dem Eselskarren oder im Düsenjäger.
Oder Sie lassen sich im Jemen
mal für 'ne Woche als Geisel nehmen.
Die Frauen müssen da noch dienen,
das ist auch uns bis vor Kurzem ganz normal erschienen.
Und auf'm Bauernhof, überhaupt nicht weit,
bist du heute noch mit 40 auch ein altes Weib.
Science Fiction oder Steinzeit ... wofür bin ich bereit?

Im Reisebüro

Ich will mich erstmal richtig beraten lassen und gehe in ein Reisebüro.
Die Dame dort öffnet mit großer Geste eine Karte, auf der die gesamte
Welt abgebildet ist, und ich ertappe mich bei dem Bedürfnis, direkt
weiterblättern zu wollen. Ich glaube, ich brauche irgendwie was Neues.
Ein bisschen so wie Polt, wenn der sagt: »I bin jetz mit meiner Frau auf
ana Weltreise gwen, da far ma nimmer hin.«

D: Wir hätten da ein hübsches Sonderangebot auf Mallorca.

Sis: Oh Gott, bitte keine Ballermann-Medleys.

D: Verstehe, dann vielleicht lieber England, Stonehenge.

Sis: Keine Ruinen, das erinnert mich zu sehr an meine Vergangenheit.

D: 'ne Kreuzfahrt in der Karibik?

Sis: Was will ich denn auf einem schwimmenden Altenheim?

D: Whalewatching vor Vancouver??

Sis: Was soll ich denn da? Den Walen auf die Finne kotzen?

D: Eine Safari in Kenia?

Sis: Nix will ich weniga.

D: Vielleicht ein Tauchurlaub?

Sis: Hören Sie mal, ich will nicht abtauchen, ich will aufblühen. Haben Sie denn gar keine unentdeckten Kontinente mehr auf Lager?

D: Ne, tut uns leid, uns gehen die Kanarischen Inseln gerade aus. Wissen's was, wenn wir eine neue Welt im Angebot haben, melden wir uns, Ihnen noch einen schönen Tag.

Sis: Danke, ich hab schon was anderes vor.

Auu, da ist der Pfiff wieder, ich setze mich auf eine Parkbank und bete: »Lieber Gott, oder liebes Osterhasi, bitte hilf mir ...«, und da steht plötzlich ein Mann vor mir; mit 'nem langen Wallebart, 'nem Heiligenschein und Hasenzähnen und sagt: »Watt denn, watt denn. Jetz komm ma runter, ick ertrag det nich, wenn Weiber flennen ...«, und schenkt mir eine Prinzessin Lilienfee in einer Schneekugel.

Hä? Ich stelle sie abends auf meinen Nachttisch und höre wenig später ein lautes tock tock tock tock, huch oh nee! Hab ich jetzt zum Tinnitus auch noch nen »Klopfitus«??

Aber in dem Moment rieselt feiner, weißer Sternenstaub aus der Schüttelkugel auf meinen Teppich. Ich denk noch: »Das kriege ich nie mehr weggesaugt«, und auf einmal erstrahlt alles in unglaublich weichem, schönem Licht, und mir erscheint mit Lilienkranz und Krone, in vollem Glanz auf ihrem Throne, eine wunderschöne Fee, die ist echt nicht ohne.

Ich bin wie verzaubert und frage: »Wer bist du, was machst du?«

Fee: Du meinst beruflich? Ich bin die Herausgeberin einer Informationsbroschüre über die Zukunft für Feen, die vorn dabeisein wollen. Die »Pro Fee Zei Tung« erscheint täglich auf allen Blütenblättern dieser Welt. Blüten sind die Sexualorgane der Pflanzen, und Sex zieht immer. Also das Presseorgan mit den meisten täglichen Besuchern ist bei uns ja die Lilie.

Sis: Oh ja, ich liebe Lilien, allerdings der Blütenstaub macht ganz schöne Flecken. Ich hab mir gerade mein ganzes Auto damit eingesaut.

Fee: Ja, das ist wie mit dem Sperma. Männer schmutzen eben. Aber wir kommen vom Thema ab. Du hattest einen Wunsch geäußert, und das ist natürlich mein Ressort.

Sis: Ja, äh, ich wünsche mir, dass der Tinnitus weggeht und dass ich wieder glücklich sein kann. Ich will nicht mehr so negativ sein und über alles schimpfen.

Fee: Aber genau davon lebst du doch als Kabarettistin!

Sis: Ich bin keine Kabarettistin, ich bin Skurril-Entertainerin; außerdem wär mir das egal, ich will wieder positiv sein können.

Fee: Dann spitze deine Ohren, hör in dich hinein!
Wofür bist du geboren, was ist schnöder Schein? –
Und dann fängt sie an mit glockenheller Stimme zu singen.

Du kannst alles erreichen, du musst es nur erlauben,
stelle deine Weichen, fang an, an dich zu glauben.
Was der Denker denkt, ist das, wohin er lenkt.
Was dein inneres Auge sieht, ist das, was prompt geschieht.
Nur das, was wir als Möglichkeit sehen,
das lassen wir dann auch in Wirklichkeit geschehen.
Alles, was du ausstrahlst, das ziehst du auch an,
denn du wählst minütlich dein Programm.
Du kannst jede Sekunde deines Lebens einfach zappen,
weg von den Deppen; hin zu den Netten – das muss man nur checken!
Du gebierst dir deine kühnsten Träume,
du tapezierst Dir deine Lebensräume.

Lass die Zukunft doch mal rosig zusehen,
lass im Film in deinem Kopf ein Happy End geschehen.
Lass die Winde deiner Meere doch mal günstig wehen,
lass den Dax in 30 Jahren doch mal prächtig stehen.
Denn alle, die dieses Universum bewohnen,
bestehen aus Billionen von schwingenden Atomen.
Alles ist bereit, sich zu manifestieren,
du musst nur deine Zeit und ganz viel Liebe investieren.
Allem in deinem Leben hast du nur du den Raum gegeben – geh
nach Indien, dort wirst du dein Glück findien!
Geh nach Indien, dort wirst du dein Glück findien!!

Und als dieser Satz aus der Ferne zu mir rüberweht, erwache ich aus meinem Traum. »Geh nach Indien, da wirst du dein Glück findien.« Was war das denn für ein schlecht gereimter, kryptischer Kleinmädchen-Quatsch? »Lass die Zukunft doch mal rosig sehen.« Soll das heißen »Setz die rosarote Brille auf, und alles wird gut« – oder wie? Das kann man sich bei der momentanen marktwirtschaftlichen Lage doch gar nicht erlauben.

Okay, man kann trainieren sich gut drauf zu bringen – so, wie ich meinem Hund beigebracht habe, nur in den Garten zu kacken: »Ja was bin ich gut drauf, und des is alles soo schön; ja so was Tolles, feini, jawoll, es wird alles gut.« Der Felix hat's ruckzuck kapiert, und ich bin immer noch nicht stubenrein.

Richtig: Immer alles schwarz zu sehen ist bestimmt auch nicht die Lösung. So ähnlich hat meine Therapeutin das alles auch oft gesagt, nur mit anderen Worten. Sie hat immer betont, dass man es trainieren kann, sich auf das Positive zu fokussieren und dem Negativen die Aufmerksamkeit zu entziehen.

Sie hat mir ein Beispiel genannt, das mir sehr einleuchtet: Wenn ein Mann von seiner Frau ins Theater geschleift wird, sagen wir mal, zur neuen »Sissi-Perlinger-Show«, da hat er die Wahl...reagiert er, mit einem: »Zur Perlinger!?! Oh Gott, da muss man womöglich mitmachen; dann haut sie wieder die Männer in die Pfanne, und schönsaufen kann ich sie mir auch nicht, weil ich stundenlang für ein Bier anstehen muss, das sechs Euro kostet.« Dann ist der gesamte Abend bereits unter »Da ist drauf geschissen« in den Bordcomputer einprogrammiert, und der Typ läuft per Autopilot direkt in das von ihm selbst kreierte Verderben – und mit ihm die arme Frau.

Wenn er aber sagt: »Zur Perlinger!!! Schatz, was für eine blendende Idee. Ich pack uns eine schöne Flasche Wein ein, und dann amüsieren wir uns richtig.« Dann ist der Abend unter »super« einprogrammiert. Es wird richtig toll, und daheim gibt's dann auch noch eine schöne Zugabe.

Mit anderen Worten, ich brauche gar nicht gut zu sein, nur das Publikum muss gut drauf sein; ha ha, das finde ich geil.

Hey, jetzt fällt mir noch ein gutes Beispiel ein dafür, wie sehr die eigene Prädisposition (also die Grundhaltung, mit der man einer Situation begegnet) jeden Moment des Lebens mitprägt.

Ich habe zu meinen Nachbarshunden ein sehr gutes Verhältnis. Jedes Mal, wenn ich mit meinem Felix da vorbeigehe, kommen die zwei raus aus dem Garten, und wir spielen und schmusen ein bisschen rum. Vor Kurzem kam ein Typ auf 'nem Motorrad um die Ecke, sah die Hunde, bekam 'nen Schreck und gab Gas. Genau durch diese Reaktion provozierte er die ganze »Meute« natürlich dazu, ihn spielerisch zu verfolgen. Er merkte nicht, dass das nur Spaß war, geriet in Panik, gab noch mehr Gas, schaute sich dabei auch noch nach hinten um und wäre beinahe gegen einen Baum gerast.

Nur wegen seiner vorbelasteten Wahrnehmung der Situation und seinem daraus resultierenden Reflex hat er aus total gutmütigen Tieren »jagende Bestien« gemacht und damit fast sein Leben in Gefahr gebracht. Und das Schlimmste ist, sein Hirn wird diese Situation abspeichern unter: »Scheißhunde! Wenn ich nächstes Mal welche sehe, gebe ich noch mehr Gas.«

Mein Tipp

Ganz ruhig bleiben, Hektik und Druck machen wir uns immer selbst im Kopf. Erstmal ausatmen und beobachten. Mit einem positiven Grundgefühl an alle Sachen heranzugehen hilft ungemein. Dann erfährt man weit mehr über die wahre Natur der Dinge, nämlich, dass alles gut ist. Tiziano Terzani schreibt: »Grinse, wenn du in den Lauf eines Gewehrs schaust, es wird dein Leben retten.« Lächle, und die Welt wird mit dir lächeln. Wir imitieren und interpretieren schon seit Millionen von Jahren das Verhalten – besonders den Gesichtsausdruck – unseres Gegenübers. Dieses »Programm« funktioniert aufgrund der so genannten Spiegelneuronen in unserem Hirn. Die sind auch dafür verantwortlich, dass wir zum Beispiel automatisch mit jemand anderem mitlachen oder mitgähnen. Überall, wo wir aber vorschnell unsere Rückschlüsse ziehen und bereits präventive Abwehrmaßnahmen ergreifen, erreichen wir genau das Gegenteil, weil wir so eventuell vorhandenen aggressiven Schwingungen eine Angriffsfläche bieten würden.

Wenn man einen Hund hat, lernt man wahnsinnig viel über so genannte »Projektionsmechanismen«, weil jeder in dem Tier das sieht, was er will. Für manche ist er nur 'ne Bakterienschleuder, andere glauben in ihm eine lebensbedrohliche Gefahr zu erkennen. **FÜR MICH SIND MEIN HUND UND MEIN GELIEBTER DIE GRÖSSTEN QUELLEN DES GLÜCKS, DIE ICH IM AUSSEN KENNE.**

Aber zurück zu dem Herrn, der von seiner Frau ins Theater geschleift werden soll. Was macht der denn eigentlich in einer ganz schlimmen Situation, an der er nichts ändern kann? Wenn zum Beispiel die Schwiegermutter mit ins Theater will? Keine Bange, da gibt es einen tollen Trick, nämlich Gift ... äh, Quatsch! Nein, viel schöner. Man kann trainieren, dem Schmerzempfinden die Aufmerksamkeit zu entziehen. Das ist ja im Prinzip das, was ein indischer Fakir macht. Der sitzt ja nicht den ganzen Tag auf seinem Nagelbrett und schreit: »Aua, das piekst! Diese scheißangepissten, blöden Drecksnägel.« Nein, er transzendiert den Schmerz, bis er ihn nicht mehr empfindet.
Okay, jetzt weiß ich, wieso die kleine Prinzessin Lilienfee in meinem Traum gesagt hat: »Geh nach Indien, dort wirst du dein Glück findien.« Indien ist das Land mit der ältesten Tradition im In-sich-hinein-Hören. Und deswegen soll ich dahin.
Als ich das meiner Therapeutin erzähle, ist ihr Kommentar natürlich: »Geh bitte, es ist ein hinlänglich bekanntes Sinnkrisen-Lebensinhalts-Suchphänomen, dass wir immer denken, wir könnten das Glück nur dort finden, wo wir uns Dünnpfiff holen und von allerlei Insekten vorgekostet werden. Aber meinen Segen sollen Sie haben!«

Also habe ich mich von meinem Hund verabschiedet, ihn zu meiner Nachbarin gebracht, und mich ins Flugzeug gesetzt. Prompt kommt da so 'ne Jesuslatschen-Type den Gang entlanggeschlurft, mit nasenpopelgrün gebatiktem Schlabbershirt an Pumphose, mit Schritt in den Knöcheln, in ohrenschmalzgelb.
Ich schicke ein Stoßgebet gen Himmel, aber schon sitzt er neben mir, verströmt den dezenten Duft von Hasenstall und erzählt mir unge-

fragt den gesamten Flug über, ohne Punkt und Komma, seinen kompletten spirituellen Schmonzes.

Aus irgendeinem Grund sehe ich immer Atze mit Brille, aber Rastaperücke, als Idealbesetzung, weil es einfach zu lustig wäre, wenn der das sagen würde: »Namasté Baby. Der Buddha in mir grüßt den Buddha in dir. Meine indischen Freunde nennen mich »Herman the German«. Ich hab mir ja jetzt den neuen Turboguru zugelegt, so 'nen richtigen S-Klasse-Mönch, der ist von Null auf Hundert in zehn Sekunden im Nirwana drinne. Ich sach dia das, wenn so ein Luxus-Klasse-Erleuchteter, der seine Gehirnströme hat tieferlegen lassen und auf seinem spirituellen Weech seine 100 000 Kilometer so ommmm-mäßig runtergeschrubbt hat; also wennde den innnen Kernspinnttomographen reinlechst und sein Hiarn fotografieren tust, das leuchtet wie'n Halogenscheinwerfer. Püppi, das solldest du probieren, dann scheint dir die Sonne auch mal'n büschen mehr aus'm Arsch.«

Sis: »Und mit welchem Lichtschutzfaktor schmier ich mich dann *da* ein?«

Meine Fresse, hatte mir der Typ ein Ohr abgekaut, meine Therapeutin würde sagen: »Geh, sprichs ma in a Sackerl und stell's mir vor die Tür.« Ich steige in Bombay aus dem Flugzeug.

In Indien

Feuchtheiße, stinkende Luft schlägt mir entgegen, und ich wäre am liebsten an der Gangway auf dem Absatz wieder umgedreht. Aber ich werde in einem endlosen Trauermarsch zur Passkontrolle gepeitscht. Man wühlt alle meine Koffer dreimal durch, und vier Stunden später steh ich völlig erschöpft vor dem Flughafengebäude. 80 schreiende Taxifahrer tragen mein Gepäck in sämtliche Himmelsrichtungen davon. Oh Scheiße, wie konnte ich nur auf diese blöde Fee hören?! Der Rikschawfahrer, bei dem ich schlussendlich lande, fährt zuerst ganz gemütlich, so tuck tuck tuck. Doch dann biegt er plötzlich, und ohne zu schauen, auf eine 16-spurige Schnellstaße ab, die Autos rasen mit 250 vorbei. Er wechselt, ohne zu blinken, auf die Überholspur, und steuert direkt in den entgegenkommenden Lastwagen ... aaah! puh!!! Mein gesamtes Leben ist an mir vorbei gezogen ... war das ein Verhau. Durch die vielen Schlaglöcher komm ich mir nach drei Stunden Fahrt – im Kreis rund um das Hotel – wie erschlagen vor; jeder einzelne Knochen tut weh. Das einzig Gute an Indien: Hier herrscht ein derartiger Lärm, dass zum ersten Mal meine Ohrgeräusche komplett übertönt werden. Am Hotelempfang gibt es einen rot-blau-gelben Begrüßungscocktail, dank dem ich die wertvolle Erfahrung machen darf, dass es auch möglich ist, auf einer Kloschüssel zu übernachten. Ja, die Toilette ist sehr weit weg, nämlich wie in Indien üblich: am Ende des *Ganges*. Mich hat's dermaßen zerlegt, dass ich im Fieberwahn ganz viele Götter gesehen habe, und so, liebe Kinder, ist der Hinduismus entstanden. Was bei den Christen der Messwein, ist für Hindus der Begrüßungscocktail, der Zugang zum Nirwana.
Sobald ich wieder gehen konnte, beginnt mein Ayurveda-Programm. Der Arzt untersucht mich und ich frage ihn, wie lange ich bleiben soll,

und er meint: »So drei bis vier Jahre.« Sehr witzig! Die Inder haben Humor, und das ganze Land passt irgendwie zu mir. Es ist überlaufen, dreckig und arm. Mein Fass war auch übergelaufen, mir ging's dreckig, und ich war arm dran. Aber das ist bekanntlich besser als Arm ab. Ich bin einfach 'ne blöde Kuh gewesen, aber dafür wird man hier ja bekanntlich »heiliggesprochen«.

Ich werde mit Öl übergossen und von vier Händen gleichzeitig massiert, und das mir, die ich doch so kitzelig bin. Während die so an mir rumdrücken und meine Verhärtungen rauskneten, denke ich mir: Die Seele braucht für ihren Gesundungsprozess auch so 'ne Art Akupressurmassage. Dort, wo's wehtut, muss man reindrücken, also es näher unter die Lupe nehmen, ausatmen, die Gefühle hochkommen lassen, rausweinen, und dann geht es einem besser.

Kleiner Tipp

Ein Thema wird immer dann brandaktuell, wenn wir davor weglaufen. Krankheit ist oft die Sprache der Seele, dir zu sagen: »Schau da mal genauer hin! Was ist da bei dir los?« Unbewusstes kann sich nur Bewusstwerdung verschaffen, indem es mit körperlichen Somatiken kommuniziert. Der Asiate sagt: »Du spürst deine Füße erst, wenn dir deine Schuhe nicht mehr passen.« Ich habe nicht auf meine innere Stimme gehört, also hat mein Körper eine Alarmsirene in Gang gesetzt, die mich dazu gezwungen hat, mir mal 'ne Auszeit zu gönnen. Innerlich im Gleichgewicht zu bleiben halte ich für mindestens genauso wichtig, wie körperlich gesund zu sein. Meditation und Yoga sind weltweit auf dem Vormarsch, weil immer mehr Menschen begreifen: Das Universum ist ein wild rotierendes Rad, und die ruhige Mitte kann nur in deinem Herzen sein.

Nach einer Woche geht es mir tatsächlich etwas besser. Ich kann wieder feste Nahrung zu mir nehmen und beschließe, an den Strand zu gehen, wo ich mich erstmal ziemlich langweile.

Plötzlich hör ich 'ne Stimme: »Bois...Bois....Bois.« Und ich frage nach: »Tschuligung, was sind das denn für Boys, und ... wie sehen die aus?« Da steht so 'ne Müslitussi vor mir und meint: »Ha, des ischn Poi, damit kama jonglierä, Spiele spielä, des isch die högschde Fom der heidere Gelasseheid. Des bringt dich brudaaal in den Flow, quasi ins Hier und Jetzt, gelle, ha, *des macht voll happy.*«

Ich hau mir die Dinger gerade so richtig schön peinlichst um die Ohren, da streckt plötzlich der Typ seine Visage in meine Optik, der mich schon im Flieger vollgesülzt hat, Herman the German!! Nicht schon wieder!!!

H: Sachma Schnecke, du bist echt 'ne Gestresste. Kann das sein, dass du ganz früh von dei'm Vadder verlassen worden bist und deswegen immer das Gefühl hast, dass du nicht genügst? Und jetzt haste dir deswegen sogar 'nen Tinnitus eingehandelt, stimmt's oder hob ich recht?

Sis: Hä? Ich hab dir nix von alldem im Flieger erzählt. Wie kommst du denn auf so einen Quatsch?

H: Du bist doch hier nach Indien gekommen, weil man dir gesacht hat, dass du lernen musst, in dich reinzuhören, Püppi. Komm, gib's doch zu. – Er kramt eine tibetische Gebetsmühle aus seiner Tasche und beginnt, sie vor meinem Gesicht zu drehen. Er hat ein Vögelchen an einer Kette drangebaut, das nun unablässig im Kreis fliegt.

H: Wir haben das Fahrrad und den Dynamo erfunden ... Der Asiate macht sich mit sowas helle.

Sis: Ich habe gerade auf einem Zettel am Schwarzen Brett in meiner Hotel-Lobby gelesen: Beware of enlightenment, you might end up kissing ugly women.

Aber Herman the German lacht nicht über die Witze der anderen, nur über seine eigenen.

H: Es geht für uns Normalo-Wessis bei der Meditation überhaupt nicht darum, erleuchtet zu werden. Das ist, als würde man sich in der ersten Klasse Grundschule schon Gedanken darüber machen, wo man seinen Alterssitz hinbauen will.

Mal ehrlich, so ein Heiligenschein, der drückt doch auch. Es geht um Bodybuilding für den Geist, verstehste! Damit man nicht immer nur der Spielball seiner unkontrolliert dahinrasenden Gedanken und Empfindungen ist. Hock dich ma auf deine vier süßen Buchstaben, horch ein bisschen in dich hinein und finde zu dir! Ich schlag vor, dass du schön zu mir kommst; ich bin ab jetzt dein Guru, und wir arbeiten

als Erstes an deiner verbotenen Zone, glaub mir, ich bin oberlecker. –
Dem Typen hab ich dermaßen den Stinkefinger gezeigt, dass der mir
nie mehr die Hucke vollquatscht.

Aber auf 'ne Idee gebracht hat er mich trotzdem. Das ist jetzt schon der
Dritte, der mir denselben Ratschlag gibt: Hör in dich hinein und finde
zu dir. Aber wie soll ich denn zu mir selbst finden, ich war da ja noch
nie. Doch in Indien hat diese Suche Gott sei Dank Tradition. Ich meine,
bevor ich mir hier am Strand noch 'nen Sonnenbrand hole und mich
zu Tode langweile, kann ich mich auch im Ashram tummeln. Ashram
ist übrigens das, was man um einen Guru rumbaut, damit der sich
keinen Sonnenstich holt, bevor er vom Erleuchtungs-TÜV zugelassen
wird, und so bin ich gelandet im ...

Meditationstempel von Mahatma Gabi

Sie ist eine sehr gütig aussehende alte Dame, mit riesiggroßen schwarzen Augen, und sie spricht fließend deutsch mit einem wunderbaren
indischen Akzent.

M: Meditation kann man einem Westler erklären, indem man sagt, es
ist wie Bodybuilding für den Geist.

Sis: Ja, das hab ich schon mal gehört. Das haben bei uns inzwischen
sogar die Topmanager und Berufssportler begriffen, außer natürlich
der FC Bayern.

M: Es geht darum, ruhig zu werden, damit man besser in sich hineinhören kann.

Sis: Also, mit dem In-mich-hinein-Hören hab ich so meine Schwierigkeiten, weil da dieses Pfeifen ist. Ich kann mir überhaupt nicht vorstellen, wie das in so einer stressigen Situation gehen soll. Und dann auch
noch an nichts zu denken, gerade, wenn ich da reinlausche, da kommt
mir doch alles hoch.

M: Es gibt zig verschiedene Arten zu meditieren, und ich werde dir
eine spezielle Selbstheilungstechnik beibringen, in der du jeder Zelle
in deinem Körper erlaubst, gesund zu sein.

Sis: Ja, aber ...

M: Jetzt halt einfach mal die Raffel.

Meditationssong Nr. 1

Fremde Länder zu entdecken
heilt Kratzer und blaue Flecken!
Sich selbst zu erkunden,
heilt die tiefsten Wunden.
Was du auf einer Reise in die Welt erfährst,
wirst du hinter dir lassen.
Was du auf einer Reise in dich selbst verstehst,
wirst du für immer erfassen.

Ich lade dich hiermit ganz herzlich ein, dabei zu sein,
wenn ich mich jetzt in tiefe Meditation versenke
und dann jedem Körperteil meine Dankbarkeit schenke.
Ich tue dies auf ganz besondere Weise,
indem ich durch meinen Körper reise.
Ich gehöre zu den Gesunden, nicht zu den Kranken.
Dafür wollte ich allen nochmal ganz herzlich danken.
Besonders das Immunsystem gehört geehrt:
zwei Grippe-Attacken erfolgreich abgewehrt.
Außer Zahnoperationen und Hämorrhoiden
sind mir Komplikationen erspart geblieben.
Ich bin mir meiner Verantwortung bewusst als Arbeitgeber
und verspreche hiermit Erleichterungen für die Leber.
Dass das mit der Netzhaut nicht mehr hinhaut, ist pillepalle,
'ne Brille brauchen wir irgendwann alle.

Kleine Info

Auch westliche Wissenschaftler haben mit Visualisierungsübungen bei Kranken unfassliche Ergebnisse erzielt. Die östliche Medizin geht davon aus, dass der Beginn jeder Krankheit damit zusammenhängt, dass irgendwo der Energiefluss blockiert ist.

Grundsätzlich kann man sagen, Energie ist überall dort, wo du sie hindenkst, hinatmest oder hinvisualisierst. Wenn du ab und zu durch den Scheitel »Licht, Liebe und Energie« einatmest, diese überall im Körper verteilst und dann jeder Zelle deines Körpers die Erlaubnis erteilst, gesund zu sein, dann kann das auf gar keinen Fall schaden. Dazu gehört allerdings ein biss- chen Übung. Ich habe in den letzten 15 Jahren alle meine Zipperlein langsam, aber sicher so geheilt.

Ham Sie schon mal versucht, eine Stunde lang still auf 'nem Kissi zu sitzen? Also, ich meine jetzt ohne 'nen Kasten Bier und die Glotze an. Da bleibt dir nur, die eigenen Bilder auf den inneren Flatscreen zu übertragen und dann auf eine höhere Ebene zu transformieren: Ich bin gaanz entspannt im Hier und Jetzt ... Au shit! Mein Bein schläft ein, ich bin gaanz enspannt ... und die Mallorca-Akne pumpt wie Sau ... ich will gaar nicht wissen was mir da gerade über den Fuß krabbelt. Ich bin voller Licht, Liebe, und jetzt ein Schweinbraten, das wär so schön. Ich bin gaanz entspannt und muss soo dringend pupsen. Aber nach dem 150-tausendsten Mal – ich bin gaanz entspannt – ist selbst mein Tinnitus kurzfristig ganz kleinlaut.

Ich hab ja mit meiner Therapeutin Frau Sorgenfrey schon ganz schön intensiv geübt. Das Autogene Training, also die Konzentration darauf, alle Körperteile der Reihe nach warm und schwer werden zu lassen. Das ist ja auch eine Art der Selbstsuggestion, die der Methode von Mahatma Gabi gar nicht fern ist.

Ich habe festgestellt, wenn ich meinem Gedankenstrom freien Lauf lasse und völlig entspannt zuschaue, was alles in meinem Kopf passiert, habe ich großartige Ideen. Das ist eine wunderbare Entdeckung. Man muss also gar nicht leiden, um kreativ zu sein, sondern nur sich selbst »wach« über die Schulter gucken.

Endlich ging es mit mir wieder bergauf

Ja, ich muss schon sagen, hier in Indien ist es herrlich! Man lebt so einfach und doch so schön; alles ist immer sonnendurchflutet. Ich liebe inzwischen die Düfte, die Natur, die bezaubernden Menschen, und es gibt so vieles zu entdecken.

Ich finde zum Beispiel unheimlich schön, dass die Frauen hier immer alles auf'm Kopf tragen. Ich frag mich allerdings, ob die da manchmal auch was vergessen, so wie ich neulich meine Handtasche auf'm Autodach. Und dann diese vielen Götter, da ist wirklich für jeden was dabei, nein, ich rede jetzt nicht von den Männern. Also da gibt's beispielsweise Ganesha, den Elefantengott, der räumt die Hindernisse aus dem Weg. Oder Maha-Laximi, sie bringt Luxus ins Leben. Ich finde man sollte Maha-Pragmati dazuerfinden, zuständig für die schnelle Lösung, die Gottheit der Baumärkte.

Ich bin ja, was religiöse Dinge anbetrifft, mehr als skeptisch und eher auf Krawall gebürstet, aber das, was ich hier vom Hinduismus mitbekomme, stimmt mich irgendwie versöhnlich, weil ich merke, dass der Glaube die Leute nicht verhärmt, sondern fröhlich macht.

Als ich die ersten Heiligenbilder und Tempel in Indien sah, war ich von der positiven Farbenpracht überwältigt. Bei uns herrscht immer die Atmosphäre einer Grabkammer, und alles hängt voller Folterwerkzeuge und toter Märtyrer. Bei den indischen Göttern hat mich besonders berührt, dass ganz oft ein Licht aus der Hand rausstrahlt, genau da, wo Jesus einen Nagel reingehauen bekommen hat.

Hinduistische Tempelfeste sind farbenfrohe Partys voller Musik und gemeinsamer Aktivitäten, an denen die Familien ihr ganzes Dorf mit selbst gemachten Pflanzendekorationen schmücken. Gläubige Inder sind wie Kinder, die an den Weihnachtsmann glauben. Alles ist sehr enthusiastisch, publikumsfreundlich und laut, und man holt sich seine Segnung überall, quasi im Vorbeigehen. Ein bisschen so wie Fingerfood auf Stehempfängen. Bei uns ist so was undenkbar, stellen Sie sich vor, Sie sitzen in der U-Bahn. Jemand steigt ein und sagt: »He, gib mir mal 'nen Euro, dann kriegste 'ne Hostie, 'nen Schluck Wein.« In Indien ist das völlig normal. Überall laufen wunderschön angezogene alte Frauen mit einem Tablett voller Kerzen und Blumen rum, und da kriegt man sein »Blessing« als roten Punkt auf die Stirn gemalt. Das ist doch ein fairer Deal: Ich zahle 10 Rupien und bekomme dafür 250 Gramm Segen.

Ich muss sagen, dass die hinduistische Mythologie mich als alte Geschichtenerfinderin unheimlich fasziniert, einfach wegen der Intensität der Bilder und auch wegen ihrer unglaublichen Vielseitigkeit. Der Hinduismus bietet für jede Situation und jeden Menschentyp passende Göttergeschichten, in denen man sich selbst wiederfinden kann. Ich freue mich natürlich ganz besonders über Saraswati, die Göttin der Dichtkunst, Musik und Weisheit. Endlich hab auch ich mal eine Identifikationsfigur, die zu mir passt, und sie hat zusammen mit ihrem Verehrer Brahma die Welt erschaffen, so wie sie heute ist. Brahma hat übrigens seine vier Köpfe deswegen, weil er immer sehen wollte, wo SIE gerade steckt. Die hat ihm nicht nur den Kopf verdreht, die hat ihm gleich noch drei neue aufgesetzt.

Außerdem gibt es – in Sanskrit geschrieben – das Natyashastra, ein Lehrwerk, in dem ganz klar definiert wird, dass jedes Theaterstück mit Musik, Gesang und Tanz aufgepeppt werden muss, und das ist natürlich genau mein Ding. Wir Christen haben im Prinzip nur eine einzige Bibel. Im Hinduismus gibt es tausende von irrsinnig komplexen, ineinander verwobenen Geschichten, und überall sind alle möglichen Götter mit von der Partie, greifen in das Geschehen ein und leben den Lesern vor, wie diese sich ethisch korrekt verhalten sollten.

In welchen Dimensionen sich diese Erzählungen oft abspielen, kann man vielleicht erahnen, wenn ich hier mal ein paar Beispiele nenne. Was Astrophysiker heutzutage errechnen, nämlich dass das Universum der Urknall-Theorie gemäß so lange expandiert, bis es wieder in sich zusammenfallen wird, das ist in den uralten Heiligen Veden eigentlich schon genau – allerdings mystisch – beschrieben worden. Der Gott Vishnu, der auf seiner vielköpfigen Welten-Schlange Shesha im unendlichen Ozean ruht, atmet das gesamte Universum durch seinen Nabel aus und dann wieder ein.

Und es gibt auch massenhaft Geschichten, die in Zeiten spielen, die noch vor dem letzten oder vorletzten Atemzug stattfanden. In ihnen verwandelt Vishnu sich bezeichnenderweise in einen Fisch, eine Schildkröte, einen Eber, ein gefährliches Monster, halb Löwe, halb Mensch; in einen zwergenwüchsigen Brahmanen und noch viele andere Wesen. Das ist eine sehr wichtige Botschaft im Hinduismus: Gott ist in allem, in der gesamten Evolutionen und auch in jedem Wesen, und sei es auch noch so niedrig. Sogar eine Ratte kann heilig sein, alles was lebt, hat eine Seele. Ich kann mir gut vorstellen, dass es einem ein Gefühl von Geborgenheit gibt, wenn man einer höheren Macht vertrauen kann, die einem »in Liebe« den richtigen Weg zeigt. Ich beneide diese Menschen ein bisschen dafür, dass sie so glauben können. Ich bin kein religiöser Mensch, aber in mir erwacht etwas Ähnliches, eine Art Respekt oder Wärme – ich kann es nicht anders beschreiben. Je öfter ich die Übung von Mahatma Gabi mache, umso bewusster lebe ich, und meine ganze Umgebung hilft mir dabei, immer besser draufzukommen. Zum Beispiel die ...

Krabbeltiere

Jedes Kleidungsstück will vor dem Anziehen gründlich untersucht sein; das trainiert die Wachheit in der Wahrnehmung und bringt mich immer ins Hier und Jetzt. Wobei man aber auch sagen muss, es gibt nix, was den Kreislauf mehr anregt als morgens eine Kakerlake in der Hose. Da bist du ohne Kaffee schlagartig hellwach, weil du wie von der Tarantel gestochen im Dreieck springst.

An dem Morgen fische ich das Viech mit einem reflexhaften Griff aus meiner Hose, werfe es angeekelt in hohem Bogen weg und hechte zu meiner Sandale. Mit dieser tödlichen Waffe in der Hand versuche ich mir Mut zuzureden, nach dem Motto: Dir werde ich's zeigen, dich mach ich platt! Eine Gänsehaut, die einem Noppenanzug gleicht, überzieht meinen erschaudernden Körper. Ich holte zitternd zum alles vernichtenden Schlag aus ... doch dann seh ich plötzlich zum ersten Mal ganz genau, was ich da gerade im Affekt zermalmen wollte, und erstarre in tiefer Ehrfurcht.

Buoh, ist die schön!!! Die hat ja unfasslich lang geschwungene Fühler und so glänzende Flügel und eine bezaubernde Maserung. Wow, das ist ja fast wie Leopardenmuster. Eine Seelenschwester. Ja klar, das ist sie also, die genialste Überlebensmaschine, die die Evolution je hervorgebracht hat. Dass wir Menschen Kakerlaken nicht mögen, ist wahrscheinlich purer Neid.

In Indien verändert man irgendwie fast automatisch den Blick auf die Dinge, und nirgends erfährt man so deutlich, wie sehr die eigene Wahrnehmung das Leben einfärben kann. Ich habe in den paar Wochen schon so viel gelernt. Zum Beispiel habe ich Leute beobachtet, die mit schlechter Laune ihren Willen durchdrücken wollten und sich nur den Kopf angehauen haben, dabei bekommt man hier mit einem Lächeln und einer positiven Grundhaltung alles in den Schoß gelegt.

Kleine Info

Wenn du durch Indien mit der Einstellung reist »Da ist alles so schrecklich dreckig«, dann wirst du sogar in einem superhygienischen Touristen-Restaurant krank. Wenn in Deutschland mal drei Tage lang 30 Grad sind und du nur noch überlegst, wie du von deinem klimatisierten Auto heil in dein klimatisiertes Büro kommst, dann ist Indien definitiv nicht dein Land! Manche verlieben sich auf den ersten Blick, andere aber flüchten panisch.

Gerade als es mir nach ewigen Zeiten mal wieder richtig gut geht, bekomme ich einen Anruf von meinem Agenten. »Wie bitte, die Hauptrolle in diesem super geilen Actionfilm ist abgesagt. Wer spielt das jetzt? Marie Luise Marjan!!« Ich lege auf und will gerade abkotzen, da merke ich plötzlich, dass mir noch nicht mal schlecht ist. Im Gegenteil! Plötzlich bin ich richtig froh und fühle mich von einer Last befreit. Ich halte noch kurz Rücksprachen mit meiner Milz und meiner Hirnanhangdrüse, auch mein linker Stirnlappen sagte ganz klar »Jaa!!!«, und da habe ich meinen Rückflug umgebucht ... und aus drei Wochen werden die vier schönsten Monate meines Lebens.
Ich habe mich gleich hingesetzt und zur Feier des Tages ein Lied geschrieben, nämlich meinen eigenen ...

Meditationssong Nr. 2

Mein Herz macht auf, ich geh hinein,
lass' Liebe, Luft und Licht hinein,
tanke pure Energie und
lade meine Batterie.
Atme durch den Scheitel ... bebe vor Kraft,
sauge mich voller Lebenssaft;
durchs Labyrinth in meinem Hirn
führt mich stets ein feiner Zwirn.
Ich hab die Kontrolle über jedes Glied,

bin der Puppenspieler, der die Fäden zieht,
mein Zwerchfell vibriert und bebt und schwingt.
Das ist die Basis, auf der man lebt und singt
und bebt und schwingt und schwebt und singt;
mein Innenohr ist weich und warm
durchblutet, wie mein rechter Arm.
Als Nächstes ist die Leber dran,
bin echt begeistert, was die so kann;
die Lungenwege sind – frei und breit,
Die Lungenflügel ... flie – gen weit.
Und was sich da zusammenbraut,
is 'ne richtig schöne Gänsehaut!
Meine Nieren funktionieren, schützen das Blut,
tun dem ganzen Organismus gut.
Die Darmperistaltik ist aktiv und rege,
da steht zum Glück ja nix im Wege.
Kann mich runterstellen auf Deltawellen,
in allen Zellen Gesundheit herstellen;
mein Immunsystem schickt die edelsten Krieger
schnell wie die Tiger ... sind sie Sieger.

Meiiine Blase ist völlig easy,
macht entspannt ihr wiesi-wiesi.
Ich schau ja auch, dass immer alles läuft
und pass schön auf, dass sich kein Harnstein häuft:
Alles supa, alles klar, wunderbar!
Die Schamlippen lächeln, ich winke zurück,
Gott sei Dank ist alles fit im Schritt!
Es grinst mich an mein Muttermund,
auch die Eierstöcke sind kerngesund.
Weil ich so gerne me-di-tier,
regelmäßig meinen Kör-per spür.
Und mit so viel Spaß prak-ti-zier,
spar ich mir die Praxisgebühr.

Jetzt, da ich endlich wieder gut drauf bin, merke ich erst, wie viel ich mir durch meine Negativität selbst schlecht gemacht hatte. Dabei macht es mich immer traurig, wenn Leute zum Beispiel ein ganzes Land als schlecht vom Tisch fegen, weil sie ein paar Artikel darüber in der Zeitung gelesen haben.

Indien ist eine über 3 000 Jahre alte, unzerstörte Kultur, die alle Einflüsse aufgesaugt und integriert hat. Das muss man erstmal schaffen. Außerdem ist es die größte Demokratie der Welt, in der sogar vereinzelt schon Wahlkabinen zu den Einsiedlern gebracht wurden, die ihre Höhle in den Bergen nicht mehr verlassen können. Okay, man muss einen Sinn für den Zauber haben, der in so einer Geschichte steckt, den kann man aber nur entwickeln, wenn man sich nicht zu vorschnell ein Urteil bildet. Ich lehne ja auch nicht die italienische Küche ab, bloß weil mir mal in dem Land ein Auto geklaut wurde.

In Indien leben die unterschiedlichsten Welten direkt nebeneinander. Es gibt die Superreichen und die Allerärmsten, die mit ihren Familien in Zelten aus Fetzen mitten in der Innenstadt auf Verkehrsinseln leben, Tag und Nacht umgeben vom Lärm und Dreck. Es gibt Science-Fiction-Hightech und ein paar Straßen weiter die »Naga Babas«, die nackten heiligen Männer, die um ein Feuer am Fluss sitzen. Nur in Asche und einen Lendenschurz gekleidet, verehren sie den Gott Shiva, indem sie auf alles verzichten, außer große Mengen von Haschisch in so genannten Tschillums zu rauchen.

Aber Studien haben ergeben, dass zum Beispiel die gefühlte Zufriedenheit der Slumbewohner von Kalkutta relativ hoch ist, sogar auf gleicher Höhe mit der von Universitätsabsolventen dieser Stadt. Wir Wessis haben oft nur die schockierenden Bilder von »Slumdog Millionär« im Kopf. Es gibt hier aber auch ein intaktes Leben, das sich zwischen den unfasslichen Müllbergen abspielt. Ich bin überrascht, als ich beobachte, wie ein Mann morgens mit frisch gewaschenem Hemd aus einer großen Pappkiste gekrochen kommt, die sein Haus ist, sich beim Schuhputzer an der Ecke seine Schuhe reinigen lässt und dann guter Dinge mit seinen Kollegen scherzend zu seiner Arbeit auf den Markt geht.

Das Glück – oder das Gefühl dafür – hängt von vielen Faktoren ab, wie zum Beispiel von einem harmonischen Familienleben, von Freundschaften und ethischem Verhalten. Genau diese Faktoren sind in Indien selbst in den Unterschichten sehr ausgeprägt vorhanden. Ich habe von westlichen Reisenden viele Geschichten gehört, dass sie in Notsituationen auf sehr viel Hilfsbereitschaft gestoßen sind. Das muss man sich mal vorstellen. Selbst die Ärmsten der Armen gaben jemand anderem was ab, obwohl sie wussten, dass dieser Mensch im Vergleich zu ihnen eigentlich steinreich sein musste. Die Leute hier sind wirklich anders geprägt als wir. Sie trinken kaum Alkohol, haben haltbare Ehen und sind in ihren gesellschaftlichen und religiösen Riten sehr aufgehoben. Auch die Kriminalität ist wesentlich niedriger als in den Armenvierteln der USA oder Lateinamerikas, wo die Menschen sich selbst als sehr unglücklich bezeichnen.

Ich will damit nicht sagen, dass es schon okay ist, wie die Menschen hier leben müssen. Ich würde ihnen allen gern helfen können, aber bemerkenswert finde ich daran, dass es auch unter sehr schlechten Lebensbedingungen möglich ist, ein subjektives Glücksempfinden kultivieren zu können. So wie wir wissen, dass Reichsein nicht automatisch glücklich macht, so kann man hier erkennen, dass Armsein auch nicht automatisch unglücklich machen muss. Es entsteht also alles in unserem Kopf.

EINGEBUNDEN ZU SEIN IN DIE GEMEINSCHAFT IST FÜR VIELE EIN SCHLÜSSEL ZUM GLÜCK.

Apropos, ich frag mich immer, was wohl im Kopf von einem spanischen Torero aus Pamplona vor sich ginge, wenn er zum ersten Mal vor einem freilaufenden indischen Stier stünde: Der Mann hat seine rote Tischdecke nicht dabei, mit der er sonst immer rumwedelt, macht im Geiste schon sein Testament. Das Monstrum kommt zielstrebig auf ihn zu und ... geht völlig entspannt vorbei. Der Stier hat wahrscheinlich eine Verabredung. Es ist schon unglaublich zu erleben, mit was für einer Selbstverständlichkeit diese riesigen Tiere, die bei uns als gefährliche Monster eingestuft werden, hier völlig frei und unbehelligt durch die engsten Straßen spazieren können, und ich habe noch nie gehört, dass irgendwas passiert wäre, außer mir natürlich.

Ich hab nämlich einen Flirt mit einem jungen Stier, allerdings wirklich rein platonisch. Wir haben uns abends um zehn vor der »Nine Bar« kennengelernt, weil er mich wegen meiner Wassermelonenschale angeschnorrt hat. Morgens hab ich ihn im Nachbardorf vor dem Supermarkt wiedergetroffen. Wir haben uns nur flüchtig gegrüßt, aber am Abend steht er um Punkt zehn Uhr wieder vor der »Nine Bar« und kommt schnurstracks auf mich zu ... Ich kann nämlich irre gut kraulen und hinter den Ohren kratzen, und er geht jedes Mal, im wahrsten Sinne des Wortes, in die Knie – vor lauter Begeisterung.

STREICHELN IST EINE TÜR ZUM GLÜCK.

Kleine Anregung am Rande

Man hat herausgefunden, dass in Affenkolonien ein Drittel der Zeit fürs gegenseitige so genannte »Groomen« verwendet wird. Es geht dabei nicht darum, den anderen von Ungeziefer zu befreien, sondern es ist ein Zeichen von freundschaftlicher Zuwendung und Zärtlichkeit. Dabei werden Stresshormone abgebaut und Glücksstoffe produziert.

Ich streichle meine freilebenden Strandhunde in Goa regelmäßig in Trance, bis sie völlig verzaubert auf dem Rücken liegen, alle viere von sich strecken und dabei breit grinsen. Das macht auch mich jedes Mal glücklich. Ich habe mir dabei weder einen Floh noch einen Wurm oder irgendeine sonstige Krankheit zugezogen.

Ich glaube sogar das Gegenteil. Je mehr wir den Kontakt pflegen, umso besser funktioniert unser Immunsystem. Immerhin leben wir seit vielen Jahrtausenden auf engstem Raum mit Tieren zusammen. Außerdem hat man herausgefunden, dass sich auf jeder Türklinke, Pfefferdose oder Computertastatur mehr Keime als auf einer gesunden Hundenase befinden. In Indien sagt man auch: Wer in der Nähe von Kühen lebt, der bleibt auch gesund. Und man hat jetzt sogar noch herausgefunden, dass sie antiseptische Ausdünstungen verströmen.

Erst wenn man Ziegen, Schweine, Hunde und Kühe mal in völliger Freiheit erlebt, bei der ganz normalen täglichen Verrichtung ihrer mannigfaltigen Geschäfte, wird einem bewusst, was für eigenständige individuelle Wesen das sind.

Ich liebe Tiere wirklich sehr und finde es grauenhaft, wenn manche Leute sich Hirschköpfe an die Wand hängen, warum nicht gleich 'nen menschlichen Schrumpfkopf daneben? Noch schlimmer wird es, wenn der Hirsch dann auch noch einen Hut aufhat, einen Schal um den Hals und 'ne dunkle Sonnenbrille auf den Augen. Dann weiß man, der hat sich gerade noch auf 'ner Party amüsiert, bevor er erschossen wurde.

Je bewusster und gläubiger ein Hindu ist, umso strikter lehnt er es ab, Fleisch zu essen. Die wissen schon seit vielen tausend Jahren, dass jeder Schmerz, den man einer anderen Kreatur zufügt, sich karmisch auf die Gesamtheit der Weltenseele auswirkt. Sogar beim indischen McDonald's gibt es zehn verschiedene wirklich leckere vegetarische Burger.

Am Strand

Ich bin ja sternzeichenmäßig außerdem auch Katze, Aszendent Perlhuhn, und liebe es trocken und sehr warm. Also verbringe ich meine Nachmittage jetzt wieder am Strand, gönne mir endlich auch mal 'ne Auszeit in meinem Urlaub und entdecke meinen neuen, absolut ultimativen Lieblingsspielplatz!

Ich genieße es zutiefst, mit den Füßen Muster in den warmen Sand zu malen, während ich zum Rhythmus der Brandung tanze. Ich trainiere, spiele auf meiner Klampfe, mache Yoga, meditiere mich einmal quer durch meinen Körper und sauge dabei den Duft des Meeres und der heißen Steine ein.

SONNE MACHT MICH WAHNSINNIG GLÜCKLICH.

Kleiner Tipp

Unser wichtigster Glückshormonspender ist die Sonne. Schon nach wenigen Minuten baut der Köper messbar Stresshormone ab und schüttet stattdessen Serotonin aus. An mein Gesicht und ans Dekolleté lasse ich allerdings nie die schädlichen Strahlen, denn diese lassen die Haut vorzeitig altern. Deswegen benutze ich am Strand Sonnencreme mit Lichtschutzfaktor 10 000 und trage immer einen riesigen Sonnenhut mit großem Schleier drüber. Meine Bekannten nennen mich nur noch »die Imkerin«.

Glück ist, wenn ich meinen Hocker laufend in die Sonne rück,
wenn ich mich als Jogger um jeden Hundehaufen drück,
wenn ich mich beim Laufen nach jeder kleinsten Blume bück.
Da sammelt sich dann schon was an,
was man wirklich glücklich nennen kann.

Plötzlich ist es hier gar nicht mehr langweilig. Jetzt, da ich so viel besser drauf bin, sehe ich die Dinge mit ganz anderen Augen und beobachte die mannigfaltigen Aktivitäten mit wachsender Begeisterung. Es gibt zum Beispiel Seeadler, die fliegen relativ niedrig, andere hingegen steigen irrsinnig weit auf. Ich hab mich immer gefragt, was die da wollen, so hoch oben? Seit ich selbst eine Lesebrille brauche, weiß ich endlich, was los ist. Das sind die älteren Raubvögel. So wie ich inzwischen die Zeitung auf Armlänge weghalten muss, um fokussieren zu können, so sind die wahrscheinlich auch mit einem zugezwickten Auge da droben unterwegs und denken sich: »Scheiße, ich brauch 'ne Brille.« Unglaublich ist übrigens der Unterschied zwischen einem goanesischen Strandhund und seinem westlichen Vetter. Wir kennen unsere geliebten Vierbeiner als spielwütige Artgenossen, die nichts mehr lieben, als einem Stöckchen hinterherzurasen. Mein Felix hat die lustigsten Tricks drauf, mich dazu zu bringen, ihm sein Frisbee noch zigmal zuzuwerfen.
Wenn du für einen indischen Hund einen Ball schmeißt ... passiert gar nichts! Die haben diesen Reflex nicht, schauen dich fragend an, und quer übers Gesicht scheint geschrieben zu stehen: »Hä??? – Wenn du diesen Ball wegwirfst, heißt das doch wohl, dass du ihn *nicht* willst, wieso soll *ich* ihn dir dann holen??« Diese spezielle Spezies geht lieber schwimmen und aalt sich danach im Sand.
Was ich auch sehr mag, ist die Art, wie die kleinen Strandläufer (die Brachvögel) immer so hektisch genau einen Zentimeter vor dem

Brandungswellenrand davonlaufen. Ich denke dann immer, die tippeln so schnell, weil sie sich nicht verkühlen wollen, nach dem Motto: Oh Gott, oh Gott, ich darf mir bloß keine nassen Füße holen!

Je länger ich hier sitze, um so mehr öffnet sich mein Herz, und ich werde von der Schönheit der Schöpfung und dem unglaublichen Charme berührt, der im Detail steckt. Solche Gefühle lassen sich am besten in Poesie verewigen, wie in meinem ...

Strandgedicht

Der Strand ist friedlich und vertraut,
die milde Sonne auf der Haut.
Ich liebe die Brise, den salzigen Duft,
die schaumigen Wellen, die gute Luft.
Die Brandung hat alles plattgefegt,
die Muscheln in feine Reihen gelegt,
die Steine glänzend glattpoliert,
genau nach Größe hinsortiert.
Ich schau genau und sitz ganz still,
weil ich Natur erleben will.
Ein Blatt verschiebt sich, wie von magischer Hand,
es diente als Käferunterstand,
die Krebse schultern ein Schneckenhaus
und brechen zu neuen Zielen auf.
Plötzlich bewegt sich der halbe Strand,
weil er aus den Köpfen von Krabben bestand;
und sie werfen den Tag lang mit routinierter Geste
die Steinchen aus ihrem Gang und die Essensreste.

Während ich den Strand so beschreibe, mit all dem versteckten Leben unter der Oberfläche, drängt sich mir das Bild auf, das ein Stück weit unserer politischen Landschaft ähnelt. Zuerst, wenn es um die Wählerstimmen geht, halten sich alle ganz bedeckt und still: »Ich bin ein Zweiglein am Baum meiner Partei.« Nach der Wahl sind es plötzlich lauter genial getarnte Stabheuschrecken, die zum Stabhochsprung ansetzen.

Ich als Naturfan hätte ja nie Schwarz-Gelb gewählt, denn im Tierreich ist das ganz eindeutig 'ne Warnfarbe vor was Bösem. Das heißt »Komm mir bloß nicht zu nah, ich bin giftig und kann stechen«.

Wenn ich die Menschen an diesem Strand beobachte, wird mir erst klar, wie grundlegend und vollkommen unterschiedlich wir doch sind: Manche Leute planschen stundenlang im Wasser; für die ist das der größte Spaß. Oder sie schwimmen ganz lange, ganz weit auf das offene Meer hinaus. Das wäre für mich die Höchststrafe. Ich gebe zu, ich bin extrem wasserscheu, ich bin doch 'ne Katze.

Am Himmel seh ich lauter Paraglider. Ich würde mich da oben wahrscheinlich so dermaßen in diesen tausenden Schnüren verheddern, dass ich wie ein Stein vom Himmel fiele. Außerdem geht mir schon hier unten der Arsch auf Grundeis, wenn ich da nur raufschaue. Ich möchte nicht wissen, was ich für ein Muffensausen hätte, wenn ich runtergucken müsste.

Dort drüben stehen Hippies und jonglieren mit brennenden Keulen. Ein besonderes Vergnügen scheint es ihnen zu bereiten, wenn sie diese dann im Mund löschen. Aber das schmeckt doch bestimmt ganz gruselig.

Die meisten Menschen allerdings wirken, als hätten sie sich mit allerletzter Kraft zum Strand geschleppt. Denn sie liegen hier für Stunden platt auf dem Bauch wie Flundern. Vielleicht tanken die ja so neue Kraft bei Mutter Erde.

Dann hab ich eine Idee: Menschen und ihre Hobbys scheinen sich den verschiedenen Elementen zuordnen zu lassen; und so ist dieses Lied entstanden.

Dein Element

Manche sind erdig, lieben einfach das Land.
Liegen den ganzen Tach flach im Sand am Strand.
Andre wollen wie Fische wellenreiten,
durchs frische kühle Wasser gleiten.
Oder haste Lust auf Luft, auf Segelfliegen,
sich wie Vögel im Aufwind wiegen.

Manche wollen mit Feuer jonglieren,
es spucken und schlucken und teuflisch feurig agieren.
Das fünfte Element, das ist der Schnee;
da tun sich leider viele ziemlich weh.
Und dann gibt's noch die mit Benzin im Blut,
die finden Motorengeheule gut.

Und suchst auch du nach deinem Lebenssinn?
In deinem Lieblingsding, da steckt viel drin –
dein Ding, dein Spleen, deine Disziplin,
deine Welt, die dir gefällt,
da gehörst du hin, und da macht alles plötzlich Sinn.
Und wenn dein Kopf auch pennt, dein Herz erkennt dein
Happy End ... dein Element ... dein Ding.

Kleiner Tipp

Mihaly Csikszentmihalyi, der ungarische Psychologe und Glücksforscher, hat die Theorie vom »Flow« (das vollständige Einssein mit sich und der Welt) aufgestellt und bewiesen, dass es diesen Bewusstseinszustand gibt: Da wächst man über sich hinaus, gibt sich einer Sache total hin und vergisst alles um sich herum. Das, was man gerade tut, geht quasi mit einem durch. Wir schütten ganz viele Glückshormone aus, weil wir wie Kinder in völliger Selbstvergessenheit die Energien durch uns hindurchfließen lassen, uns spielerisch gehenlassen und einfach nur Spaß haben. Wichtig dabei ist auch, dass es nicht mehr darum geht, zu beweisen, wie toll man ist. Schon komisch? Wenn wir so glücklich dabei sind, sobald wir uns selbst vergessen, wieso halten wir dann so an unserem Ego fest? Übrigens, was das Ego eigentlich genau ist, erklärt Eckart Tolle wirklich gut in seinem Buch »Eine neue Erde«.

MENSCHEN MIT HOBBYS HABEN EINE STABILE GLÜCKSQUELLE.

Für sich die richtigen Spiele zu finden ist wahrscheinlich genauso wichtig, wie sich selbst zu begreifen und sich als den grundlegenden Menschentypen zu akzeptieren, der bestimmte Stärken und Schwächen hat. Ich glaube, dass das persönliche Glück stark davon abhängt, ob man das Talent besitzt, sich selbst realistisch einschätzen zu können. Wenn man sich zum Beispiel als Langstreckenschwimmer sieht, aber jedes Mal schwer erkältet aus dem Wasser kommt, sollte man sich wohl eher eine andere Betätigung suchen.

Man kann eine Menge aus sich machen und an sich »feilen«, aber man kann einem Leoparden nicht seine Flecken abziehen. So talentiert wir in einem Bereich sein mögen, so schwer »versagen« wir vielleicht in einem anderen. Diese Tatsache anzuerkennen und sich Hilfe für die Bereiche zu organisieren, die man nicht so gut kann, ist auch ein wichtiger Schritt hin zu einem glücklicheren Dasein.

SICH SELBST ZU ERKENNEN IST EINE TÜR ZUM GLÜCK.

Freudina Sorgenfrey hat mal zu mir gesagt: »Du mit deinen vielen Berufen, du bist doch eine Sonnenblume, die versucht, auch noch ein Krokus, ein Veilchen und eine Butterblume zu sein. Besinne dich auf deinen wahren Kern! Finde deine Stärke, die zu deinem Charakter, zu deinem speziellen Typ passt.«

Aber wer oder was bin ich denn genau? Ich habe so viele verschiedene Aspekte: Auf der Bühne schlüpfe ich in zig völlig unterschiedliche Wesen. Gerade diese Vielseitigkeit hat mir doch auch immer so viel Freude bereitet. Das ist doch meine spezielle Eigenart, dieser Abwechslungsreichtum, weil ich so unterschiedliche Dinge kann.

All diese Fragen schwirrten mir im Kopf herum und schienen mir auf die Stirn geschrieben zu sein, als ich ein paar Tage später in eine wunderschöne Kolonialvilla eingeladen werde, auf ...

Eine Party

Eine junge Inderin stellt sich neben mich und fängt ungefragt an, mir von einem Buch einer amerikanischen Therapeutin zu erzählen, in dem es um »weibliche Archetypen« geht, die sich an den Göttinnen der griechischen Mythologie orientieren. Auch heute noch funktionieren die grundlegenden, archaischen Typologien, nach denen man Menschen ihren Neigungen, Fähigkeiten und Charaktereigenschaften zuordnen kann. Als ich höchst interessiert reagiere, zeigt sie mir gleich mal eine Frau, die ihren Archetypen sehr deutlich auslebt: die Gastgeberin.

Sie ist eine »Athene«, wie sie im Buche steht. Eine echte Dame von Welt; man munkelt, sie sei die beste Schachspielerin Bombays. Sie hat ein florierendes Mikrochip-Imperium aufgebaut, vier Ehemänner unter die Erde gebracht und unterhält jetzt nur noch Liebhaber, die alle auf den gleichen Kosenamen hören. Ihre neueste Errungenschaft, »Habibi der Fünfte«, serviert uns gerade einen geeisten Mango Flip, als sie in ihrer Empfangshalle erscheint. Und schon höre ich einen imaginären griechischen Chor im Hintergrund flüstern.

Sie war ein starkes Kind, sie weinte nie 'ne Träne,
sie weiß genau, wer die Mächtigen sind,
sie ist 'ne typische Athene.
Aus dem Kopf von Zeus geboren,
hat niemals 'nen Krieg verloren.
Oh, Göttin der Weisheit und Diplomatie,
strebe nach Wissen mit Strategie;
die Chefétage ist ihr Revier,
das Dollarzeichen ihr Wappentier.
Das graue Kostüm dient ihr als Rüstung
vor der hochgeschlossenen Brüstung.
Oh Meisterin des Überblicks,
zieh die Fäden, zeig deine Tricks!

Kurze Info

Ich bin von meiner charakterlichen Grundstruktur her überhaupt nicht strategisch, kämpferisch und machthungrig veranlagt. Gerade deswegen war es gut, dass ich meine Schwäche intuitiv ein bisschen auszugleichen versucht habe, indem ich mich mit Schachspielen beschäftigte. Ich kann nun aus eigener Erfahrung sagen, dass diese Art des Gehirntrainings tatsächlich konkrete Auswirkungen hatte: Ich bin fähiger geworden, bei meiner Zukunftsplanung immer ein, zwei Züge im Voraus zu denken. Frauen achten im Allgemeinen viel zu wenig darauf, wie sie sich machtpolitisch gesehen auf dem Schachbrett des Lebens günstig aufstellen, ihre Position halten und stärken können. Das Wissen um den eigenen Archetypus ist in keiner Weise limitierend, sondern im Gegenteil eine Aufforderung, ausgleichende Maßnahmen zu ergreifen und Defizite auszubügeln.

Die Archetypen, ich werd mal konkreter,
eine von ihnen hieß Demeter.
Sie ist die Urmutter, die Gebärende,
die alles Gewährende, ewig Nährende –
sie hat schon als Kind nur mit Puppen gespielt
und in jede Wiege geschielt.
Sie ist die Gärtnerin mit dem grünen Daumen,
die Ackerfurche mit den dicksten Pflaumen
kann Kuchen backen und Schnitzel klopfen;
stricken, nähen, klöppeln und stopfen,
Sie verziert ihre Wiege mit rosa Pommeln ...
Ich bin da ein andrer Typ – ich tu lieber trommeln.

Zu den Archetypen habe ich mich weiter oben stichwortartig geäußert, denn leider ist das Buch von Jean Shinoda Bolen »Göttinnen in jeder Frau« vergriffen. Vielleicht können Sie sich ja trotzdem erkennen, sofern Sie ein ausgeprägter Archetyp sind.

Aphrodite ist die Göttin der Sinnlichkeit,
der Inbegriff von 'nem sexy Weib.
Wenn sie die Kneipe betritt,
wandern alle Blicke mit ihr mit.
Die Gespräche verstummen,
man hört den Kühlschrank summen.
So weich und sinnlich, wie sie sich bewegt,
ohne zu kokettieren alle erregt.

Sie ist pur, nur Natur, völlig unverstellt,
selbst wenn ihr ein Nüsschen in den Ausschnitt fällt.

Ein personifizierter feuchter Traum,
lasziv und doch naiv, denn sie merkt es kaum.
Sie liebt die Verführung, das Spiel, den Flirt,
auch wenn der Mann einer anderen gehört.
Die Sinnlichkeit ist ihr Metier, und Männer fallen
reihenweise in ihr schluchtentiefes Dekolleté.
Sie will ihre Schokoladenseiten
lecker zubereiten und dann allen zeigen.
Sie würde selbst den steilsten Berg nur in den
geilsten, höchsten Pumps besteigen.
Es hecheln Klausi, Peter, und es sabbert auch der Heinz.
Also, ich fänd das mühsam, das wär echt nicht meins.

An diesem Abend lerne ich tatsächlich auch noch eine typische Aphrodite kennen. Auf den ersten Blick wäre ich nicht drauf gekommen, denn sie ist etwa 75 Jahre alt und erzählte mir freudig, dass sie am nächsten Tag wieder nach Jamaika fliegen wird. »Ich sage Ihnen, mein Kind, die Männer dort sind für uns ältere Damen ein wahrer Jungbrunnen. Aber im Gegensatz zu männlichen Sextouristen kümmern wir uns gefühlvoll um unsere Liebhaber. Ich finanziere meiner Schokoschnitte gerade eine Ausbildung zum Hotelier.«
Danach humpelt sie von dannen und trällert dabei den alten Frank-Sinatra-Klassiker »Young at heart«, aber mit leicht abgewandeltem Text »Fairy tales can come true, it can happen to you, when he's young *and hard.*«

Ich bin völlig angefixt von diesem Archetypen-Thema und leihe mir am nächsten Tag das Buch von meiner indischen Bekannten aus. Mir schießen die Tränen waagerecht aus den Augen, als ich lese, was die alten Griechen damals schon alles *über mich* wussten. Ich bin eine typische Artemis. Diese Göttin bat ihren Vater Zeus schon in jungen Jahren ausdrücklich darum, nie heiraten und keine Kinder kriegen zu müssen. Einer Frau so etwas überhaupt zuzugestehen ist für die damalige Zeit schon sehr außergewöhnlich! Artemis pendelte zwischen

Stadt und Wald hin und her, (wie die Zaunreiterinnen, die »Hagazu-ssas«; daraus wurde später das Wort Hexe abgeleitet).

Und wenn Artemis unter die Leute ging, trug sie Leopardenfelle und führte Gesang und Tanz an: eine Schamanin, wie sie im Buche steht. Danach verschwand sie wieder für Monate in der Wildnis, nur mit ihren Hunden! Ja, auch vor 3 000 Jahren gab es schon einen Felix, den treuen Freund und Begleiter.

Ich erkenne mich in so vielen Details wieder, und das mir, die ich immer dachte, ich wäre so unvergleichlich und individuell. Und plötzlich vermisse ich auch meinen Hund so sehr, dass es mir fast körperlich wehtut. Er gehört zu mir wie mein Name an der Tür. Und dabei habe ich ihn total vernachlässigt, genau wie mein weißes Pferd im Traum.

Frau Sorgenfrey hat gesagt, das innere Kind (unser Persönlichkeitsanteil, den unser Gehirn in Gefühlen, Erinnerungen und Erfahrungen abgespeichert hat, Buchtipp Seite 262) hält den Schlüssel zum Unbewussten in Händen, und wenn ich mich ab jetzt verantwortungsvoll um diesen Seelenaspekt in mir kümmere, wird es sich mir in speziellen Momenten offenbaren. Sie sagt, es repräsentiert meinen scheuen Kern. Wenn ich Freunden gegenüber erwähnt habe, dass ich eigentlich sehr introvertiert bin, haben alle immer nur gelacht. Aber Freudina hat erkannt, dass ein scheues Reh in mir steckt, wenn auch ein gut getarntes. Klar, meistes bin ich die andere Sissi.

Als Schulsprecherin habe ich dauernd riesige Partys in unserer Schulaula, »Schula Ula«, organisiert und jede Tanzfläche eröffnet. Auf der Bühne bin ich mit Gesang und Tanz völlig in meinem Element. Und – genau wie Artemis – brauche ich diese Pendelbewegung aus der großen Bewegtheit in die Stille! Aus dem Extrovertiertsein in den innerlichen Rückzug, Output und Input. Künstlerisch und inhaltlich auftanken und dann wieder alles auf der Bühne volle Kanne rauslassen. Ich brauche meine »Applauszeit« auf Tournee, aber auch hin und wieder eine Auszeit für mich.

Ich liebe meine Bühnentätigkeit über alles, aber ich muss mir in Zukunft auch die Phasen nehmen, in denen ich mich sammeln kann; sonst gerate ich aus dem Gleichgewicht und blute aus. Deswegen tat mir das alles in Indien so gut! Ich war endlich mal wieder auf der Seite des Zaunes, wo die wilden Kräuter wachsen. Das hatte mir gefehlt, das ist genau der Knackpunkt, und deswegen bin ich so in die Krise gerutscht. Ich habe nur auf einen Aspekt meiner Selbst geachtet und dabei einen genauso wichtigen Teil meiner Natur komplett übergangen. Ich trage zwei entgegengesetzte Pole in mir, und denen beiden muss ich gerecht werden, um mein Glück zu finden.

Ich werde mir ab jetzt meine Auszeit gönnen und genau das tun, was mir guttut, nämlich: schreiben, üben, lesen, nachdenken, musizieren und mit meinem Hund spielen.

Seitdem ich mich mit meinem Archetypus beschäftige, verstehe ich mich und auch andere viel besser. Je mehr man über sich weiß, umso früher erkennt man, wo der Weg hinführt. Man verliert keine wertvolle Zeit und Energie mit orientierungslosem Hinterherlaufen und Rumsuchen auf irgendwelchen Baustellen, auf denen man nichts verloren hat. Und es ist eine Freude, Menschen zu erleben, die sich selbst in vollen Zügen verwirklichen und ausleben. In Indien sind mir einige Leute über den Weg gelaufen, die sich sowohl in ihrem äußeren Erscheinungsbild als auch in ihrer Lebensgestaltung konsequent selbst neu erfunden haben und ihren Traum leben. Gerade unter Künstlern und Musikern gehört das ja quasi zum Job dazu, und es ist sehr wichtig, dass man in einer toleranten Umgebung erblühen darf.

Leider stoßen gerade Musiker sehr häufig auf mannigfaltigen Widerstand. Wenn man nur einmal auf ein Percussion-Instrument haut, kriegt man sofort Ärger. Viele Menschen sind »anscheinend« extrem lärmempfindlich, und Musik ist nicht jedermanns Sache. Okay, wahrscheinlich hat schon vor 35 000 Jahren der George Zamfir der Steinzeit – auf seinem Schwanenknochen spielend – die anderen Höhlenbewohner in den Wahnsinn geflötet ... aber wenn Musizieren nun mal mein Ding ist, dann muss ich es trotzdem tun!

Gott sei Dank gibt es auch sehr viele Länder, da strahlen die Menschen, wenn sie einen Rhythmus oder eine Melodie hören, und fangen automatisch an, sich im Takt zu bewegen oder zumindest mit dem Fuß mitzuwippen. In Deutschland oder der Schweiz reden die Leute dann einfach nur lauter miteinander. Indien ist definitiv ein Land, wo man null lärmempfindlich ist und jede Form von Musik genießt.

Inzwischen kann ich ganz klar sagen: Ich hab ein Herz für Inder entwickelt und sie eines für mich! Auch meine 70-jährige Nachbarin Agnes hört auf ihrem winzig kleinen Radio immer wirklich groovigen Hindi-Pop und sitzt »headbangend« auf ihrer Veranda. Wenn ich Gitarre übe, strahlt sie übers ganze Gesicht, holt sofort ihren kleinen Enkel und tanzt dann mit ihm auf dem Arm vor mir rum, während der Kleine im Takt mit seinen Füßen in der Luft stampft. Ich liebe dieses Land. Obwohl ich gerade mal erst zwei Monate hier bin, habe ich schon eine ganze Reihe von interessanten, tollen, liebenswerten Leuten kennengelernt.

Der Streber Sadhu

Wir hatten im Meditations-Ashram bei Mahatma Gabi zum Beispiel einen alten Sadhu, also einen heiligen Mann auf spirituellem Pfad, der irgendwann beschlossen hatte, dass er seinen rechten Arm senkrecht nach oben strecken wollte, um ihn dann zwölf Jahre lang, also bis zur nächsten Kumbh Mela (dem größten religiösen Treffen der Welt), nicht mehr runterzunehmen. So ein richtiger Streber, den sah man immer schon von der Ferne aus jeder Menschenmenge rausragen.

Ich dachte zuerst, den Arm zwölf Jahre lang hochzuhalten, das haben in Deutschland damals 60 Millionen geschafft ... Aber dieser Sadhu war schon bemerkenswert. Denn als die Zeit rum war, hat er diesen verdorrten Ast von einem Arm mit den spiralenförmig verwachsenen Fingernägeln wieder runtergenommen. Und alles wurde innerhalb von ein paar Wochen wieder ganz normal. Ich hab diesen Prozess des Wiedergutwerdens mit eigenen Augen gesehen, und er erklärte mir dieses Phänomen mit den Worten:

»Bhirda ghada Hardware hä, rahad galla software hä.«

»Der Körper ist nicht nur Hardware, er ist ganz eng verknüpft mit der Art, wie die Software schwingt, übersetzt ein etwa 70-jähriger Hippie, der sich zu uns rübersetzt. Er entpuppt sich als ehemaliger Quantenmechaniker und erinnert mich in seiner Art und in seinem Aussehen stark an den ...

Professor aus »Zurück in die Zukunft«

Prof: So wie unsereiner für seinen Fußballverein wettet, so schließen die Jungs hier Wetten ab, ob sie es zum Beispiel schaffen, sich zwei Wochen lang bei lebendigem Leibe einen Meter tief begraben zu lassen. Und wenn man sie dann wieder ausgebuddelt hat und sie leben noch, dann feiert man sie wie die Torschützen.

Sis: Okay, jetzt versteh ich diese Postkarte mit dem Typen drauf, der auf dem Kopf stehend bis zur Brust in der Erde vergraben ist. Ich dachte schon, er regelt unterirdisch den Verkehr für die Wühlmäuse.

Prof: Nee-nee. Ich kannte mal einen, der hat sich in feuchte Tücher gewickelt und drei Wochen in einer eisigkalten Höhle einfrieren lassen. Der ist auch wieder geworden.

Sis: Allein bei dem Gedanken daran bekomme ich eine Blasenentzündung. Wie geht so was denn eigentlich?

Prof: Seit 5 000 Jahren kennen die Asiaten die Kraft des Chi, die Engländer sagen zwar »Energy«, aber die Wessis haben keine Ahnung davon und tun das Yin und Yang auch immer noch als Spinnerei ab, weil sie es nicht messen können. Aber Dinge ausschließlich wissenschaftlich zu betrachten ist, als würde man seinen 360-Grad-Dolby-Surround-Horizont auf die Größe eines popeligen mikroskopischen Ausschnittes reduzieren. Das ist auch insofern dumm, da unser heutiges Wissen so halb ist, dass wir noch nicht mal gescheite Datenspeicher dafür erfunden haben. Den ganzen Computer- oder CD-Kram kann in 30 Jahren wahrscheinlich kein Mensch mehr lesen. Da haben die alten Ägypter bessere Arbeit geleistet! Aber heute traut sich keiner mehr, etwas in Stein zu meißeln, denn es könnte sich morgen schon wieder als Bullshit erweisen. Die meisten dieser gschaftelhuberigen Wissengschaftler haben Scheuklappen auf, die größer als ihr ganzer Kopf sind. Kein Wunder, dass sie bei den großen Fragen immer noch komplett im Dunkeln tappen, denn da scheint ja nie Licht von anderen Seiten in ihr geschlossenes Weltbild aus Zahlen und Fakten rein. Die Wissenschaft beißt sich an den grundlegenden Themen die Zähne aus. Weder wissen wir genau, woher das Leben auf unserem Planeten kommt, noch, ob es welches in anderen Sonnensystemen gibt.

Wir wissen nicht mal exakt, was das Licht ist, ganz zu schweigen von Dingen wie »Gibt es ein Leben nach dem Tod?« oder »Warum werden manche Leute krank und andere leben ewig und drei Tage?«. Auch der Begriff »Gen« wird gerade komplett neu definiert. Die Forscher hangeln sich im Prinzip von Fund zu Fund vorwärts wie bei einer großen Schnitzeljagd. Auch die heutige Schulmedizin kann nicht erklären, wie dieser Sadhu seinen abgestorbenen Arm wieder zum Leben erweckt hat.

Sis: Ja gut, es gibt noch viele offene Fragen, aber im Prinzip haben uns die wissenschaftlichen Erkenntnisse der letzten Jahrhunderte doch aus tiefem Unwissen und Aberglauben befreit.

Prof: Trotzdem befinden wir uns immer noch in den Kinderschuhen jeglicher allumfassender Kenntnis über die Zusammenhänge des Lebens und der Energie, die in allem schwingt. Wir leben noch im Steinzeitalter der technischen Entwicklung, und dafür sind mir diese eingebildeten Schnösel einfach zu arrogant. Ein bisschen mehr Offenheit und Neugierde würde den Herren besser stehen! Der ganze Krempel, die ganzen tollen Hightech-Maschinen, womit die forschen, wird den Menschen in 50 Jahren genauso skurril vorkommen, wie es uns heute mit den Operations- oder Messgeräten aus dem frühen Biedermeier geht.

Es hat sich letztendlich nichts geändert! Alles was nicht klar belegt werden kann, wird von oben herab belächelt und vom Tisch gefegt. Aber was haben uns die Wissengschaftler schon alles für Unsinn erzählt – wie dieses sehr schöne Beispiel: Der Präsident der Royal Society (der britischen »Königlichen Akademie für Naturwissenschaften«) hat 1895 noch gesagt: »Es kann keine Flugmaschine geben, die schwerer ist als Luft.« Keine 50 Jahre später war unser Planet von einem Netz aus Fluglinien erschlossen. Und noch ein Technikbeispiel: Bis kurz vor der Erfindung des Automobils hat es von wissenschaftlicher Seite ganz klar geheißen: Wenn ein Vehikel schneller als 30 Stundenkilometer fährt, wird den Insassen der Kopf abgerissen.

Sis: Was der Denker denkt, wird der Beweisführer immer beweisen, eh klar. Außerdem weiß man, dass jeder wissenschaftliche Durchbruch immer eine ganze Generation neuer Köpfe braucht, um sich wirklich zu etablieren.

*Meine Mama und mein
leiblicher Vater*

Kurz bevor er ging

Von so was lass ich mich nicht unterkriegen

*Meine Mama und mein Stief-
vater waren wunderbare Eltern*

Großes Make up ...

... für große Posen

Meine Mama als Mannequin 1949 mit Stabreiherfeder auf dem Hut

Der Apfel ...

... fällt nicht weit vom Stamm; als »letzter Kakadu« – auch mit Reiherfedern

17 Jahr ... ist Schulsprecherin und organisiert Parties in der Schula Ula

»Der Sissi Perlinger-Skandal«,
1986 mit Michi Kunz

1992 mit erster CD bei Virgin Records

»Von Happy End zu Happy End«, 1994-97

*1992: Sissis erste eigene TV-Show »Schräge Vögel«
im ZDF mit ihrem Papagei Gago*

Flower ...

... Power

... mal Yang

»Sissi – die Perlinger Show«, ARD, 1998
... mal Yin

»Die letzte Druidin«, Fantasyroman bei KiWi 1998

Bis hier hin und nicht weiter

*Als Silberfüchsin bei »Tabaluga« mit
Peter Maffay 2004/2005*

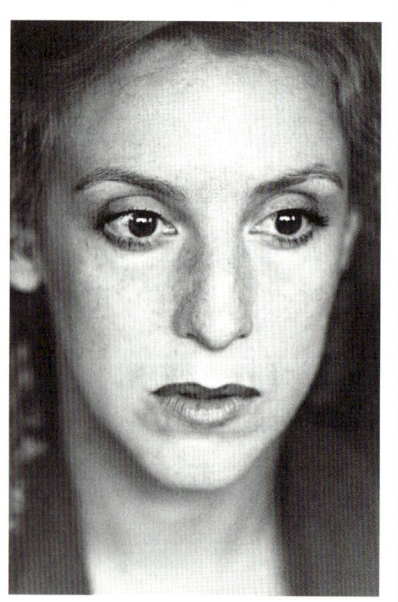

*Sissi als ernste Schauspielerin in
»Der letzte Kurier«, 1997*

Auf Gala-Events im Blitzlichtgewitter ...

*... oder auch in Indien mit dem Licht der Erleuchtung:
von oben*

*Sissis Tierleben: Wer ist ver-
zückter? Die Katze oder Sissi?*

*Solche Freunde trifft man in Indien
am Strand*

*So sieht ein Mäusebegräbnis bei
Perlingers aus*

*Wir haben uns jeden Abe
vor der Nine Bar zum Krau
getroffen*

Auf meinem Markt in Indien.
I'm not a tourist, I live here

Als Lichtarbeiterin immer voll im Einsatz

Die Bühnen-Schamanin vertreibt die bösen Geister

Andere Länder, andere Titten

Brettlschnepfe, Aszendent
Zirkuspferdchen

Wenn schon Stöckelschuhe,
dann solche

What you focus on ...
Das, worauf man fokussiert ...

... expands.
... wird vergrößert.

Prof: Und heute kommt noch erschwerend hinzu: Was der Auftraggeber zahlt, soll die Studie auch untermauern. Jetzt gibt es doch tatsächlich Wissenschaftler, die behaupten, dass das mit dem Weltklima alles ganz normal und im Rahmen der epochalen Schwankungen wäre. Mein liebes Kind, ich sag jetzt mal ganz intuitiv, aus dem Bauch raus: Allein in Deutschland stoßen wir jedes Jahr 322 Millionen 892 Tausend Tonnen CO_2 in die Atmosphäre aus. Wir sind damit nur auf Platz sechs im weltweiten Vergleich und ein verhältnismäßig kleines Land. Da sagt einem doch der gesunde Menschenverstand, dass das auf Dauer Auswirkungen haben wird. Trotzdem sind die Menschen immer noch so hörig, wenn ein paar Wissenschaftler sagen »Das macht nix«, dann wird das lieber geglaubt, und das ärgert mich.

Sis: Es muss wahrscheinlich erst was Schlimmes passieren, das uns alle betrifft, bevor wir bereit sind, wirklich was zu ändern. Außerdem existieren inzwischen so viele verschiedene, verunsichernde »Wahrheiten« und Weltbilder gleichzeitig, dass die Menschen sich an beweisbaren Daten und messbaren Fakten festhalten wollen.

Prof: Oh ich weiß, besonders Männer lieben Daten, Zahlen und Fakten, weil uns da die Frauen mit ihrer emotionalen Intelligenz nicht das Wasser abgraben können. Aber das, worüber wir eigentlich reden, wonach du mich ursprünglich gefragt hast, bevor wir vom Hölzchen aufs Stöckchen kamen, das war das Thema, wie Menschen allein mit der Kraft ihres Geistes auf die Materie ihres Körpers einwirken können. Und warum das so ist, das ist eben noch nicht messbar, aber trotzdem ist es möglich. Und wenn ich das sage, erklären mich alle für einen esoterischen Spinner.

Sis: Ich nicht. Ich hab mir schon oft im Stillen überlegt, wer denn wohl der Klügere ist. Derjenige, der sagt »Ich bin doch nicht doof und lass mich von 'nem Placebo verarschen«, oder derjenige, der von ein paar »Zuckerkügelchen« wundergeheilt wird?

Prof: Genau das ist der Punkt; das Ergebnis zählt. Selbst ein konservativer Sportchirurg weiß heute aus Erfahrung, dass der Placebo-Effekt auf den Heilungsverlauf großen Einfluss hat, und wird – wenn er klug ist – seinen Patienten immer so beeinflussen, dass dieser seine Selbstheilungskräfte aktiviert.

Also, wenn einer an die Kraft von Kristallen glaubt, dann funktionieren die für ihn auch, und dann soll er sich halt ein paar heilende Steine auf seinen Gipsverband legen.

Sis: Oh ja, ich kann bezeugen, dass an der Energie von Mineralien was dran ist. Eine Freundin von mir hat vor einem Jahr von einem Mann einen erbsengroßen Diamanten geschenkt bekommen, der hat prompt ihr ganzes Leben verändert.

Prof: Aber ich rede davon, dass auch Steine eine bestimmte Frequenz haben, die wir allerdings nur wahrnehmen können, wenn wir es sehr intensiv trainieren. Aber alles schwingt, alles, verstehst du, auch der Stuhl, auf dem du gerade sitzt.

Ich möchte, dass du die Augen schließt und dir vorstellst, du könntest durch ein hypermodernes Wahnsinnsmikroskop auf die atomare Beschaffenheit deiner Sitzunterlage schauen. Wenn's so ein Gerät gäbe, würdest du lauter umherschwirrende Atome sehen. Die haben in ihrem Inneren riesige Räume, in denen Protonen und Neutronen und die winzig kleinen Quarks rumfliegen. Das sind die Bausteine, aus denen unser gesamtes Universum besteht. Der Abstand zwischen diesen Teilchen ist vergleichsweise so groß wie der von der Erde zum Mond. In diesen Dimensionen bewegt sich alles.

Wir können das nicht wahrnehmen. Das lässt sich nur mit quantenphysikalischen Experimenten im so genannten subatomaren Bereich einigermaßen berechnen. Übrigens beruht ein Drittel unseres Weltbruttosozialproduktes, also alles, was mit Lasern, Computern oder Digitalkameras zu tun, auf Quantenmechanik. Viele dieser Physiker haben schon lange kapiert, dass einiges wahr ist, was die Asiaten seit jeher über Energie wussten.

Ganz vereinfacht ausgedrückt – auch wenn's total absurd klingt – Heisenberg hat vor über 80 Jahren mit seiner Theorie der »Unschärferelation« bewiesen, dass ein Wissenschaftler allein durch die Kraft seiner Gedanken ein Laborergebnis, also zum Beispiel die Größe und Beschaffenheit eines Dings, verändern kann.

Sis: Geil, das hab ich mir immer gewünscht, dass Männer das können! Größe und Beschaffenheit eines »Dings« nur mit reiner Gedankenkraft zu verändern. Das kann Herman the German, der Tantralehrer auch, sagt er zumindest.

Prof: Klar, Frauen denken immer nur an das eine. Ihr könnt ja auch 15 Orgasmen haben und Männer nur einen. Aber ich rede davon, dass alles, was wir uns wünschen, wahr werden kann.

Sis: Bitte? Den Sprung habe ich jetzt nicht mitgekriegt.

Prof: Ich meine, dass auch Gedanken und Wünsche eine Schwingung, also eine Frequenz haben und einander magnetisch anziehen können. Folglich können wir Dinge, die wir uns wünschen, wahr werden lassen.

Kleine Info

Probier mal das richtige Wünschen aus; das ist besser als 1000 Worte. Auch wenn sich alle selbsternannten Berufsskeptiker kopfschüttelnd abwenden. Ein kluger Mann hat mal gesagt: Nur wer die Wahrheit sucht, ist ein Weiser. Wer sie gefunden zu haben glaubt, ist ein Narr.

Prof: Und ich schlage dir eine kleine Übung vor: Immer wenn du etwas brauchst, halt kurz inne und wünsch es dir.

Sis: Nee-nee; das kenn ich, das ist »Bestellungen beim Universum«. Wünsch dir 'nen Parkplatz, und du wirst ihn kriegen. Aber entschuldige mal, das finde ich völlig bescheuert. Wenn ich mir tatsächlich Dinge vom Universum wünschen darf, gibt es doch wahrlich Wichtigeres als einen Parkplatz!

Prof: Klar, aber man kann doch mal klein anfangen, mit dem Üben. Das Prinzip funktioniert doch so: Du wünschst dir was, und dann achtest du automatisch mehr darauf, wie sich kurz danach die ersten Anzeichen der Erfüllung des Wunsches langsam vor deinen Augen zu manifestieren beginnen. Gut, vielleicht war alles vorher schon da, aber was nützt es dir, wenn du es gar nicht wahrnimmst?

Sis: Das erinnert mich daran, was meine Therapeutin Frau Sorgenfrey mal gesagt hat, nämlich dass es eine tief verschüttete Trauer in mir gibt, die ich als Kind in eine große Kiste weggepackt habe. Und da liegt nun auch meine ganze Empfindungsfähigkeit vergraben. Deswegen rase ich dem Glück vergeblich hinterher, weil ich es gar nicht mehr fühlen kann, selbst wenn ich es hätte.

Prof: Je niedriger wir schwingen, umso mehr ist unsere Wahrnehmung von Wut oder Trauer verschleiert. Je höher, also je bewusster wir schwingen, desto klarer können wir sehen. Jetzt hast du schon gelernt, die vielen guten Dinge um dich herum als solche zu erkennen und schätzen zu lernen; und das ist die beste Voraussetzung dafür, dass dir noch viel mehr davon erscheinen wird. Inder würden sagen:»Das, worauf du meditierst, das wirst du werden.« Amerikaner formulieren's heute so: What you focus on expands. – Der Volksmund kennt diese tiefenpsychologische, hochphilosophische, feingeistige, quantenmechanische und uralte spirituelle Weisheit schon lange: »Hilf dir selbst, dann hilft dir Gott.« Was nichts anderes heißt als, wenn du dich gut draufbringst und hochfrequent schwingst, dann ziehst du auch positive Dinge magnetisch an.

Sis: Und was mach ich eigentlich, wenn zum Beispiel äh ... jemand, der mir nahestand, gestorben ist, wenn ich auf einem riesig großen Schuldenberg sitze und mir dann noch eine dermaßen schwere, exotische Krankheit zugezogen habe, dass ständig Trauben von stirnrunzelnden Chefärzten durch mein Krankenzimmer pilgern? Muss ich dann auch einfach nur denken: Es geht mir supergut, alles easy, und dann ist alles sofort wieder perfekt, oder wie??

Er mutiert zum Rumpelstilzchen und hüpft mit geballten Fäusten schreiend von einem Bein aufs andere.

Prof: Nein! Das wäre doch ein kompletter Selbstbetrug, weil es der Situation nicht angemessen ist. Wenn jemand stirbt, gilt es natürlich, zu trauern und Abschied zu nehmen. Wer Schulden hat, muss Geld organisieren. Und bei Krankheiten kann man sich mit positivem Visualisieren unterstützend helfen, wieder gesund zu werden. Aber es geht bei all dem um das Bewusstwerden und darüber, dass man in jeder Situation vor der Wahl steht, sich von einem Problem überwältigen zu lassen, oder es als eine Herausforderung anzunehmen, um daran zu wachsen.

Kleiner Tipp

Jedes Mal, wenn etwas nicht so klappt, wie du es dir vorgestellt hast, und du dich dabei ertappst, dass du dich ärgerst, sag einfach: »Okay, wer weiß, vielleicht ist es sogar besser so.« Versuche direkt und ohne schlechte Laune, einen anderen Weg zu finden, wie es weitergehen kann. Ich habe schon zigmal erlebt, dass ich ich zu großartigen neuen Ansätzen und kreativen Durchbrüchen geführt wurde, gerade weil etwas nicht wie geplant funktioniert hat.

Sis: Aber wie erklären sich denn die vielen Beispiele, in denen dieses Prinzip einfach nicht klappen will, zum Beispiel, wenn ein eher unterdurchschnittlich aussehender Mann sagt: »Ich wünsch mir jetzt ganz intensiv, dass mir alle Weiber mit dicken Titten und knackigem Arsch ab sofort hinterherrennen und total auf mich abfahren.« Der wünscht sich das so dolle und visualisiert so stark, dass er dabei sogar kommt, aber sein Wunsch geht nicht in Erfüllung, obwohl er ihn ganz intensiv geäußert hat. Was ist passiert?

Prof: Ganz einfach. In dem Moment, in dem seine Geilheit vergangen war, ist er wieder auf sein altes Emotionsniveau runtergerutscht, das ungefähr lautet: »Scheißweiber, ich krieg ja eh keine ab«, und das ist seine wahre Frequenz. Wer auf UKW eingestellt ist, kann nicht auf kHz empfangen. Es kommt, wie ich sage, darauf an, auf welcher Wellenlänge man schwingt, nur das kann man auch anziehen.

Sis: Wir sind quasi wie ein Fernsehturm?

Prof: Ja, so könnte man es ausdrücken, oder wie ein »Bio-Computer«, der von Lebenskraft betrieben wird, und in den wir verschiedene Programme einspeisen. Die höchste Form der Software ist allumfassende göttliche Liebe. Ich sage es nochmal: Wir sind nicht nur Hardware, unser Körper schwingt. Und natürlich haben auch unsere Gedanken eine sehr feine Frequenz, aber gerade deshalb ist sie besonders weitreichend und langanhaltend. Gleiches zieht Gleiches magnetisch an – nicht schwul –, sondern das ist das physikalische Gesetz der Resonanz.

Sis: Schon klar, deswegen treffen sich alle Ballermänner an einem Strand, alle Geldgeilen an der Börse und alle verklemmten Homosexuellen im Priesterseminar.

Prof: Genau! Ganz unterschiedlich schwingende Dinge vertragen sich nicht. Das erklärt zum Beispiel, warum es sehr selten tiefe Freundschaften zwischen Mozart-Liebhabern und Death-Metal-Punkern gibt.

Sis: Dass man Pech anziehen kann, wenn man schlecht drauf ist, das kann ich bezeugen, das hab ich selbst erlebt.

Prof: Manche Menschen kultivieren ihren Pessimismus geradezu als Selbstschutz, damit sie auch ja nie enttäuscht werden. Und sie merken gar nicht, dass alles immer mehr schiefläuft, weil sie ihr Augenmerk nur darauf trainiert haben, ihr negatives Weltbild zu bestätigen.

Sis: Lustig, ich habe genau über dieses Thema ein Gedicht geschrieben.

Die Beweiskette

Manche wollen richtig sauer sein,
hauen sich den Kopf an 'ner Mauer ein,
geben andern dann die Schuld
und bauen sich so, mit viel Geduld,
das Bild einer böse gesinnten Welt,
die hinterhältige Fallen stellt.
Das fädelst du dir selbst ein
und fällst dann auf dich selbst rein.
Denn selektiv nur nimmst du wahr,
suchst instinktiv aus dem, was geschah,
das aus, was dir gerade passt
zu dem, wie du die Welt erfasst.
Und alles, was du minütlich erlebst,
wie üblich in dein Bild einwebst,
was du schon immer gesammelt hast,
weil es in deine Beweiskette passt,
wird deine Sicht ganz klar belegen.
Du kriegst von offizieller Seite den Segen,
dass du vollkommen im Recht bist,
wenn du sagst, dass die Welt total schlecht ist.
Wer den Teufel an die Wand malt, erschafft
Automatisch, magnetisch seine Anziehungskraft.

Prof: Dazu ein kleiner Exkurs zur selektiven Wahrnehmung: Als ich auf einem großen Therapeuten-Kongress in Tutzing war, wurde ein Film von einem Ballspiel gezeigt. Die Konferenzteilnehmer sollten genau mitzählen, wie oft der weiße Ball der weißgekleideten Mannschaft einem Spieler der schwarzen Mannschaft zugeworfen wurde. Fast alle Tagungsteilnehmer hatten das richtige Ergebnis. Kein einziger, auch ich nicht, hatte aber mitgekriegt, dass mitten im Film jemand mit einer Gorillamaske ins Zentrum des Spielfeldes ging und sich mehrmals auf die Brust geschlagen hat, und das direkt vor der Kamera. Unser Gehirn pickt aus der riesigen Menge an Eindrücken nur die raus, auf die wir uns trainiert haben, die in unser Schema passen. Unsere Konditionierung bestimmt, wie wir unseren Alltag erleben.

Sis: Wie kriege ich denn meine Frequenz so hoch wie möglich? Ist es etwa dieses amerikanische Visualisierungsprinzip »Wünschen Sie sich vom Universum ganz viel Geld. Oder: Sehen Sie, wie Ihre Hand auf dem Lenkrad eines nagelneuen Sport-Cabriolets liegt ... Und dann verhalten Sie sich so, als besäßen Sie das alles schon«. Solche Typen sind doch Hochstapler!?!

Prof: Ja! Das passiert, wenn östliche Weisheit auf westliche Doofheit prallt. ... Als er das sagte, wirkte er plötzlich ein bisschen müde.

Sis: Also, ich habe für mich herausgefunden, dass ich mich, wenn ich wach und bewusst lebe, von Moment zu Moment, jeden Tag, immer wieder aktiv dafür entscheiden kann, gute Laune zu haben. Und ich kann immer öfter die weniger guten Dinge in ein »da hab ich was gelernt« ummünzen. Manchmal habe ich das Gefühl, die normalen Menschen denken, ich sei einer Sekte zum Opfer gefallen, bloß weil ich seitdem viel besser drauf bin.

Prof: Das kenn ich. Mich hat vor Kurzem einer gefragt, ob ich auch so ein »Weltuntergangsverhinderer« sei. Meine Gegenfrage lautete: »Ja, wieso? Ist das schlimm?« Er sprach von diesen Gutmenschen, die sich doch immer moralisch über die anderen stellen und sich auf deren Kosten profilieren wollten. – Hä??

Sis: Oh ja, klar! Wenn ich zum Beispiel versuche, etwas Positives über die Zukunft zu sagen, da höre ich sofort dieses: »Mensch, Mädchen, wie naiv bist du denn eigentlich? Weißt du, was in 30 Jahren hier los sein wird?« Das beantworte ich dann immer mit einem: »Ja, da wo du sein wirst, da ist bestimmt die Kacke am Dampfen, so scheiße, wie du draufbist.«

Prof: Jawohl. Ich allein habe die Wahl, ob ich meinen Ängsten und negativen Gefühlen mehr Aufmerksamkeit gebe oder meinem Glauben, dass alles gut wird. Alles, was mir widerfährt, habe ich selbst gestaltet, weil ich es aufgrund meiner Schwingung, die ich etabliert habe, in mein Leben einlade. Und ich übernehme gern die volle Verantwortung für alles, auch wenn mir eine Kokosnuss auf den Kopf fällt.

Sis: Wie? Also gibt es überhaupt gar keine Zufälle??

Prof: Ich bin voll verantwortlich für alles! Nur dann nehme ich mein Leben wirklich selbst in die Hand und höre auf, Opfer von widrigen Umständen zu sein. Sondern ich kann in jedem Moment meines Lebens das Beste daraus machen.

Sis: Genau das hat die kleine Prinzessin Lilienfee in meinem Traum auch gesungen. Aber ich dachte, sie sei die Verkörperung meines inneren Kindes. Woher weiß ich denn all diese Sachen?

Prof: Die Seele weiß Bescheid. Mit dem Erwachsenwerden jedoch verlernen wir, auf unsere innere Stimme zu horchen.

Kleiner Tipp

Wenn wir bewusst danach suchen, werden wir an jeder problematischen Situation auch eine lichte Seite erkennen. Viktor Frankel hat geschrieben, dass er das KZ nur überlebte, weil er ständig geübt hat, sich auf etwas Positives zu konzentrieren; und wenn es nur die bunten Lichtreflektionen des Öls auf seiner verfaulten Fischsuppe waren.

Ein neues Alter

Einiges von dem, was ich in dieser Zeit gelernt habe, wende ich auch heute noch täglich an. Aber was mir damals am meisten zu denken gab, ist noch ein anderes Thema. Wenn ich mir zum Beispiel den Professor, meine indische Nachbarin Agnes oder meine Meditationslehrerin anschaue oder meine Therapeutin Frau Sorgenfrei oder meine liebste Freundin Elfie auf Ibiza, dann sind das alles dermaßen tolle, reife Menschen, die mir da in letzter Zeit über den Weg gelaufen sind. Und dasselbe gilt auch für viele der »Althippies«, die es überall in Indien gibt. Die sind oft sehr jung geblieben und schauen eigentlich noch genauso aus wie in den 60er-Jahren, bloß mit ein paar mehr Falten. Und die Blumen leuchten ganz besonders schön in ihren weißen Haaren!

Hey, wenn man beim Altwerden so jung und fit bleiben kann, warum habe ich denn vor dem Altern immer solche Angst gehabt? Jetzt, da ich weiß, wie viel ich mit einer positiven Herangehensweise an ein Problem erreichen kann, werde ich das Thema mal mit ganz neuen Augen betrachten.

Okay. Als ich ein Kind war, sahen alle Alten gleich aus, und ich dachte damals, irgendwann kommt ein Tag im Leben, da bekommt jeder von uns einen beige Kamelhaarmantel, cremefarbene Halbschuhe, einen topfförmigen Hut und 'nen Gehstock überreicht, und dann: ist man alt! Ich habe mir schon damals geschworen, dass ich da nicht mitmachen werde.

Gott sei Dank sind wir keine Einsiedlerkrebse. Bei denen kann das Junge nur genau so groß wie das Schneckenhaus werden, das die Mutter ausgesucht hat. Wir Menschen hingegen können unglaubliche Entwicklungsschritte machen, wenn wir uns ranhalten; was heißt, man sollte schon in relativ jungen Jahren damit anfangen, nicht alt zu werden. Das gehört eigentlich schon den Kindern in der Schule beigebracht, wo, wie und warum ein innerer und äußerer Alterungsprozess einsetzt.

Außerdem sollten wir natürlich versuchen, die älteren Menschen wieder mehr zu integrieren. Unglaublich, wie viel Wissen und Lebensweisheit gerade verloren geht, weil wir nicht mehr am Abend zusammensitzen und deren Geschichten lauschen. Viele rüstige Alte hätten doch auch noch große Lust, weiterhin in ihrem Rahmen tätig zu sein und dadurch im Leben integriert zu bleiben.

Meiner Meinung nach sind Senioren zum Beispiel super für die Aufsicht von Kindern geeignet: Sie haben den gleichen Schlafrhythmus wie die Kleinen; durch die senile Bettflucht wachen die genauso früh auf, halten dafür auch gern ein Mittagsschläfchen und gehen abends früh schlafen. Außerdem können sie ihr Hörgerät runterschalten, wenn der Lärm zu groß wird, und sie bringen viel weniger Ego mit in die Erziehung. Man könnte doch auch ins Altenheim gehen und sich eine »Leihoma« fürs Wochenende mieten, sich kennenlernen und anfreunden. Wenn man heute so 'ne alte Omi sieht, dann ist die Frau doch eine echte Überlebensmaschine. Die hat alles überstanden: die hohe Kindersterblichkeit damals, zwei Weltkriege, Völkermord, Vergewaltigungstrupps, Vertreibung, Seuchen, Hunger ... und dann auch noch Hansi Hinterseer.

Und trotzdem bringen wir den alten Menschen kaum Respekt entgegen. In der Glotze werden Alte, wenn sie überhaupt vorkommen, in 80 Prozent der Fälle als böse, eitel oder völlig verblödet dargestellt. Das prägt unsere inneren Bilder. Und wir haben aufgrund der Medienpropaganda auch immer größere Angst vor der Überalterung unserer Gesellschaft. Aber eigentlich sollten wir uns doch darüber freuen, dass die Menschen nicht mehr in jungen Jahren von Kriegen und Krankheiten dahingerafft werden. Wir stehen gerade vor einem epochalen Umbruch: Wir leben in der Morgenröte einer ganz neuen, hoffentlich reiferen Gesellschaft, und es liegt in unserer Hand, was da für Zeiten anbrechen!

Ich finde, wir sollten dieses Thema als spannende Herausforderung sehen, zumal das Klima, das wir jetzt erschaffen, auch unser zukünftiges Leben bestimmen wird. Wir alle werden nämlich bald selbst damit konfrontiert sein, wie man in dieser Gesellschaft als alter Mensch behandelt wird.

In den letzten Jahrzehnten mussten wir einen unfasslichen Jugendwahn über uns ergehen lassen. Die gesamte Medienwelt hat hauptsächlich die Teenager umworben, weil im Marktsegment zwischen Clerasil und Abitur die kaufkräftigste Zielgruppe war. Und Teenies sind »so doof«, dass man ihnen alle fünf Minuten irgendeinen neuen Schrott als Kult andrehen kann, für den sie ihr gesamtes Taschengeld zum Fenster rauswerfen. Deswegen hat sich unsere gesamte Medienlandschaft auf das geistige Niveau eines 15-Jährigen runtergeschraubt.

Aber bald werden auch die älteren Menschen einen sehr interessanten Käuferanteil darstellen. Allein in den USA liegen 76 Prozent des Vermögens in den Händen der Leute, die zwischen 1940 und 1960 geboren wurden. Demnächst gibt es lauter fitte, rundum erneuerte Senioren mit Titangelenken, gelaserten Augen und designter Muschi, um sich einen hoffentlich schönen Lebensabend zu machen. Wieder mal ist ein großer Menschheitstraum wahr geworden, aber sofort gibt's wieder einen demoskopisch errechenbaren Grund, in Panik zu geraten.

Ich finde es ja spannend, dass ich noch so viel Zeit zur Verfügung habe, um heranzureifen, meinen Karrierehöhepunkt auf meinen 63. Geburtstag zu legen, und bis dahin noch ganz viel zu lernen. Außerdem wird das doch eine ganz andere Generation sein, die jetzt alt wird.

Bei uns und in vielen westlichen Ländern sind das keine Menschen, die vom Krieg gezeichnet sind, das sind die Achtundsechziger, die innovativen Babyboomer, die geburtenstärksten Jahrgänge, die haben die größte Jugendrevolution der Welt inszeniert, und die werden jetzt auch das Alter neu erfinden.

Ich hab ja hier am Strand eine Frau kennengelernt, die ist ein wunderbares Beispiel für diese »Neuen Alten«: meine liebe Freundin Olga, eine wunderbare Dame, die 70 Jahre alt ist.

Als ihr Mann starb, war sie 60, danach hat sie ihre größte Angst in Angriff genommen und ist mit einem Fallschirm aus einem Flugzeug gesprungen. Dann ist sie nach Brasilien in den Urwald gereist und hat dort bei einigen Ayahuasca-Ritualen mitgemacht. (Ayahuasca ist in einigen Ländern eine inzwischen legalisierte Droge zur Bewusstseinserweiterung; das Betäubungsmittelrecht in Deutschland besagt: Der Umgang ohne Erlaubnis ist grundsätzlich strafbar.)

Danach hat Olga in Indien Yoga gelernt und angefangen, Alphorn zu spielen. Dadurch haben wir uns kennengelernt, weil ich so über dieses unglaubliche, fast vier Meter lange Teil lachen musste. Olga ist auf ihre alten Tage durch ihren Indienaufenthalt zu 'ner richtigen Hippie-Tante geworden, und wenn ich das so sage, dann meine ich es durchaus positiv. Ich habe ganz viele von der Sorte getroffen, und das hat mich auf eine Idee gebracht.

Hier mein Tipp für ein tolles Alter

Ich bin dafür, dass wir versuchen, so vielen Menschen wie möglich ein Alter in Asien zu ermöglichen. Das hat 'ne Menge Vorteile:

1. Das Klima dort ist ein Segen gegen alle Alterszipperlein. Sonne ist die beste Medizin gegen Rheuma.
2. Auch wenn es nur eine kleine Rente ist, sobald man sie in Rupien oder thailändische Bhat umrechnet, ermöglicht es einem schlagartig ein viel besseres Leben. Zumal auch das Personal in asiatischen Ländern wesentlich preisgünstiger ist. So könnten auch die Menschen, die sich Malle oder die Algarve nicht leisten können, ein wirklich schönes Alter erleben. – Die müssten sich – wie früher – in WGs zusammentun.
3. Die jeweilige Infrastruktur in der Umgebung jeder »Alten-WG« würde auf alle Fälle profitieren; also: Auch die Einheimischen freuen sich über Westler, die gute Devisen ins Land bringen und Arbeitsplätze schaffen.
4. Wenn Omi und Opi irgendwo am Strand leben, werden sie auch schlagartig wieder gern besucht; man verbringt mal wieder Zeit miteinander. Der Wissenstransfer, der zwischen den Generationen so schmerzlich abhanden gekommen ist, kann hier wieder stattfinden, und zwar genau so, wie sich's gehört, ums Lagerfeuer sitzend.
5. Man kann auch mal die Kinder für einen Urlaub zu Omi oder Opi schicken, weil sie da am Strand rumtoben können. So finden die Eltern auch mal wieder ein bisschen mehr Zeit für sich selbst.
6. Es geht im Alter auch darum, loszulassen. Simpel zu leben, das ist in Asien viel einfacher als bei uns. Man kann die viele Zeit, die man plötzlich hat, auch dafür nützen, sich zum Beispiel in Hilfsorganisationen zu betätigen, die dort oft großes Leid lindern. In Thailand zum Beispiel machen das schon viele. Wenn unsere Regierung klug wäre, würde sie sowas fördern.

In Asien weiß man, dass der erste Teil des Lebens dem Heranwachsen und Lernen gewidmet ist. Der zweite heißt, eine Familie gründen und Werte schaffen. Der dritte Abschnitt bedeutet, sich langsam auf den Tod vorzubereiten, das Loslassen zu üben, indem man ein einfaches Leben führt und viel meditiert, damit man die Ängste vorm Tod überwinden lernt. Da können wir Westler uns von den Asiaten einiges abgucken.

Die neuen alten Hippies

Ich stell mir das übrigens sehr lustig vor, wenn bald ganz viele alternative Althippie-Wohngemeinschaften aus dem Boden sprießen. Die entdecken die Ideale ihrer Jugend wieder und laufen mit rastafarbenen Gehhilfen und mit selbstgebatikten, fluoreszierenden Stützstrümpfen rum. Die Jungs bauen sich hochwertige Miniboxen in den Rollstuhl ein und cruisen zu Bob Marley durch die Gegend, oder sie haben wahlweise das Motorengeräusch einer alten 500-er BMW, das Blubb-blubb- blubb in Endlosschleife. Wenn man in einer Praxis für therapeutische Beratung anruft, läuft in der Warteschleife »Don't worry, be happy« und bei der Darmspiegelung »Hello darkness my old friend«. Ich finde, man darf gerade im Alter den Sinn für Humor nicht verlieren, und es ist nie zu spät, sich seine Träume zu erfüllen. Der Vater eines Freundes hat mit 65 seinen ersten Joint geraucht und sich zwei Wochen später sein erstes Motorrad gekauft. Olga lebt in so 'ner alternativen WG und singt jeden Montag in ihrer Stammkneipe, der Strandbar »Zum fröhlichen Hospiz«.

O: Nieder mit dem Jugendwahn, das Leben geht mit 60 an.
Wir gehn noch nich ins Grab hinab, Ü-70-Feten gehen voll ab.
Und weht der Wind auch manchmal rauer,
wir praktizieren schlaue graue Flower Power.

O: Spätestens seit meiner Pensionierung hat sich für mich die Diskussion über Marihuana erübrigt. Ick muss nich mehr früh aufstehen, und merken kann ick mir sowieso nüscht mehr. 'ne alte Frau ist eh keen ICE, drum rauch ick schön mein THC. Und so 'n lustiges Tütchen ist für 'nen Senioren die beste Medizin. Ick hab ja jetz die Asche von mem Menne unter men Marihuana jemischt. Den kannste jetz inna Pfeife rauchen ... hähä! – So jut hat er mir noch nie getan. Hi hi!!! Aber ick muss an dieser Stelle mal *janz klar* sagen: Haschisch ist für junge Leute ne jeistige Vollbremse. Det Jehirn von 'nem Teenager ist wejen Umbau jeschlossen, und wenn du da 'ne Droge rinpfeifst, det ist, als würde man 'nen komplett durchjeknallten Klempner neue Leitungen verlejen lassen, wa!?! Wenn det Abwasserrohr ans Frischwasser anjeschlossen wird, keen Wunder, wenn da nur Scheiße rauskommt. Also Kinners, schenkt Euern Dope lieber Omi und Opi. Denn bei uns jibt's kene Psychopharmaka, bei den alternativ progressiven Apo-Opas. Da wird ooch kener ans Bett jefesselt, außer vielleicht aus sexuellen Gründen, hahaha!

Heijeijei, mit der Kifferei, da schießt dir der Saft bis unters Jeweih. Ick sach immerzu: Beißt nicht ins Gras, raucht es lieber, bruhaaha!!

Das Victory-Zeichen bedeutet bei uns »Viagra für alle«, und für 'nen Quicki jibt's die »Viagrette« für den kleenen Ständer zwischendurch. Häufig wechselnder Partnertausch isja in unsrem Alter unumjänglich. Es herrscht ein stetes Kommen und Für-immer-Jehen. Man darf det nur nicht übertreiben, mit dem Viagra, sonst kriechstde bei den Herren den Sargdeckel nicht mehr zu.

Det allet is auch für die Familienangehörigen eene Erleichterung, denn wir wollen jar nicht dauernd besucht werden. So ähnlich wie früher. Wir haben's doch schon als bekiffte Teenies jehasst, wenn die Oldies ins Zimmer kamen! Ick bin grade voll am »Erleuchten«, da will ick mich nicht so ablenken lassen. Ick sach denn eenfach: »Och nee, du, nächsten Monat ist schlecht, da wollt ick 'nen Tantra-Workshop belegen. Wir ham jetzt so'n netten ehemaligen Professor der Quantenphysik, der jibt ooch Deep-Tissue-Chakra-Massagen, der jeht richtig ran, ins Tiefengewebe.« Außerdem hab ick doch keene Zeit, ick muss üben! Ick hab ja 'ne Speed-Metal-Damen-Combo jegründet und nehm det Alphorn mehr so didgeridoo-mäßig her. Wir nennen uns übrigens »The Quick Chicks«, weil wir so wat von tierisch Jas jeben … naja … wir ha'm ja ooch nich mehr so viel Zeit.

Ahnen

Wir ha'm 'ne neue Zeit, ein neues Zeitalter,
'ne neue zeitgemäßere Art zu altern.
Unsere Ahnen konnten ja auch nicht erahnen,
welch tolle neue Zeiten sich da anbahnen.
Lass bloß nicht die Ängste der Ahnen
deine Zukunft für dich verplanen!

Diese Welt lief immer gleich:
Arm blieb arm und reich war reich.
Die Vorfahren sind immer vor-gefahren,
die Nachfahren waren immer eingefahren,
weil die schon nach ein paar Jahren –
in Scharen genau wie ihre Vorfahren waren.
Hab keine Scheu und erfinde dich neu.
Was in dir steckt, gehört geweckt!

Olga redet von einem sanften Dahinscheiden und davon, dass es in allen Kulturen völlig normal war, sich mit Heilpflanzen zu helfen. Marihuana ist jahrtausendelang eine der wertvollsten und wichtigsten Heilpflanzen gewesen. Gegen Schmerzen, Ängste und Depressionen; man wird kreativ, es hilft konzentrierter zu meditieren und regt die Fantasie an, man kriegt wieder Lust auf Sex, hat danach einen gesunden Appetit und Schlafstörungen sind wie weggeblasen.
Im alten China stand es unter Todesstrafe, den Samen auszuführen. Hanf ist eine erstaunliche Pflanze, die ohne Dünger auf kargem Boden in wenigen Monaten drei Meter hoch werden kann, ganz viel Sauerstoff spendet, aber auch wertvolle ungesättigte Fettsäuren in ihrem wohlschmeckenden Öl hat. Man kann daraus außerdem noch wunderschöne Stoffe, stabile Seile herstellen und Häuser damit bauen. Es zu rauchen ist seit etwa 5 000 Jahren wichtiger Bestandteil der fernöstlichen Spiritualität.
THC, der Inhaltsstoff der Cannabispflanze, heißt nicht umsonst »bewusstseinserweiternde Substanz«, denn sie verschafft dem Konsumenten einen wohltuenden Abstand zum eigenen Ego. Ich finde, wer sich im Alter im Loslassen üben möchte, und spätestens, wenn es auf den Tod zugeht, noch mal grundlegend alles hinterfragen und zurechtrücken will, wer alle Möglichkeiten ausschöpfen möchte, um mit seinem Leben sauber abzuschließen, für den ist pures Marihuana das Mittel der Wahl. Gerade für solche Zwecke ist es sehr dienlich und hilft der Seele, sich aufs Wesentliche zu konzentrieren. Ich rede in diesem Buch übrigens so viel über das Thema Haschisch, weil ich seit meiner

frühesten Teenagerzeit, bis zum heutigen Tag ständig damit konfrontiert wurde. Ich lebe an Orten, an denen schon immer viele Drogen konsumiert wurden: Goa, Ibiza und München. Aber ich sitze weder jeden Abend saufend im Hofbräuhaus noch hocke ich bei den »ewigen Partygängern«, die sich alles reinpfeifen, was nur irgend geht. Ich beobachte gern Menschen, und ich unterhalte mich mit allen, auch mit den schrägsten Existenzen, die am äußersten Rand der Gesellschaft ihre teilweise halsbrecherischen Experimente wagen. Gerade deswegen habe ich den nötigen Abstand, aber trotzdem auch genügend Einsicht, um eine relativ differenzierte Aussage zu diesem Themenkreis machen zu können.

Und deshalb möchte ich an dieser Stelle ganz klar meine Position zum »Drogenkonsum der Jugendlichen« sagen, und das sollten Sie den Ihren auch ruhig zu lesen geben:

Wichtige Info

Wenn man zu viel kifft, wird man extrem unsexy, träge, bekommt gelbe Zähne, schlechte, fahle Haut, riecht seltsam aus allen Poren, kriegt sein Leben nicht mehr auf die Reihe, fällt in der Schule durch, weil man sich nix mehr merken kann, redet, ohne es selbst mitzukriegen, 'ne Menge Unsinn, bekommt Ängste, Paranoia und Depressionen, und gefährdet seine gesamte Existenz. Wenn's böse läuft, bringen sich sensible Menschen sogar um.

Marijuanna an sich besteht ja schon aus drei sehr verschiedenen Persönlichkeiten. Mari, Juan und Anna. Also man kann ganz göttlich, pseudo-erleuchtet, draufkommen, wie die »holy Mary«, oder anfangen, neue Welten und Herzen zu erobern, wie Don Juan. Oder man wird wie Anna. Die ist von vorn wie von hinten gleich; also ist eh alles egal, nach dem Motto: Die Leute sagen, man wird gleichgültig vom Haschisch, aber das ist Kiffern ziemlich wurscht.

Ein immer wieder gern genommenes Argument in der Szene ist: Drogen wurden schon immer genommen, schon in den 30 000 Jahre alten Höhlenzeichnungen erkennen wir ganz klar Männchen mit Pilzen in der Hand. Ist ja auch kein Wunder, man hat alles Mögliche mal ausprobiert, und damals gab es ja noch keine Razzien.

Einige Forscher glauben sogar, dass die regelmäßige, rituelle Einnahme bewusstseinserweiternder Substanzen den Menschenaffen zum Homo sapiens hat werden lassen, weil man durch Drogen plötzlich diese ganz neuen intensiven Empfindungen hatte, anfing zu tanzen und Musik zu machen, Bilder an die Wände malte und in Folge davon auch die Sprache erfand, um all das richtig miteinander teilen zu können.

Aber Forscher haben auch herausgefunden, dass es schon damals nicht das ganze Dorf war, das sich die Halluzinogene reingezogen hat, sondern es waren ganz kleine Gruppen, die in schwer zugänglichen, sehr entlegenen Ecken der Höhlen experimentiert haben. Wahrscheinlich waren es schon zu dieser Zeit eher die Suchenden, die Mystiker und die Künstler, die sich auf solche nicht ungefährlichen Experimente eingelassen haben. In allen Zeiten war dieser spezielle Typ von Mensch dafür verantwortlich, die Entwicklung voranzutreiben.

Steve Jobs, der Mitbegründer von Apple Inc. soll laut Gerüchten auch heute noch hin und wieder gern vom verbotenen Apfel der Erkenntnis naschen, wenn er wieder ein neues Produkt entwickelt. Als ehemaliger Althippie hat er genügend Erfahrung und experimentiert angeblich mit kleinen Dosen von LSD, um seine bahnbrechenden Visionen zu haben. Die gesamte Hightech-Entwicklung und das »World Wide Web« verdanken wir zum Teil einer ziemlich abgedrehten Elite von Visionären aus der kalifornischen Avantgarde der 70er-Jahre. Und es sind vor allem viele großartige Kunstwerke entstanden, weil Menschen ihr Bewusstsein erweitert haben, indem sie mit Drogen experimentierten. Ich finde, es war eine gute Idee, dass man früher immer von einem weisen erfahrenen Schamanen geführt und begleitet wurde, so wie das auch heute noch bei den Ayahuasca-Ritualen in Brasilien der Fall ist.

Schamanen

Sie nehmen den Kampf auf mit den Ungeheuern in der Psyche ihrer Patienten; sie sind die Blitzableiter der kollektiven Ängste, und sie kämpfen mit den Dämonen, damit die anderen in Ruhe im Wald jagen gehen können. Der Schamane geht – mit oder auch ohne Drogen, je nachdem wo er lebt – in Trance und begibt sich auf eine Reise zu seiner Intuition und findet dort den Schlüssel zur Seele seiner Patienten. Er öffnet ihnen ein Fenster zu ihrem höchsten Potenzial und hilft ihnen durch die Untiefen ihres Unbewussten (Buchtipp zum Shamnismus: Seite 262). Verschiedene botanische Gegebenheiten boten unterschiedliche Substanzen. So wie Inkas und Mayas ihre ganz eigene Ästhetik hatten, hervorgerufen durch die Halluzinogene, die dort wuchsen, so hat sich im asiatischen Raum eine vollkommen andere Kultur und Religion entwickelt. Das Klima im meteorologischen wie im gesellschaftlichen Sinn spielte natürlich auch eine große Rolle: Es beeinflusste die jeweilige Mentalität der Menschen und ihre Reaktion auf die unterschiedlichen Nebenwirkungen jeder Droge.

Aber wie gesagt, der Umgang mit Drogen will gelernt sein! Es gibt zwar die lustigen T-Shirts, auf denen steht:»God made grass, men made booze, whom do you trust?« Aber leider hat Gott keinen Beipackzettel mit der genauen Dosierungsanleitung beigelegt.

Mein Tipp

Ich empfehle nur winzige Mengen: die so genannte »Homöopatische Doris«. Es ist außerdem von entscheidender Wichtigkeit, Marihuana im richtigen »Set und Setting« zu sich zu nehmen, das heißt nur zu speziellen Zeiten und in besonderem Rahmen. Es ist keine Spaßdroge, sondern eine sehr powervolle Substanz.

Hier in Goa ist ja auch das Mekka der Tanzszene. Wenn ich manchmal Menschen auf diesen Trance-Partys beobachte, habe ich das Gefühl, dass sie den Zugang zu ihrer inneren schamanischen Energie verzweifelt suchen, dabei aber in einer sehr einsamen, dunklen, schrecklich lauten Sackgasse gelandet sind. Hier gehen Leute nicht auf Partys, um Anschluss zu finden und zu flirten, sondern um Drogen zu nehmen und sich dann in Trance zu tanzen. Jeder für sich allein, im flackernden Licht, zu unglaublich lauten, monotonen Rhythmen, und das für viele Stunden oder sogar tagelang.

Das schamanische Element äußert sich auch in ihrer Kleidung und im Auftreten. Man möchte meinen, nur abgefahrene Individualisten verirren sich in so eine Szene. Aber bei genauerer Betrachtung trägt jeder zweite das typische nietenverzierte Bauchtäschchen, dazu die eingewebten Rasta-Zöpfchen mit Federschmuck und Blumen sowie Lederstiefel und spezielle, erdfarbene zerschlitzte T-Shirts mit Tribal-Ornamentik. Man ist außerdem tätowiert und gepierct und schmückt sich mit allerlei Ethno-Accessoires.

Es gibt diese spezielle Spezies von Party-People anscheinend in jedem Land, denn auf dem »Dancefloor« herrscht wirklich eine absolut international durchmischte Klientel, aber sie schauen trotzdem alle gleich aus. Es geht um die Zurschaustellung der Zugehörigkeit zu einer speziellen Szene. Seit Jahrtausenden haben die Menschen sich mit stammestypischen Tattoos und Kleidungsstücken als Teil einer Gruppe erkennbar gemacht. Man hat schon 20 000 Jahre alte Leichen mit Keulen gefunden, auf denen www.feuerstein.de stand.

Ich habe aber auch viele Urlauber aus ganz anderen Welten in Goa kennengelernt, die dort jedes Jahr für ein paar Wochen hingehen und jeden Abend ihre drei bis vier Stunden abtanzen wollen, und so ihr Fitness-Workout machen. Manchmal ist die Musik ja auch sehr schön, und dann kann man gut damit üben. Ich zum Beispiel trommle gern dazu mit meinen Schlagzeugstöcken auf dem Übungspad.

Außergewöhnlich an dieser Szene ist, dass es nicht nur Frauen, sondern genauso viele Männer sind, die regelmäßig »abtanzen gehen«, und zwar quer durch sämtliche Altersschichten. Ich kenne einen 80-jährigen Italiener, der jeden Abend in der »Ninebar« von 20 bis 22 Uhr auf einem Stuhl sitzend, nur mit dem Oberkörper wild vor sich hin tanzt: Er sagt, das ist seine Meditation. Und er ist bei weitem nicht der einzige ältere Mensch, der auf diese Weise seine letzten Jahre genießt und sich Bewegung verschafft.

Kleiner Tipp

Wenn man diese überaus fitten Senioren nach dem Geheimnis ihrer Vitalität fragt, sagen ganz viele, dass sie seit Jahren jeden

Morgen ein bisschen Eigenurin trinken. Wenn man vegetarisch lebt, schmeckt das anscheinend auch gar nicht so schlecht.

Zu Techno-Musik fällt mir gerade der Spruch ein: »Lord, forgive the DJs, cause they don't know what they play.« Viele dieser Jungs wollen nur angeben, wissen aber noch nicht mal, wo »die Eins« ist, und lassen einfach nur irgendwelche trostlosen Werksounds laufen. Das heißt, sie drücken auf den ON-Knopf, und die Maschine macht »utz-utz-utz«, und erschreckenderweise ist das Publikum trotzdem völlig begeistert. Ich habe hier aber auch schon Leute erlebt, die mit verzücktem Gesicht ekstatisch zum Schlagzeug-Soundcheck des Drummers getanzt haben?! Was der da macht, ist lediglich ein paarmal hintereinander unrhythmisch auf jede seiner Trommeln draufzuhauen, damit der Tonmann die Mikros richtig einstellen kann!! Das hat nix mit Musik zu tun, aber für jemanden, der gerade »drauf ist«, klingt es wie der genialste Sound, den er je gehört hat

Hier ein ganz extrem wichtiger Tipp für Jugendliche

Althippies, die schon seit 35 Jahren in Goa leben, haben mir glaubwürdig versichert, dass die Musik erst so schlecht geworden ist, seitdem die Leute Ecstasy nehmen. Leider findet man auf so einer Pille sogar 'nen Presslufthammer extrem geil und groovy. Diese Droge zerstört allerdings nachhaltig die Fähigkeit, aus sich selbst heraus, über die kleinen Dinge des Lebens glücklich sein zu können. MDMA (der Fachbegriff für Ecstasy) ähnelt in der chemischen Zusammensetzung den körpereigenen Dopaminen. Die Intensität, die du im Rausch empfindest, lässt jegliches »normale Glücksgefühl« danach zu einem müden Abklatsch werden. Es ist deshalb eine dumme Droge, die dein Bewusstsein nicht erweitert, sondern dir dein restliches Dasein für ein paar kurze Momente des übertriebenen Glücks vermiesen kann.

Das Resultat: Die Leute werfen immer mehr intensivere Sachen ein, weil der Kick immer schwächer wird. Dann kommen Sätze raus wie: »Psychedelic warriors don't go to bed, they just crash down, somewhere, once in a while.« Psychedelische Krieger gehen nicht zu Bett, sondern brechen nur ab und zu irgendwo zusammen. Die sind Kerzen, die an zwei Seiten brennen.

Wenn heute junge, unerfahrene Menschen ohne die Einbindung in ein Ritual und ohne die Führung eines schamanischen Meisters völlig unbewusst und unkontrolliert alles Mögliche einpfeifen, muss man sich nicht wundern, wenn die Labileren unter ihnen vor die Wand fahren. Ich glaube, viele junge Männer suchen im Drogenkonsum auch nach dem Initiationsritus, den ihnen unsere westliche Gesellschaft nicht geben kann (siehe Seite 220), und sie wollen sich untereinander messen. Entweder man trinkt den anderen unter den Tisch, oder man versucht rauszufinden, wer die größere Menge an unterschiedlichsten Substanzen verkraftet, bevor er in die Klapse geht. Ich kann dazu nur sagen: Viel hilft nicht viel, und der schnelle Weg zur Erleuchtung durch Drogen funktioniert leider auch nicht. Ich hatte vor Kurzem einen Fotoband in der Hand, in dem alle Mitglieder der Goa-Szene seit 35 Jahren dokumentiert sind. Über 30 Prozent davon weilen nicht mehr unter uns. Und damit wären wir bei einem Thema, das natürlich in keinem lustigen Comedybuch fehlen darf:

Der Tod

Ich muss zugeben, dass ich hier in Indien zum ersten Mal angefangen habe, mir übers Sterben Gedanken zu machen. Liegt es daran, dass ich hier Kontakt zu so vielen älteren Menschen bekommen habe? Vielleicht nähere ich mich einem Alter, in dem es wichtig ist, sich darüber klar zu werden, was man genau noch erleben will, bevor es zu spät ist. Ich glaube, es hat aber vor allem auch damit zu tun, dass ich in meiner Krise so labil gewesen bin, dass ich es überhaupt nicht verkraftet hätte, mich in so ein Thema reinzudenken.

Frau Sorgenfrey hat immer gesagt, dass unsere gesamte westliche Gesellschaft ein einziges großes Weglaufprogramm vor den inneren Ängsten und der Trauer ist. Klar versuchen wir alle, uns davon abzulenken, dass uns das Ende irgendwann ereilen wird. Aber je länger man krampfhaft wegschaut, desto schwieriger wird die Auseinandersetzung dann später, wenn alles näherrückt und wir es nicht geübt haben, damit klarzukommen, dass wir bald alles gehen lassen müssen, worüber wir uns definieren.

Mit dem Loslassen gehen die Inder traditionell wesentlich entspannter um. Für den gläubigen Hindu ist sterben, als würde er sein altes Hemd ablegen und ein frisch gewaschenes überziehen. Ich glaube nicht 100-prozentig an Reinkarnation, habe aber seitdem immer ein Reisebügeleisen dabei ... man kann ja nie wissen. Hindus behaupten ja, man wird als das wiedergeboren, was man als Letztes sagt; also bei Flugzeugabstürzen verabschieden sich die Piloten meist mit einem herzhaften: »Oooh Shit! Das sind dann wohl wahrscheinlich diese Klumpen, die immer in der Adria dümpeln.«

Aber jetzt Mal Spaß beiseite, den Löwenanteil für die Kosten im Alter verschlingen diese letzten paar Monate, in denen wir, meist unfreiwillig, an irgendwelchen Schläuchen hängend dahinvegetieren. Die Beerdigung ist dann statistisch gesehen der teuerste Tag im Leben eines Menschen. Ich werde also in der Erde verscharrt, und meine Freunde feiern dann die teuerste Party meines ganzen Lebens ... ohne mich. Das geht gaaar nicht!

Ich hab mir überlegt, wenn's bei mir mal so weit ist, also bevor es nur noch bergab geht, den Zeitpunkt muss man im Gefühl haben – das ist ein bisschen wie an der Börse – da organisiere ich mir meine Beerdigungsfeier natürlich vor meinem Ableben.
Wenn ich noch nicht tot bin, ist die Stimmung doch gleich viel besser, und ich kriege auch die ganzen schönen Reden mit, auf mein glorreiches Wirken, und was ich nicht für ein toller Mensch war, und so weiter und so fort.
Ich hab das folgendermaßen in Planung: Die letzte Ölung bekommt mein Fahrrad, mit dem ich noch mal alle meine Freunde besuche, um sie einzuladen. Dann miete ich mir 'ne Villa mit Garten, die nenne ich die »Check-out-Lounge«. Dort feiern wir noch mal tagelang, bis zum Verlust der Muttersprache. Trommeln, singen und tanzen ums Lagerfeuer; wir verabschieden uns, bedanken uns und verabreden uns fürs nächste Leben. Und wir machen aus, woran wir uns am besten wiedererkennen.

Ich tanze dann auf meinem Sargdeckel den letzten Flamenco, weil das so schön knallt, wenn man da darauf rumstampft: »Ja, i-i-i-ich muss jetzt gehen, es war sehr schön! Will euch sehr gern alle bald wiedersehen.« Und wenn alles bis zur Neige ausgekostet ist, und ich alle unter den Tisch gesoffen habe, dann geh ich an die Bar und mach mir meinen letzten »Schierlingsbecher à la Piña Colada« mit einer gscheiden Prise Arsen, das heißt dann Piña Colarsenic, und mit dem guten Gefühl, nix mehr zu verpassen und alles erledigt zu haben, wofür ich geboren wurde und wovon ich in meinem Leben geträumt habe, lege ich mich in meinen mit Leoparden-Satin ausgeschlagenen, superschönen Sarkopharg; Blümchen hier, Blümchen da – Leo-Tasche, Hut und Schal – und schlafe glücklich ein, weil ich weiß, dass ich mir den größten Kater meines Lebens erspare.

Ich bin mir sicher, dass diese Idee Schule machen wird, und bald gibt es überall so genannte Sterbe-Partys. So weit der Plan. Hoffentlich habe ich bis dahin noch viel Zeit.

Es gibt die verschiedensten Arten, mit dem Tod umzugehen.

Man könnte sich natürlich auch einfrieren lassen, wir Bayern haben die Forschung diesbezüglich sehr vorangetrieben: Als Franz Josef Strauß starb, hat man ihn tiefgekühlt zwischengelagert und hofft nun darauf, ihn wieder aus der Versenkung holen zu können, wenn die Deutschen endlich bereit sind, ihn zum Kanzler zu wählen.

Ich finde es ja sehr wichtig, auch den Tod mit Humor zu nehmen. Es gibt in Amsterdam ein Sterbehospiz, da brainstormen die Angestellten mit ihren Kunden, was wohl der lustigste Grabsteinspruch wäre, den man hinterlassen könnte. Ich finde den Bumpersticker, den man normal hinten am Auto dran hat, ganz gut: »Wenn Sie das lesen können, sind Sie schon zu nah dran.«

Ganz wichtig ist auch, dass man pointierte letzte Worte hinterlässt. Mein Großvater ist leider ohne ein solches Vermächtnis von uns gegangen, denn meine Oma war bis zuletzt bei ihm, und er wollte sie nicht unterbrechen.

Ein Freund von mir schreibt gerade ein Buch über die lustigsten Pupsgeschichten, und wir kamen beide zu dem Schluss, dass der letzte

Furz, den ein Mensch lässt, auch das ultimative Loslassen von jeglichem weltlichen Ballast versinnbildlicht. Das Ego verliert mit dem Körper seine letzte Angriffsfläche, an die es sich noch festgeklammert hat. Alles löst sich im wahrsten Sinne des Wortes in Luft auf, und endlich sind wir wieder frei. Eigentlich sollte man diesen letzten Abwind kommentieren, mit einem zufriedenen: Der druckt mi nimmer!

Ich selbst habe überhaupt keine Probleme, mir ein Leben nach dem Tod vorzustellen, denn ich habe als Elfjährige erlebt, wie es ist, seinen Körper zu verlassen. Ich bin beim Spielen volle Kanne auf meinen Brustkorb gefallen und habe mich plötzlich aus etwa drei Metern Höhe da unten liegen gesehen. Ich erinnere mich ganz klar an alles: Ich hatte ein orangefarbenes T-Shirt an. Meine Schwester kam angelaufen und schrie: »Macht ihr die Hose auf, sie bekommt keine Luft!« Meine Mutter war völlig in Panik und weinte. Ich schaute dem ganzen Treiben völlig entspannt von oben zu und habe mir überlegt, ob ich auf dieses wunderbar warme Licht zufliegen sollte, das da vor mir erschien. Aber dann war ich plötzlich wieder in meinem Körper drin. Kurz nach diesem Vorfall bekam ich zufälligerweise ein Buch in die Hände. Den Namen des Autors weiß ich leider nicht mehr, aber er beschrieb genau so einen Vorfall und berichtete davon, dass er Astralreisen unternahm und regelmäßig seinen Körper verlassen konnte. Mir erschien das völlig normal und selbstverständlich, ich dachte, alle Menschen wissen, dass man das kann, bis meine Mutter irgendwann völlig erstaunt reagierte, als ich ihr zufällig davon erzählte. Sie wies das alles als völligen Blödsinn weit von sich, aber ich weiß seither aus eigener Erfahrung, dass da ein Licht am Ende des Tunnels ist. Wie ich meine Mutter kenne, wird sie sich, wenn sie stirbt, da sofort hinkämpfen und versuchen, es auszuknipsen, um Strom zu sparen.
Ja ich weiß, es könnten auch körpereigene Halluzinogene sein, die ausgeschüttet werden, um uns die Qual des Todes zu erleichtern. Da wir es nicht beweisen können, soll doch einfach jeder das glauben, womit er am besten zurechtkommt. Ich finde es viel spannender, mir auszumalen, was sich da wohl alles in diesem Licht verbirgt, als zu denken,

dass alles nur in einer dunklen Grube endet. Selbst Mutter Natur ist so barmherzig und schüttet Glückshormone aus, um uns den Übergang zu erleichtern. Da hält sie es ähnlich wie der Zahnarzt, der dir 'ne Schmerzspritze gibt, bevor er dir 'nen Zahn zieht.

Aus all den unterschiedlichen Glaubensrichtungen, die uns heute zur Verfügung stehen, sollte sich jeder das Weltbild zusammenzimmern, mit dem er sich am wenigsten Ängste einhandelt.

Ich hatte mal einen Freund, der wusste zwei Jahre lang, dass er an seinem Lungenkrebs sterben muss. Ein Arzt hatte ihm irgendwann geraten, trotzdem alles Gute an dieser Situation aufzuschreiben, und er kam überraschenderweise auf fünf dicht beschriebene DIN-A-4-Seiten. Zum Beispiel wollte er immer Klavier spielen und hat sich endlich wieder ein Keyboard gekauft und 'ne Band gegründet, mit der er kurz vor seinem Tod sogar noch ein paar Konzerte gegeben hat. Nachdem er mir das erzählt hatte, bin ich sofort in ein Musikfachgeschäft gegangen, habe mir endlich meine erste Gitarre gekauft und spiele seitdem mit wachsender Begeisterung. – Warum erst warten, bis man sterben muss?

Als das World Trade Center in Flammen stand, gab es hunderte von Menschen, die kurz vor ihrem sicheren Tod noch mit ihren Angehörigen sprachen, und es ging in diesen Gesprächen nur um Liebe. Wenn man in einem Sterbehospiz mit den Leuten redet, sagt keiner: »Ach, hätte ich doch noch viel mehr Geld verdient und eine noch größere Karriere gemacht.« Sie sagen alle: »Ach, hätte ich mir doch mehr Zeit für meine Lieben genommen.«

Warum erkennen wir erst im Angesicht des Todes die wahren Werte, die wirklich wichtig sind? Dabei gibt es viele Beispiele, die uns wachrütteln könnten, wenn wir nur aufmerksam genug beobachten.

Ich finde, Michael Jackson hat sich den Namen »King of Pop« wirklich verdient, denn er hat uns eine moderne Parabel auf die »Verirrtheit« unserer Zeit vorgelebt wie kein anderer. Das hätten die alten Griechen in ihren Mythen nicht schöner schreiben können. Er war der bekannteste und trotzdem einsamste Mensch der Welt. Er verkaufte die meisten Platten und hatte am Schluss 500 Millionen Schulden. Er war ein superhübscher Junge und ließ sich zum Monster umoperieren, dem die Nase abgefallen ist. Er war Gesundheitsfanatiker und ist trotzdem mit 50 gestorben. Jacko ist der endgültige Beweis: Du kannst alles erreichen und noch viel mehr. Aber du wirst das Glück nie im Außen finden. – Er ist für uns gestorben, damit wir umkehren können. Ein weiser Mann hat mal gesagt: »Stirb vor deinem Tod, und hab deine Wiederauferstehung jetzt!«

Warum muss für so viele Frauen erst der Mann sterben, bevor die mal anfangen, regelmäßig zum Kegeln zu gehen? Wahrscheinlich wären die Typen heilfroh, wenn die Alte mal ein paar Tage in der Woche ihren eigenen Kram machen würde.
Ich glaube, Sterben wird leichter, wenn man all das getan hat, was wirklich erfüllend war. Wenn man alles ausgekostet hat, dann wird es auf Erden doch auch irgendwann langweilig. Also: Ich bin jetzt schon neugierig auf die nächste Dimension, die da auf mich wartet.
Ich finde es auch völlig in Ordnung, dass ich meinen Tod selbst in die Hand nehmen kann. Selbstmord als Flucht vor einer Krise kann nicht die Lösung sein, denn auf diese Weise bringt sich die Seele um den Lern- und Transformationsprozess. Sein erfülltes Leben hingegen freiwillig und gern zu beenden, weil man alles getan und erledigt hat, wofür man kam, ist ab einem bestimmten Alter eine Option, die ich mir nicht nehmen lassen möchte. Mit diesen Gedanken im Kopf verlasse ich Indien und gehe auf ...

Meine Heimreise

Ich besitze zwar 'ne schicke Uhr, habe aber keine Zeit mehr im Gepäck. Die Pflicht ruft mich zurück. Am Taxistand reißen sich alle drum, mich fahren zu dürfen; so nett, diese Inder. Wir lachen und scherzen, und ich verabschiede mich mit Freudentränen in den Augen. Diesmal erlebe ich die Fahrt völlig anders als bei meiner Ankunft. Ich bin umgepolt.
Der Verkehr fließt wie ein Wasserfall. Richtig toll, wie diese Inder eine vier Meter breite Straße als sechsspurige Autobahn benutzen. Schumi

ist gegen meinen Rikschafahrer ein echter Waisenknabe. Wie der mit 120 Sachen millimetergenau zwischen dem entgegenkommenden Lastwagen rechts und dem Bus links durchflutscht, obwohl sich noch 'ne Kuh dazwischenfädelt, einfach geil!! Ein Nahtod-Erlebnis nach dem anderen, und ich bin ganz entspannt. Wow, jetzt weiß ich auch, wieso der 'nen Altar auf dem Armaturenbrett hat. »Hare Krishna, Hare Rama, Halleluja.« Der Inder hupt sehr viel, und ich glaube, er tut es aus purer Freude darüber, dass seine Tröte funktioniert. Am Flughafen wird mein Gepäck *dreimal* durchsucht, und ich finde es großartig, dass man sich so um meine Sicherheit kümmert. Ich steige in den kühlen Flieger und fröstele.

Schon jetzt vermisse ich die warme Luft, die großartigen Gerüche und die bezaubernden Menschen dieses Landes! Eine ganz neue Sicht auf die Welt hat sich mir eröffnet, und ich musste dazu weder einer Sekte beitreten noch einem Guru anheimfallen oder Drogen nehmen.

Irgendwie habe ich ein bisschen Angst davor, wie es wohl weitergeht. Funktioniere ich überhaupt wieder in meinem alten Leben? Wird mein Hund mich noch erkennen? Vertrage ich das westliche Essen noch? Kann ich das, was ich gelernt habe, bewahren, mitnehmen und es auch in Deutschland anwenden?

Auu! Plötzlich piept der Tinnitus wieder. Ich renne den Gang entlang. Gott sei Dank ... es ist nur die Spülung der Bordtoilette. Und gerade als ich mich frage, was mir meine Zukunft wohl bringen wird, zeigen sie im Bordkino einen unfasslichen Science-Fiction-Thriller: Riesen-Flutwellen. Die gesamte nördliche Halbkugel unter 50 Metern Eis und zehn Millionen Tote. Das mir, die ich schon bei »Bambi« hemmumgslos heulte. Ich bin doch so sensibel! Ich habe auch nie »Die Katze auf dem heißen Blechdach« gesehen, weil mir das Tier so leidtat. Manchmal habe ich die Hoffnung, dass die Menschen dieses ganze Rumgeballere in Actionfilmen nur deswegen so gern angucken, weil es ihnen Spaß macht, zuzusehen, wie all diese materielle Scheiße, von der wir uns so versklaven lassen, in die Luft fliegt. Die Seele weiß Bescheid, auch bei einem »Voll-Proll«. Jeder von uns trägt das ganze göttliche Potenzial in sich. Jaa, auch dieser Typ. Der da vorn seit zehn Minuten die gesamte Schlange am Aussteigen hindert.

In Frankfurt

Hier habe ich 'nen Zwischenstopp. Unglaublich, wie klinisch sauber, hell und kalt hier alles ist. Wie es wohl sein wird, wenn ich gleich am ersten Zeitungskiosk vorbeikomme? Ertrage ich das? Oder werde ich wieder niedergeschrien von Hiobsbotschaften?

Okay, ich probiere es aus und halte mir die Hand vors Gesicht, dann spähe ich vorsichtig zwischen den Fingern hindurch und lese die erste Überschrift: »Gibt es noch Hoffnung für die kleine Jacky?? Ein Pudel der Jakob Sisters liegt seit Monaten im Koma.« Auf dem Foto kann man unmöglich unterscheiden, wer jetzt die Sister ist und wer der Pudel. Die haben doch alle den gleichen Friseur.

Puh, aber mir geht es gut, mein Puls bleibt ruhig! Okay, eine geht noch. Ich muss einfach lernen, nur eins nach dem anderen zu machen, und innerlichen Abstand bewahren.

»Drama in Beverly Hills. George Michaels Hamster hat eine Vaseline-Allergie. Er versucht es jetzt mit Nacktmäusen, die zittern auch mehr, weil ihnen so kalt ist.« Die armen Mäuse! Was haben die bloß für ein Scheiß-Karma, was ist das denn für 'ne beknackte Reinkarnation, jetzt hab ich's: Das sind die ehemaligen Flugkapitäne.

Aber keinerlei Symptome; ich breche nicht heulend über meinen Reisetaschen zusammen. Jetzt kann mich nix mehr aus der Ruhe bringen. Aber, oh mein Gott, was ist das denn? Das ist ja das pure Grauen!! Auf dem Titelbild von »Esoterik Heute«, ein Foto von Herman the German, dem neuen Turboguru: »In nur dreieinhalb Tagen zur Erleuchtung, sonst Geld zurück.«

Haha. Meine Oma hat schon immer gesagt: »Glaub nicht alles, was in der Zeitung steht.«

Diese Welt ist einfach bescheuert, aber das Wichtigste ist: Es bringt mich nicht mehr aus meiner inneren Ruhe. Meine natürlichen Schutzmechanismen funktionieren wieder. Ich habe die entspannte Gelassenheit aus Indien mitgebracht.

Hier eine kurze Anmerkung

Ich möchte der »schreibenden Zunft der Journalisten« übrigens mit diesen Worten nicht ans Bein pissen, sondern ich glaube vielmehr, dass wir, die Konsumenten, durch unser Verhalten diesen Markt kreieren. Eine Zeitung verkauft sich tatsächlich besser, wenn auf dem Titelblatt steht: »Frau bestialisch mit 36 Messerstichen ermordet.« Aber was ist es, das uns nach so einer Zeitung greifen lässt? – Welchem Impuls folgen wir, wenn wir die Bremse reinhauen, um das Blutbad bei einem Unfall auf der anderen Straßenseite besser sehen zu können?

Wir haben einfach immer noch nicht gelernt, dass wir uns selbst schützen müssen. Unsere Welt hat sich verändert, und wenn wir nicht lernen, das Informationsausmaß über das tägliche, globale Grauen zu kontrollieren, werden wir mit schwerer Abstumpfung dafür bezahlen! Die menschliche Psyche ist nicht dafür gebaut, sich ständig dem Leid der gesamten Menschheit auszusetzen. Bloß weil das heute technisch möglich ist, heißt das noch lange nicht, dass wir es auch seelisch verkraften können.

Aus der Primatenforschung wissen wir inzwischen, dass Mitgefühl ein ganz stark ausgeprägter, fest im Nervensystem verdrahteter Teil unseres Wesens ist. Das Leid einer anderen Kreatur lässt uns nicht kalt. Also muss unser Gehirn, wenn es einer solchen Extremsituation zu oft ausgeliefert ist, einen Selbstschutzmechanismus entwickeln, indem es Informationen nur noch selektiv zulässt. Dass dabei leider gerade die emotionalen Bereiche abgetrennt werden, die dafür verantwortlich sind, intensive positive Emotionen zu empfinden, bedeutet natürlich einen enormen Verlust an Lebensqualität. Um nicht total abzustumpfen, müssen wir also lernen, für unsere überaus sensible, komplexe Psyche einen neuen gesunden Selbstschutz zu etablieren, sonst wird uns die Informationsflut ertränken.

Man kann üben, sich selbst und seine wahren Beweggründe unter die innere Lupe zu nehmen, und sich fragen: Lass ich mich unter Druck setzen, weil ich mithalten will, um »up to date« zu sein? Will ich mein Ego insgeheim erhöhen, wenn ich anderen dabei zusehe, wie sie scheitern? Will ich mich, unter dem Deckmäntelchen des »Man muss sich doch informieren« am Leid anderer ergötzen? Ertrage ich meine innere Einsamkeit nicht mehr und will nur irgendwie abgelenkt werden? Oder bin ich bereits so kalt, dass ich gar nichts mehr fühle, egal wie schockierend manche Nachricht auch sein mag?

Kleiner Tipp

Fest steht, dass zu viele negative Dinge uns ganz eindeutig runterziehen und ängstlich machen. Jeder, der bemerkt, dass ihn das deprimiert, sollte auch dem Gruppenzwang widerstehen und sich eine Zeit lang von der Infoflut fernhalten und nur sehr selektiv das für sich rausfiltern, was er wirklich wissen muss. Das meiste ist nämlich ohnehin nur Ablenkung von etwas Wichtigerem.

Bitte verstehen Sie mich nicht falsch, ich sage nicht: Hört auf, euch kritisch mit eurer Umwelt auseinanderzusetzen, im Gegenteil! Ich glaube nur, dass wir es auf ein nötiges Maß reduzieren sollten. Ich kann völlig verstehen, dass Menschen Nachrichten hören und täglich ihre Zeitung lesen wollen. Besonders unter Männern ist dies die allerwichtigste Kommunikationsgrundlage. Die Jungs reden nicht über ihre Gefühle oder Sorgen und betreiben keinen Klatsch und Tratsch wie wir Frauen. Bei Männern funktioniert das anders. Da werden Daten und Fakten ausgetauscht, oder sie diskutieren über Politik, da geht es um Macht. Oder sie haben Spaß am Sport, da geht es ums Siegen und um die Zugehörigkeit zur richtigen Mannschaft. Deswegen kann es sich auch kein Mann erlauben, morgens uninformiert im Büro aufzutauchen.

Derjenige, der auf dem neuesten Stand ist, wird die höchste Punktzahl im täglichen Kampf um die Stellung in der Gruppe erringen.

Hierzu nochmal ein kurzer Exkurs zu unseren direkten Vorfahren, von denen uns gerade mal 250 000 Generationen Zeitunterschied trennen. Die einzige Währung, die die Evolution kennt, sind gesunde Nachkommen. Bei Männchen hing es ganz stark von ihrem Rang innerhalb des Rudels ab, ob sie überhaupt je an ein Weibchen rankamen.

Sie sind daher zum Kämpfen gebaut und darauf programmiert, ihre Schwachstellen zu verbergen. Die Klärung der Hierarchie genießt oberste Priorität. Für männliche Wesen ist Macht das ultimative Aphrodisiakum, aber man misst bei Managern in Top-Positionen einen ähnlich hohen Pegel an Stresshormonen wie beim obersten Pascha einer Paviangemeinschaft, der ständig um seine Position kämpfen muss. Worauf ich hinauswill, ist: wir alle leiden heutzutage unter einem extrem hohen Adrenalinlevel und sollten deswegen ein waches Auge auf unsere seelische und körperliche Konstitution haben.

Ich habe mal gehört, dass es eine Südseeinsel gibt, auf der nach den »bad news« immer die »good news« gesendet werden. Also zuerst all das Grauen der Welt, und dann: Mrs. Brown hat ein gesundes Baby bekommen, und der Anbau an unser Krankenhaus wurde gestern erfolgreich beendet. – Da würde ich gern leben.

Das Negative auszublenden und auf das Positive zu fokussieren heißt übrigens nicht, dass man den Kopf in den Sand stecken soll, sondern dass man verantwortungsvoll mit seinen Energien haushalten kann. Was mich an der ganzen Reizüberflutungsthematik alarmiert, ist nicht nur die Tatsache, dass unser tägliches Leben mit Angst erfüllt und unser Geist vergiftet wird. Man suggeriert uns auch ständig das Bild einer schlimmen Zukunft und einer Welt, die immer schlechter wird. Untermauert von Statistiken und alarmierenden Berichten hören wir am laufenden Band neue Horrorszenarien, die dann von allen Science-Fiction-Filmen und -romanen aufgenommen und extrem überzeichnet werden.

Immer wieder diese Bilder einer kaputten Erde, auf der alles nur noch düster und trostlos ist. Die Menschen tragen seltsame Anzüge, reden wie Roboter, und alles versinkt in Umweltschmutz und Krieg. Ich kann es nicht mehr sehen! Aber Leute zahlen Eintritt und schauen sich so etwas freiwillig an? Warum? – Hier würde mein Freund, der Quantenphysiker, sagen: »Wahrscheinlich, weil sie auf einer Frequenz von Angst und Hass schwingen und sich in ihrem Emotionsniveau bestätigt fühlen.« Und Eckhart Tolle würde hinzufügen:

»Weil ihr Schmerzkörper sich wohlfühlt, wenn er sich mit negativer Energie vollsaugen kann.«

....

Aber alles wird immer besser

Einstein hat mal gesagt: »Die große Frage ist, ob das Universum freundlich ist.« Meine Antwort dazu ist ein ganz klares Ja!!! Den Beweis dafür bieten die Natur und dieses wunderschöne, komplexe und perfekte Ökosystem unseres Planeten.

Und wenn ich darüber nachdenke, was wohl alles in ferner Zukunft geschehen wird, dann komme ich für mich immer wieder zu demselben Schluss: Eigentlich hat sich die gesamte Evolution ständig zum Besseren entwickelt.

Überlegen Sie doch mal: Nach dem Urknall entstand Leben aus dem Chaos heraus. Das ist schon mal 'ne reife Leistung. Innerhalb von Jahrmillionen haben sich zum Beispiel – vereinfacht gesagt – aus kaltblütigen Reptilien fürsorgliche, mitfühlende Säugetiere entwickelt. Und dann dieser unglaubliche Schritt zum Menschen, und wir werden in letzter Zeit auch immer bewusster und sozialer. Allein in den letzten 100 Jahren hat sich auf der Erde ganz vieles zum Guten gewendet.

Früher lebten 90 Prozent der Bevölkerung unter der Armutsgrenze, völlig ungebildet und chancenlos, geknechtet von Feudalherren; machtlos gegen Krankheiten, Ungeziefer und Kriege. Das Durchschnittsalter lag bei maximal 45 Jahren. Heute lebt in Deutschland selbst ein Hartz-IV-Empfänger in einer geheizten Wohnung, hat eine Krankenversicherung, seine Kinder haben Zugang zu Bildung, und sie müssen nicht verhungern. Ich will damit nicht sagen, dass alles perfekt ist, ich will nur veranschaulichen, dass es besser geworden ist, als es zum Beispiel im Jahre 1840 war. Heute herrscht Demokratie in vielen Teilen der Welt. Viele von uns können ihre kühnsten Träume verwirklichen, und man muss sich nicht mehr bei lebendigem Leibe an der Schädeldecke operieren lassen.

Außerdem existieren Orte, an denen »Zukunft« wirklich gut funktioniert, nehmen wir als Beispiel mal Tokio. Wohl die modernste Stadt der Welt, hat kaum Kriminalität, keine Verkehrsstaus und ist extrem sauber und gepflegt. Die Menschen verdienen das höchste Pro-Kopf-Einkommen, essen die gesündesten Sachen und haben weltweit die höchste Lebenserwartung. Und es gibt sogar Automaten am Straßenrand, in denen »Mann« die gebrauchten Schlüpfer von jungen Mädchen kaufen kann, meine Herren!! Wenn die sich jetzt noch bisschen mehr entspannen würden, anstatt sich zu Tode zu arbeiten, wäre das doch ein funktionierendes Vorbild.

Aber was machen die selbsternannten Berufsskeptiker mit all diesen Segnungen, die wir erfahren dürfen? Sie nehmen das alles gar nicht mehr wahr und nörgeln ständig! Das heißt, sie lenken die Aufmerksamkeit auf das Negative, führen diesem Energie zu und lassen es dadurch heranwachsen und unsere Zukunft bestimmen. Und genau dann tritt das Phänomen der »Selffulfilling prophecies« in Kraft, welches wissenschaftlich belegbar ist. Und deswegen ist es so wichtig, dass auch eine positive Kraft den Ausgleich schafft. Und darum vertrete ich hier so vehement die Optimisten, auch mit dem Risiko, dass manche Menschen mich für äußerst naiv halten.

Natürlich werden einem Euphoriker wie mir alle möglichen Gegenargumente auf den Tisch geknallt, und die Negativisten sagen: »Im Gegenteil. Es wird gar nicht alles besser, sondern hier und da und dort ist dies und das inzwischen nachweisbar sogar noch viel schlechter geworden als früher.« Ich rede hier aber von einer viel größeren, grundlegenderen Entwicklung, die sich anhand von Spitzenwerten zeigt. Heute sind zum ersten Mal in der gesamten Geschichte dieser Erde Lebensumstände möglich geworden, die nicht einmal dem kühnsten Utopisten vor 100 Jahren eingefallen wären.

Ich rede davon, dass es bis vor ein paar Jahrzehnten nirgends auf dieser Welt einen Ort gab, an dem Frauen gleichberechtigt waren, an dem Homosexuelle heiraten durften, an dem Kinder liberal und liebevoll erzogen wurden, an dem selbst ein Arbeiterkind Aufstiegsmöglichkeiten hatte, an dem jeder die Chance auf eine gerechte Gerichtsverhandlung hatte. Heute gibt es zumindest ein paar Länder, die all das schon geschafft haben.

Wir können inzwischen in weiten Teilen der Erde frei unsere Meinung äußern; wir haben die Sklaverei abgeschafft; wir setzen uns inzwischen sogar für Tierschutz ein; wir haben erkannt, dass wir uns um unsere Umwelt kümmern müssen; das humane, liberale Bewusstsein erlebt seit den 70er-Jahren des letzten Jahrhunderts mancherorts eine echte Blütezeit, obwohl auch noch 1945 (und in den Jahren davor) überall auf diesem Planeten die größten Gräueltaten geschahen.

Der Mensch an sich ist gut, daran glaube ich ganz fest. Wenn er Böses tut, dann aus Unwissenheit sowie enormer Unsicherheit und Angst. Aber diese Unbewusstheit kann geheilt werden. Tief im Inneren wollen wir doch alle nur glücklich sein. Wir haben die Atombombe konstruiert und dann auch auf den roten Knopf gedrückt ... Aber wir haben auch den Teekocher erfunden und so geniale Dinge wie eine Heizdecke. Und wesentlich öfter als auf den Auslöser eines Sprengstoffgürtels drücken wir einen Schalter, damit ein anderer nicht mehr frieren muss.

Ich weiß, es gibt viele Orte, an denen ist die Welt bereits untergegangen, und zivilisatorische Errungenschaften wie die oben aufgezählten sind für den Großteil der Menschheit noch immer in unerreichbarer Ferne. Aber das sind die Nachwehen Jahrtausende anhaltender Unterdrückung und Ausbeutung. In weiteren 100 Jahren wird sich nochmal Einiges zum Guten wenden. Darauf verwette ich jedenfalls meinen Arsch!!

Aber jetzt schnell noch einmal zurück zum Flughafenkiosk, in dem ich stehe. Dieses ganze Informationsthema macht mich wieder ganz kirre. Höchste Zeit, mich jetzt schleunigst darum zu kümmern, dass ich wieder ins Hier und Jetzt komme. Und wie mache ich das am besten? Klar! Indem ich mit meinen Poi spiele und mich dadurch in den Flow bringe. Ich krame also meine Jonglierspielzeuge aus der Tasche und stelle mich in eine Ecke, in der wenig los ist, und tatsächlich, nach wenigen Minuten wirkt es bereits.

Ich bin konzentriert, mein Kopf ist abgelenkt, und es bringt Freude. Das sollte man eigentlich immer machen, außer natürlich, wenn man gerade in einem Porzellanladen steht – da könnte es doch ziemlich teuer werden.

Und da höre ich es plötzlich wieder, dieses kleine feine »Tock-Tock-Tock«. Ich schaue mich verwundert um. Da sehe ich die kleine Prinzessin Lilienfee in ihrer Schneekugel, die da drüben im Schaufenster sitzt und mir schon die ganze Zeit zugeguckt hat. Ich geh rüber zu ihr, klopfe ebenfalls »Tock-Tock-Tock« an die Glasscheibe und sage: »Danke!! Das war ein Super-Tipp mit Indien, ich konnte mich da tatsächlich findien!!!«

Aber sie muss natürlich gleich wieder nachhaken, diese kleine unüberhörbare Stimme meines inneren Kindes.

Fee: Es fehlt aber noch eine sehr wichtige Sache, für die du jetzt bereit sein solltest.

Sis: Ja, ich weiß, ich hatte immer Angst davor, diese Frage zu stellen, aber du hast Recht, jetzt nehme ich die Dinge in die Hand. Und zack, hole ich mein Handy aus der Tasche und führe dieses längst schon seit Jahrzehnten überfällige …

Telefonat mit Papa

Duut-duut! »Hallo, ich bin's, ich bin wieder da … Ja, es war wunderschön. Ich finde, dass wir mal zusammen nach Indien fahren sollten. Das würde dir bestimmt gefallen, da fahren noch ganz viele wunderschöne, gut erhaltene Oldtimer rum. Du Papa, ich muss dich mal was fragen … Warum hast du uns damals verlassen?

Waas?« … Mir fallen vor Überraschung die Poi aus der Hand.

»Mama hat *dich* rausgeworfen?? … Es war also nicht wegen meines Bärchenanzugs? … Ich war der süßeste Leopardenbär der Welt? Weißt du eigentlich, dass du mich damals ins Krankenhaus gebracht hast und danach nie mehr gekommen bist? … Nein, das kannst du nicht ungeschehen machen und das musst du auch nicht! … Ja … hätte-hätte Kerkerkette – bringt doch nix. Nein, pass auf, es hat sich doch alles zum Guten gewendet. Weißt du, was ich inzwischen kapiert habe? Es war alles wichtig, so wie's war, und richtig, so wie's war! ... Ja, ich dich auch. Dicker Kuss!!!«

Und mit einem fröhlichen Lied auf den Lippen fliege ich frohgemut nach Hause.

Wer suchet, der findet. Wer denkt, der verbindet.
Wer bewusst wird, der weiß, dass er alles erfindet.
Wer den Moment erkennt, gewinnt den größten Schatz:
Es ist ein feiner Wink, ein Lächeln oder ein lieber Satz,
und plötzlich gehen alle Türen auf, die Stimmung steigt, alle ham
'nen super Lauf und sind gut drauf.
Denn es gibt sie, bis in die letzte Konsequenz,
die deine dich glücklich machende Frequenz.
Die, auf die du stehst, und in die richtige Richtung gehst.
Benutze den Verstand, und nimm den Joystick in die Hand:
Du kannst dir selbst jederzeit richtig was bieten,
denn du wählst die genialen, exquisiten Requisiten.
Hab Spaß und spiel, pack den Moment am Zügel,
gib Gas, mit Stil – und verleih dir Flügel.

Wieder daheim

Als ich vor meiner Haustür aus dem Taxi steige, höre ich den Felix schon von Weitem bellen. Mein Herz schlägt mir vor Vorfreude und schlechtem Gewissen bis zum Hals. Oh Gott, hat er mich überhaupt noch lieb? Aber da reißt meine Nachbarin schon die Tür auf und freut sich wie Bolle, dass ich wieder da bin.

Wir befinden uns innerhalb von einer Minute in einer hochphilosophisch, tiefenpsychologisch ganzheitlich spirituellen Unterhaltung und sie sagt: »Des mit dem Yin und Yang – und dem Ching und dem Gong – und dem Thai und dem Chi – und dem Feng und dem Shui, des mach'ma mir jetz auch alles, do kenni nix. Mir hama jetz an superschönen Buddha in der Bauernstubn, ganz günstig vom Lidl; über da Tür hängt a Windspiel, des vertreibt die bösen Geister. Auf der Anrichte steht die Duftlampe ›Harmonie‹, und neben dem Bett gluckert jetzt die ganze Nacht ein Zimmerspringbrunnen. Guad, mein Mann muas dauernd zum Bieseln geh, aber i sag immer: Hauptsach' die Energien fließen.«

Wir gehen in den Hof, und da ist mein süßester Hund, und der flippt völlig aus. Meine Güte, der freut sich sooo! Und dieses Glück ist total ansteckend. Wir laufen in unsere Wohnung und hüpfen vor Freude rum und schmusen und toben. Alles ist so hell und bunt und sauber, es gibt sogar Trinkwasser aus der Leitung, jedes Detail ist so schön und vertraut, und da empfinde ich erst richtig, dass ich das alles vorher gar nicht mehr wahrgenommen hatte. Ich sitze einen Moment lang ganz ruhig da und genieße die Gänsehaut, die mir über die Arme läuft und lausche dieser unglaubliche Stille in meiner kleinen Seitenstraße.

Eine Ruhe, die es in Indien nirgends gab. Hier trällern nur die Amseln von fern, und da auf einmal höre ich, dass ich nichts mehr höre.

Der Tinnitus ist weg!!!

Ich höre kein Pfeifen, kein Sirren und Klirren, nicht einmal mehr ein fernes Rauschen, nur noch Stille. Und da kommt mein bezaubernder Hund um die Ecke gebogen und legt mir seinen Leopardenstoffbären als Willkommensgeschenk in den Schoß, und ich muss heulen vor Glück.

Mein Gott. Ich hatte die ganze Zeit einen komplett erleuchteten Guru an meiner Seite und habe es nicht bemerkt. Mein Hund ist der beste Lehrmeister, wenn es darum geht, das Glück studieren zu wollen. Er lebt total im Hier und Jetzt, ist immer voller Dankbarkeit, selbst für das kleinste Stückchen Nudel. Er beherrscht wie kein anderer die höchste Daseinsform der heiteren Gelassenheit, nämlich Spiele zu spielen, und er ist immer gut drauf. Kein Wunder, er kann sich ja auch die eigenen Eiern lecken! Und da greife ich zu meiner Gitarre und singe:

Noch ein Stück vom Glück

Wer sich Glückssucher nennt, ist ein Nimmersatt,
weil er nicht erkennt, was er schon immer alles hat.
In jedem Moment steckt vom großen Glück
immer nur ein winzig kleines Stück.
Glück ist wie ein fröhlicher Hund, der irre gern frisst
und verspielt und verschmust und gesund und glücklich ist.

Schon verrückt! Da, wo ich ursprünglich dachte, dass ich unbedingt hin will, nämlich immer weiter hinauf auf dieser komischen Karriereleiter, dort wurde es für mich immer einsamer und unstimmiger, und es wurde mir zum Verhängnis. Und da, wo ich am Anfang überhaupt nicht hinwollte und wogegen ich mich mit Händen und Füßen gewehrt habe, nämlich diese schreckliche dunkle Kellerstiege hinab zu meiner Kindheit, dieser Weg hat sich als Freitreppe in mein Glück entpuppt. Mit dieser inneren Gelassenheit glaube ich auch, dass ich meinen Beruf erfolgreich weiterführen kann, ohne dass ich mich dabei verzettele oder verliere.

Also geh ich gleich am nächsten Tag zu meiner Therapeutin, um mich von ganzem Herzen bei ihr zu bedanken, und schenke ihr das Schneeflockenglas mit der kleinen Prinzessin Lillienfee. Und Frau Sorgenfrey, in ihrer knarzigen Art, will das Geschenk natürlich zuerst gar nicht annehmen: »Geh bitte, was will ich denn mit so einem Kitsch, ha ha. Na gut, ich freu mich über diese Geste. Bin ja mal neugierig, ob die kleine Dame mir auch was zu sagen hat. Aber liebe Frau Sissinger, haben Sie doch bitte auch in Zukunft ein waches Auge darauf, dass Sie sich nicht wieder in irgendeinen Unsinn hineinvergaloppieren! Denn eines muss ich Ihnen zum Abschied sagen: Ihnen geht es jetzt vielleicht besser, aber Sie sind nicht geheilt von Ihrer grundsätzlichen Veranlagung. Das soll Ihnen immer klar sein, nicht wahr.«

Wie recht sie mit diesen Worten hat. Ja, ich gebe zu, als ich meine neue Show »Gönn dir ne Auszeit« auf die Beine gestellt habe, und besonders auch wegen dieses Buches, da war mein Kalender schon wieder so dermaßen zugekritzelt, dass ich von fern Frank Zappas Zwölftonmusik in meinem Innenohr gehört habe.
Aber ich habe daraufhin sofort einiges gestrichen und mir die wichtigen Termine für mich, meinen Geliebten, für meine Freunde, meine Mama, meine beiden Papas und meinen Hund noch schön dazu reingeschrieben. Bevor der Beruf schon wieder alles vereinnahmt, wie ein kleiner Pascha. Außerdem gönne ich mir nach wie vor auch während der Arbeit immer wieder meine kleinen Auszeiten; ich mache regelmäßig Autogenes Training und meditiere mich quer durch meinen Körper.
Und was soll ich sagen, es geht mir richtig gut, und zwar schon viele Jahre sehr stabil. Es ist das Zusammenspiel vieler verschiedener Faktoren gewesen, die mich geheilt und glücklich gemacht haben, und so komme ich an dieser Stelle zu einer Art von Resümee, und da kann ich als Allererstes ganz klar sagen:
DIE DREI JAHRE THERAPIE WAREN DAS BESTE, SPANNENDSTE UND WIRKUNGSVOLLSTE, WAS ICH JE IN MEINEM LEBEN FÜR MEIN BLEIBENDES GLÜCK GETAN HABE.

Wir gehen doch auch ins Kino und gucken uns das Leben anderer Leute an, in der Therapie erfährt man ganz viel über sich selbst, das man so noch gar nicht wusste, und das ist noch viel interessanter.

Ein befreundeter Therapeut hat mir erzählt, dass viele Menschen, die zu ihm kommen, über sich selbst in der dritten Person reden, als wären sie ein anderer. Sie schämen sich für ihre Probleme, aber gerade die Menschen, die den Stier bei den Hörnern packen und den Kampf mit den inneren Dämonen aufnehmen, sind spannend und interessant. Gerade der Weg aus der Krise lässt uns neue Pfade beschreiten. Ich glaube, viele von uns müssen sich erst mal selbst sagen: Ich bin es wert, dass man sich um mich kümmert, und eine Therapie leiste ich mir jetzt. Okay, wenn die Kasse nicht zahlt, kostet es Geld, aber ich glaube, das ist die solideste Anlage, die Sie machen können. Sie investieren immerhin in Ihre Gesundheit und Ihr Lebensglück.

Ich habe schon so oft über den Werbespruch grinsen müssen, den man manchmal in Schaufenstern sieht: »Was Friseure können, das können nur Friseure.« Ich habe mir mein ganzes Leben lang lieber meine Haare selbst geschnitten, aber ich könnte den Spruch total absegnen, wenn er heißen würde: »Was Therapeuten können, das können nur Therapeuten.«

Kleiner Tipp

Das Schlimmste, was du tun kannst, ist von deinem armen Lebenspartner insgeheim zu erhoffen, dass er dich therapieren wird. Dieser Mensch ist am wenigsten dazu geeignet, denn du hast ihn ja genau deswegen auserwählt, weil er bei dir etwas auslösen kann. Der Partner ist meist der perfekte Spiegel für deine tiefsten Sehnsüchte, Ängste und Prägungen und bringt dich mehr als jeder andere aus der Fassung, in Erregung oder auf die Palme.

Wenn ich nun anfangen will, meine Psyche zu erkunden, brauche ich jemanden, der wirklich 100-prozentig neutral und unaufgeregt ist, und der gelernt hat, wie man mit solchen Dingen umgeht. Wenn mein Auto Probleme macht, gehe ich schließlich auch nicht zu meiner Freundin, sondern zum Autoschrauber. Die Psyche ist noch viel komplizierter als ein Wagen. Kein Freund kann wirklich neutral sein; wir projizieren alle unsere persönlichen Themen in unser Gegenüber und manipulieren unterschwellig und unbewusst. Deswegen sollte man tunlichst vermeiden, Menschen mit Problemen Tipps zu geben. Ich tu das in diesem Buch sehr gern, aber im wirklichen Leben, wenn es um ein konkretes, persönliches Thema geht, ist es besser, den anderen einfach reden und sich ausweinen zu lassen. Übrigens: Depression ist oft wie gefrorene Trauer, die man rausweinen kann. Ich habe während der drei Jahre Therapie ganz viel geheult, und seitdem habe ich keinerlei seelische Verstimmung mehr, nicht mal, bevor meine Regel kommt. Es ist, als hätte ich allen Kummer für immer aus meinen Zellkernen rausgewaschen. Und wenn ich trotzdem mal traurig bin, dann weine ich kurz, mit einem Kissen im Arm, als wäre es mein inneres Kind, und bereits nach wenigen Minuten ist alles wieder gut.

Es herrscht leider immer noch dieses Vorurteil: Ich bin doch nicht krank, ich brauch doch keinen Seelenklempner.

Okay, ich hatte ein echtes Problem, nämlich den Tinnitus und die ein Jahr andauernden Schlafstörungen, die mich in die Therapie geführt haben, aber das Resultat geht weit über die reine Problemlösung hinaus. Glück ist nicht nur die Abwesenheit von Unglück, sondern es geht darum, Bewusstheit zu erlangen: über sich und seinen Wesenskern. Erst dann erlangen wir die Fähigkeit, wirklich selbstbestimmt unser Leben zu dirigieren. Ganz viele Sätze und Erkenntnisse aus der Zeit meiner Therapie begleiten mich noch heute stetig und geben mir das Handwerkszeug, das ich brauche, um mit mir, meiner Partnerschaft und meinem beruflichen Leben besser umgehen zu können. Alles läuft inzwischen super, ich ziehe auch das Positive wieder an. Und meine neue Agentin ist absolute spitze und bucht mir die schönsten Auftritte genau dahin, wo ich es haben will.

Drum hier mein ultimativer Tipp

Ich kann nur jedem Menschen wärmstens empfehlen, mal eine Zeit lang seine frühkindlichen Prägungen genauer anzuschauen. Und so kannst du eine Therapie wirklich sinnvoll nutzen: Fahr früh hin, schreib dir alles auf, was du fragen möchtest. Und nimm dir vor allem nachher sofort die Zeit, alles genauestens zu notieren, was gesagt wurde. Diese Notizen sind Gold wert, und Du solltest sie so oft lesen, bis du alles wirklich verstanden hast.

Auch heute noch gehe ich, wenn ich Fragen habe oder wichtige Entscheidungen treffen muss, gern mal bei Frau Sorgenfrey vorbei. Ich glaube, dass sie mich zu einem neuen Menschen gemacht hat, denn es ist noch etwas ganz außergewöhnlich Großartiges geschehen. Ein wunderbarer Mann ist in mein Leben getreten, der mir den Rücken stärkt und für mich da ist. Sie hat mir auch geholfen, das Schönste in meinem Leben auf die Reihe zu bekommen, nämlich ...

Meine Partnerschaft

Ich habe ja nach meiner Trennung über sieben Jahre lang als Single gelebt, und die letzten vier Jahre davon war ich wirklich auch sehr glücklich, es hat mir an nichts gefehlt. Im Gegenteil. Ich habe in dieser Zeit viel über mich erfahren, mich wahnsinnig weiterentwickelt und meine Unabhängigkeit genossen; ich hatte einen riesigen Freundeskreis und echt viel Spaß. Es war wohl die wichtigste Phase meines Lebens, denn ich habe nach der Krise auch gelernt, mit mir allein glücklich sein zu können, und das ist paradoxerweise eine Grundvoraussetzung für eine reife Beziehung. Ich habe mir auch ganz viel Zeit gelassen und mir meinen zukünftigen Partner sehr gründlich und lange angeschaut, bevor ich mich auf ihn eingelassen habe. Heute bin ich auf eine neue, andere Art sehr glücklich fest liiert und eingebunden in die Gemeinsamkeit einer sehr intensiven Liebe.

HARMONISCHE ZWEISAMKEIT IST EINE QUELLE DES GLÜCKS. Warum ist mir das früher nie geglückt? Ich war wie die Frau mit dem Sperma auf der Brille, ich habe es kommen sehen (!) ... das Ende jeder meiner Beziehungen, nur wusste ich leider nie, wie ich es hätte verhindern können. Früher bin ich unbewusst an jede Partnerschaft mit der Grundeinstellung herangegangen: »Du wirst bestimmt wieder verletzt werden, also lass dich erst gar nicht zu sehr ein. Du wirst sowieso wieder verlassen, also schau, dass du deinen Beruf nicht vernachlässigst, sonst stehst du hinterher blöd da.« Ein wunderbares Beispiel für eine »Selffulfilling prophecy«, und für dieses Spiel habe ich mir genau die richtigen Partner rausgepickt, die mich dann auch verständlicherweise nach drei Jahren sitzenließen. Der große, blonde Unerreichbare, der mich nicht wirklich liebt und nach drei Jahren gehen wird, war genau der Typ, auf den ich immer geflogen bin, weil er genau meiner ersten großen Liebe, also meinem Vaterbild, entsprach.

Wichtig dabei ist zu wissen: Die Seele weiß Bescheid, und wir alle suchen uns genau die Menschen aus, mit denen wir die Dramen unserer frühen Kindheit wieder und wieder inszenieren können. Wir kennen es ja nicht anders. So haben wir als kleines Kind überlebt, deshalb muss es wieder genauso sein. Aber in diesem seelischen Automatismus liegt auch die Chance auf Heilung. Wir können das Hamsterrad der sich immer wiederholenden »Beziehungswaterloos« in dem Moment verlassen, in dem wir unseren Lernprozess absolvieren und uns dieser Mechanismen bewusst werden.

Wie John Cage so schön gesagt hat: »What ever cage you are in, leave it!« Ich habe also mein »Beuteschema« grundlegend verändert, weil ich jetzt weiß, was ich will. Natürlich spüre ich noch die Attraktivität der entsprechenden Kandidaten, wenn sie mir über den Weg laufen, aber ich habe mir völlig abgewöhnt, auch nur hinzuschauen. Ich klammere solche Typen komplett aus meinem Leben aus, und heute bin ich seit über vier Jahren in einer sehr glücklichen Partnerschaft und muss sagen, es wird von Jahr zu Jahr besser. Ich weiß, man soll es nicht beschreien, vier Jahre sind echt nicht viel, aber ich verspreche hiermit, dass ich diese Beziehung so hegen und pflegen werde, wie ich es nur kann. Ich weiß, ich habe mich verändert und bin dazu heute fähig und bereit.

Auch meine Ex-Partner, die sich übrigens alle noch in meinem nächsten Freundeskreis befinden, sagen, dass ich mich wirklich sehr zu meinem Vorteil entwickelt habe. Also, was mache ich heute anders oder sogar besser als früher?

Meine persönlichen Beziehungstipps

- Ganz wichtig: Ich habe mir diesmal einen Mann gesucht, der mir von Anfang an glaubwürdig versichert hat, dass er für immer bei mir bleiben wird und extrem treu und zuverlässig ist. Gut, das sagen viele, aber er ist Däne, und Dänen lügen nicht. Wir haben uns ewige Treue geschworen, weil uns das wichtig ist und arbeiten täglich an unserer harmonischen Partnerschaft.
- Wir beginnen jeden neuen Tag ganz frisch mit liebevollem Kuscheln, auch wenn es am Abend vielleicht Stress gab.
- Jedes Mal, wenn er etwas für mich tut, was ziemlich oft vorkommt, bedanke ich mich wirklich von Herzen und versuche, es niemals als Selbstverständlichkeit zu sehen.
- Ich lobe ihn, wo ich nur kann, und sage ihm sehr oft ganz ernsthaft meine Meinung, nämlich, dass ich finde, dass er der tollste Mann der Welt ist.
- Wichtig sind auch die gemeinsamen Freiräume, die wir uns verschaffen, sonst lebt man sich auseinander. Ich nehme mir ganz viel Zeit für uns und halte alle meine Versprechen und Abmachungen gewissenhaft ein.
- Ich lasse mich ihm gegenüber nie gehen, sondern versuche, immer gepflegt auszusehen.

- Ich zeige in der Öffentlichkeit ganz deutlich, zu wem ich gehöre.
- Ich weiß, welche Themen Streit erzeugen und lasse sie weg.
- Die Klappe halten zu können, besonders in Bezug auf vergangene Beziehungen, ist eine der schwersten Disziplinen.

Wenn wir uns gestritten haben und ich sauer bin, lasse ich es auch nicht an ihm aus, sondern ziehe mich zurück und frage erst mal für mich nach, was los war, bis ich mit mir wieder im Reinen bin. Den wahren Klärungsbedarf hat man meist mit sich, in sich drin. Warum verletzt mich das? Wieso bin ich so wütend oder traurig? Wie möchte ich behandelt werden? Und die Schlussfolgerung davon ist immer wieder: »Ich will Liebe und Harmonie, also werde ich liebevoll und harmonisch sein.«
Wenn ich wirklich sauer bin, zähle ich in einer langen Liste all seine Qualitäten auf, so kann ich ihm seine Schwächen am schnellsten verzeihen. Wenn ich nach 30-minütigem In-mich-Gehen-und-alles-Abschütteln mit einer positiven inneren Grundhaltung zu ihm zurückgehe, ist das Thema der Streitigkeit meist schon obsolet geworden. Es dann auch wirklich einfach mal gut sein zu lassen ist ein ganz wichtiger Trick.

Früher wollte ich jeden Konflikt bis zur bitteren Neige ausdiskutieren. In dem Punkt können wir Mädels uns wirklich 'nen Batzen von den Männern abgucken. Männer sind viel geübter im Vergessen und Vergeben; wir Frauen wollen immer endlos reden!! Wenn es tatsächlich nach ein paar Tagen immer noch Klärungsbedarf gibt, muss man den Zeitpunkt der Aussprache gemeinsam bestimmen, und jeder hört erst einmal dem anderen so lange zu, bis der alles losgeworden ist, was er auf dem Herzen hatte. Dem anderen nicht ins Wort zu fallen, sondern versuchen, dessen Standpunkt zu verstehen und sich auch mal entschuldigen zu können, das ist die hohe Kunst.

Gute Paartherapeuten können schon nach 15 Minuten ziemlich genau sagen, wie lange eine Beziehung noch halten wird. Sie erkennen das einfach nur an der Art, wie zwei Menschen mit ihren Konflikten umgehen.

VERGEBUNG IST EINE WICHTIGE TÜR ZUM GLÜCK.

Meine Therapeutin hat oft gesagt: »Du kannst deinen Freund nicht therapieren. Es genügt aber völlig, wenn du für dich das Richtige machst. Wenn nur du dich dem Teufelskreis einer Streitigkeit entziehst, ist das gegenseitige Hochschaukeln nicht mehr möglich.« Fast jeder Streit ist unterschwellig eigentlich ein Machtkampf, und jeder andauernde Kampf in einer Beziehung kann nur die Niederlage für beide bedeuten, nämlich den Verlust der Liebe.

Ich habe mich wirklich zum ersten Mal in meinem Leben bewusst auf eine Beziehung eingelassen, und das zahlt sich aus.

Ich glaube, dass es auch heute noch sehr wenige Frauen gibt, die von ihrem Mann wirklich darin bestärkt werden, ihre eigene Arbeit voranzutreiben. Das ist wohl auch der Grund, warum es so wenige große weibliche Namen gibt, in der gesamten Geschichte der Menschheit.

Ich möchte nicht wissen, wie viele fantastische Künstlerinnen zwischen Kinderaufzucht, Küchendienst und Kirchgang verloren gingen.

Ich habe das unglaubliche Glück, einen Mann gefunden zu haben, der tatsächlich bereit ist, mich voll und ganz zu unterstützen, und mir zu 100 Prozent mit Rat und Tat zur Seite steht. Dafür bin ich so unglaublich dankbar, dass ich vom tiefsten Grund meiner Seele »Danke!!!«

rufen möchte. Ich würde Sie auch gern an dieser Stelle zu einer kurzen Gedenkminute aufrufen, also jetzt einfach den Hut abnehmen, kurz aufstehen und innerlich danken dafür, dass es so einen Mann gibt. Das ist das größte Geschenk, das man mir machen konnte.

Glück

Glück heißt nicht, nach Glück zu streben,
sondern selbst ganz viel Liebe zu geben.
Das Glück, wenn man es hat, muss man es feiern;
Glück packt man am besten bei den Eiern,
und zwar ganz sanft.

An dieser Stelle sollte ich wohl noch sagen, dass die grundlegende Weichenstellung für das bleibende Glück meines Lebens auch die Entscheidung war, dass ich jedes Jahr mehrere Monate dorthin fahren darf, wo ich mich echt zuhause fühle.

EIN SCHLÜSSEL ZUM GLÜCK IST DER RICHTIGE PLATZ.

Und dort gönne ich mir dann meine Auszeit, wobei das so nach *aus*-schalten klingt, aber bei mir gehen in dieser Zeit alle Lichter an, und ich bin hellwach. Außerdem ist es auch kein Urlaub, sondern eigentlich die Zeit im Jahr, in der ich am fleißigsten bin, weil ich mich künstlerisch weiterentwickeln kann. Ich habe mir zwei Orte gesucht, an denen ich genau die Dinge finde, die ich zum Glücklichsein und für mein Wachstum brauche.

Früher hatte man keine Wahl, da ist man aus seinem Dorf nicht rausgekommen. Eine Reise ins Unbekannte war voller Gefahren; in den dunklen Wäldern wohnten allerlei unbesiegbare Monster, und dann war die Welt eh zu Ende, und man stürzte in den Abgrund. Zum ersten Mal in der Geschichte der Menschheit ist uns das Privileg gegeben, alle möglichen unterschiedlichen Lebensformen, Religionen und Sitten zu studieren und auch für uns selbst als Lebensalternative in Betracht zu ziehen, und das neu Erlernte mit nach Hause zu bringen. Wir können uns sogar neue Heimaten wählen. Diese Freiheit ist für mich das größte Geschenk.

Und ich betrachte jede Saison, die ich in Goa verbringe, wie eine weiterführende Lektion, ein neues Kapitel in meinem Tagebuch. Ich packe tatsächlich jeden Morgen meinen Schulranzen und gehe in den Unterricht des Lebens, um weiterzuüben oder wieder etwas Neues zu erfahren.

Ich bin dort zu einer konzentrierten Autorin geworden, weil ich jeden Morgen regelmäßig ein paar Stunden schreibe. Ich bin inzwischen eine vielseitige Sängerin, weil ich nach meinen sechs Jahren klassischer Gesangsausbildung endlich die Möglichkeit hatte, bei 1000 verschiedenen Sessions in sämtlichen Stilistiken mitzuwirken. Weil alle Verstärker immer so laut waren, ist sogar eine Heavy-Metal-Stimme in mir erwacht. (Mein Projekt, das ich daraufhin mit Kader Kessek aufgenommen habe, kann man auf meiner homepage: www. Sissi-Perlinger. de ausschnittweise hören.)

Ich habe viele Jahre lang afrikanische D'Jembe und türkische Darbuka (Trommeln) sowie Gitarre spielen gelernt, als Schlagzeugerin regelmäßig mit meiner Sessionband geprobt und am Strand Poi spielen trainiert. Ich habe meine Französisch- und Spanischkenntnisse in regelmäßigem Unterricht vertieft, habe Yoga gemacht und Meditieren gelernt. Ich habe indischen Tempeltanz studiert, orientalische Bauchtanz-Stunden genommen und unzählige Bücher durchgearbeitet, um mich in vielen Bereichen weiterzubilden.

Das Schönste von allem aber ist, meine eigenen Songs mit Kopfhörer zu hören und dazu zu tanzen, mein Ballettstangen-Training im heißen Sand zu machen, mich zu dehnen, mit meinen Requisiten zu spielen und meine Lieder zu choreografieren.

Jetzt wissen Sie auch, wie ich große Teile meiner Programme zusammenstelle. Nicht mehr mit Druck, zwischen Tür und Angel, sondern in sonnigen Gefilden und entspannter Atmosphäre, ohne Stress, in der künstlerischen Einsiedelei, weil ich nirgends so viel innere Ruhe und Konzentration für meine Arbeit habe. Aber obwohl ich so viel weg bin, vergeht kein einziger Tag, an dem ich nicht mehrere Stunden daran arbeite, meinem Publikum wieder eine lustige, erfrischende Show oder ein inspirierendes Buch präsentieren zu können. Ich befinde mich also sozusagen im Trainingslager und beschäftige mich aus einem gesunden Abstand heraus mit unserer Gesellschaft. Mein hochverehrter Kollege Karl Valentin hat zu diesem Thema mal den sehr wahren Satz gesagt: »Kunst ist schön, macht aber viel Arbeit.« Ich kann das nur unterschreiben und noch hinzufügen:

FLEISSIG ZU SEIN IST FÜR MICH EINE GROSSE GLÜCKSQUELLE.

Aber man muss seine Auszeit gar nicht unbedingt irgendwo im Ausland »ab-arbeiten«. Ich finde, eine kleine Auszeit ist etwas, das man sich auch öfter am Tag, mitten im größten Stress, gönnen sollte. Auf der im Buch eingelegten »Sticker-Seite« gibt es Aufkleber, die bringen Sie einfach dort an, wo Sie mögen. Und jedes Mal, wenn Ihr Blick darauf fällt, können Sie kurz innehalten, tief einatmen, die Schultern hochziehen und beim Ausatmen wieder fallenlassen, sich genüsslich strecken, einmal kräftig durchschütteln, lächeln und danke sagen, für all das Gute, das Ihnen widerfährt.

IN JEDEM MOMENT STECKT EIN KLEINES STÜCK VOM GLÜCK.

Diese Momente der Bewusstheit und Dankbarkeit zuzulassen ist die schönste Art, sich selbst zu entspannen und auch das kleine Glück des Augenblicks wahrzunehmen. Außerdem spüren Sie gleich, wie es Ihnen wirklich geht.

Wir merken oft gar nicht, ob wir erschöpft sind, wenn wir uns ständig in Bewegung halten. Verantwortung für die eigene Gesundheit zu übernehmen heißt auch, sich hin und wieder diese Momente zu gönnen, in denen man zu sich selbst sagt: »Spitze deine Ohren, hör in dich hinein. Wofür bist du geboren, und was ist schnöder Schein?« Also: Muss das wirklich sein, was ich hier gerade mache, oder habe ich vielleicht doch eine viel wichtigere Verabredung, nämlich mit meinem Hund spazierenzugehen?

Ich habe den Traum von meinem verhungerten weißen Pferd im Keller nie vergessen. Damals hatte ich ihm fest versprochen, es nie mehr zu vernachlässigen, und bis zum heutigen Tage darf es ganz oft über

Wiesen und Strände laufen. Aszendent Zirkuspferdchen zu sein bringt eben eine gewisse Verantwortung mit sich.

Aber ich habe natürlich auch meinen Ideen gegenüber eine Verpflichtung. Wenn mir eine Inspiration zufliegt, habe ich immer das Gefühl, sie wurde mir geschenkt, damit ich mich darum kümmere, auf dass sie sich manifestieren kann. Und weil ich das so gern tue, kommen mir immer mehr Einfälle. Also muss ich schauen, dass ich diese Balance zwischen meiner Auszeit und der Applauszeit finde.

Wenn ich jetzt ständig ganz viel Geld raushauen würde, könnte ich mir solche Freiräume natürlich nicht leisten. Aber Gott sei Dank konnte ich es noch nie nachvollziehen, dass Menschen sich dauernd so viele Dinge kaufen wollen. Ich würde mir nie superteure Klamotten, ein Boot oder eine Villa zulegen. Selbst wenn ich ganz wahnsinnig viel Geld hätte.

Ein sehr reicher Freund von mir hat mal den weisen Satz gesagt: »Alles was du hast, hat dich.«

Man muss nicht unbedingt mehrfacher Millionär sein, um hinter diese grundlegende Weisheit zu kommen. Ein simples Leben kann ich viel tiefer genießen, weil ich die Zeit habe, meine Freiheit in vollen Zügen auszukosten. Ich bin heilfroh, dass ich mich nicht mit der Instandhaltung irgendwelcher Statussymbole rumschlagen muss. Ich habe mich ganz bewusst zur »Zeit-Millionärin« gemacht. Ich benutze mein Geld dafür, mir freie, jungfräulich weiße Flächen in meinem Terminkalender zu erkaufen. Ich besitze auch keine teure Armbanduhr mehr, weil ich in meinen Rückzugsphasen keine exaktere Zeitangabe als die Sonne und den Mond brauche. Das ist der wahre Luxus für mich, und ich arbeite hart, aber freudvoll daran, mir diese Auszeiten weiterhin gönnen zu können.

Meine Eltern waren zwar stolz auf mich, als ich öfter irgendwo in den Medien war, aber wenn ich ihnen sage, dass ich jetzt viel glücklicher bin, tröstet sie das. Ich ziehe den Hut vor Leuten, die es schaffen, ihr Leben lang im Rampenlicht zu stehen. Gleichzeitig tun sie mir auch immer ein bisschen leid, weil sie für den Ruhm einen sehr hohen Preis zahlen, nämlich auf ein ganz normales, wunderbares Leben zu verzichten. Man muss aus einem ganz besonderen Holz geschnitzt sein, um das durchzustehen. Ich bin dafür zu sensibel, und ich habe die Mechanismen der Eitelkeiten zu sehr durchschaut, um nochmal darauf reinzufallen. Das funktioniert bei mir nicht mehr.

Ich glaube, ich habe meinem Ego damals eine dermaßen heftige Überdosis verpasst, dass es einfach wie ein aufgeblasener Popanz geplatzt ist. Für mich ging es auch nie ums Geld und auch nie darum, mir toll vorzukommen, wenn ich da auf der Bühne rumwirbele. Ich glaube, mir ging und geht es darum, nie in meinem stetigen Wachstumsprozess stehenzubleiben.

MICH WEITERZUENTWICKELN IST MEIN GLÜCK.

Glück ist sehr vergänglich. Man kann mitten im Paradies wohnen, aber wenn man keinen wirklichen Lebensinhalt hat und an keinerlei kontinuierlicher Entwicklung beteiligt ist, wird selbst der tollste Luxus irgendwann schal. Ich erlebe das an einigen Menschen, die auf Ibiza oder in Goa Dauerurlaub machen, weil sie sich das leisten können, dabei aber irgendwann überhaupt nicht mehr froh sind. Nicht zu arbeiten macht nicht frei, im Gegenteil. Wenn wir spüren, wo wir hinwollen, und vor allem warum, nehmen wir jede Strapaze mit Handkuss in Kauf, weil wir wissen, wofür wir uns gerade abmühen. Wir marschieren gern, weil das Erreichen eines selbstgesteckten Ziels unsere Belohnung ist.

Haben wir kein Ziel, fehlt uns jegliche Orientierung, alles wird auf die Dauer langweilig, wenn es keinen tieferen Sinn hat. Wir sind auf einmal nicht mehr auf einer spannenden Treckingtour durch unser Leben, sondern wir haben uns komplett verlaufen, irren mal hierhin, mal dahin. Jeder Schritt wird zu einer Anstrengung, und das Gemüt wird düster und schwer. Kontinuierliches Streben und Dazulernen gibt dem Leben eine Richtung und ermöglicht uns, alle Fähigkeiten der Reihe nach zu erlernen, um unsere Lebensaufgabe irgendwann bravourös zu meistern.

Je ferner ein Ziel ist, desto mehr erscheint uns auch der lange Weg dorthin beleuchtet. Lassen Sie sich nie zu lange treiben, bleiben Sie dran, machen Sie an jedem Tag Ihres Lebens wenigsten einen kleinen Schritt in die erstrebte Richtung.

DAS RICHTIGE ZIEL GEFUNDEN ZU HABEN, DAS IST GLÜCK.

Ich verfolge ein sehr fernes Ziel, weit hinter dem Horizont, wo ich meinen Pfeil irgendwann mal hingeschossen habe. Ich habe mir vorgenommen, dass ich mit 63 auf dem Höhepunkt meiner Karriere sein werde. Also habe ich noch viel Zeit, mich gemütlich, aber kontinuierlich weiterzuentwickeln. Ich werde natürlich auch stets mein Augenmerk darauf richten, meine Fehler von damals nicht zu wiederholen. So, wie ich mich jetzt sehe, werde ich nicht einem äußeren Erfolg hinterherlaufen oder um Anerkennung kämpfen, sondern ich glaube, dass es bei diesem »Höhepunkt« viel mehr darum geht, dass ich zu meinem höchsten Potenzial herangereift bin. Und es gibt bis dahin natürlich viele Zwischenetappen, die mich lebendig halten, wie zum Beispiel die Premiere der neuen Show.

Jeden Tag sehe ich vor meinem inneren Auge, wie ich vor die Leute treten werde, und all das, was ich mir vier Jahre lang ausgedacht und einstudiert habe, endlich vortragen kann.

Und jedes Mal fühle ich eine warme sonnige Freude in mir aufsteigen. So kitschig das vielleicht klingen mag, aber ich mache das alles nicht aus Angabe, sondern aus Hingabe!

Auch darüber habe ich in Indien viel gelernt. Dort tanzte man früher hinter verschlossenen Tempeltüren nur für die Augen der Götter, und alles, was noch heute auf einer Bühne passiert, wird eigentlich zur Erbauung und als Geschenk an das Pantheon der Schöpfungskräfte dargeboten.

Ein indischer Sänger zum Beispiel, wenn er gläubig ist, und das sind die meisten, hat nicht das Gefühl, dass er der tolle Typ ist, der da was Bewundernswertes zustande bringt. Er lebt vielmehr in der Vorstellung, dass er seinen Körper nur zu Verfügung stellt, damit göttliche Energie durch ihn hindurchfließen möge. Es ist also nicht sein Ego, das da auf der Bühne steht, sondern er fühlt sich als Kanal, durch den die göttliche Liebe (Bhakti) zu den Zuhörern gelangen kann.

Als ich das hörte, war ich sehr berührt, denn in dieser Einstellung schwingt keine der üblichen Unterstellungen mit, die westlichen Bühnenmenschen oft entgegenschlagen. Bei uns heißt es häufig: »Das ist doch alles nur Geltungsbedürfnis, nur Angeber und Poser wollen auf einer Bühne stehen; das ist doch reine Kompensation von Minderwertigkeitskomplexen.«

Ich selbst habe oft beobachtet, dass viele Männer diesen Job nur machen, damit sie Groupies vögeln können.

Aber ich habe schon als Kind, damals im Supermarkt, gewusst, dass es andere Kräfte sind, die in mir ticken.

Also was ist es, das mich treibt?
Ich glaube, ich bin schon immer wie ein Zugvogel einer magnetischen Energie gefolgt. Wenn es losgeht, weiß ich oft selbst nicht, wohin der Flug mich führen wird, aber ich spüre ganz deutlich, dass ich aufbrechen muss: in immer wieder neue Gefilde. Jede neue Idee, die ich habe, ist wie ein Ei, das ich aus Versehen lege, und nachher habe ich die Verantwortung für dieses bezaubernde kleine Küken, das da mühsam herausgekrochen kommt. Dann arbeite ich wie manisch an dieser neuen Vision, kämpfe für ihre Verwirklichung, wie eine Mutter für ihr Kind. Und wenn der erwachsene Vogel dann abhebt und vor der feiernden Menge seine Runden dreht, einen langen Schleier hinter sich herzieht und dabei ein Lied trällert, dann freue ich mich natürlich zutiefst und weiß: Dafür bin ich geboren worden. Das verwirklichen zu können, ist wie ein ...

....

Geschenk der Götter
Ich spüre oft, dass die Götter mich sehr lieb haben müssen, denn sie sind wirklich gut zu mir. Wahrscheinlich, weil sie auch Künstler sind, wie ich. Wir verstehen uns einfach!

Wenn ich durch die unberührte Natur gehe, bin ich mit tiefer Ehrerbietung erfüllt (wie es mir in einem Museum nur selten passiert). Was die alles erschaffen haben, zum Beispiel das geniale Design auf dem Flügel eines Schmetterlings oder die Schuppung einer abgeworfenen

Schlangenhaut; die duftende Farbenpracht der Blüten; vom Pfau und seiner unübertrefflichen Schönheit sprach ich bereits. All das zeigt mir: Da waren große Meister am Werk. Die Natur und ihre Entwicklungsgeschichte sind für mich das faszinierendste Wunder überhaupt, und man sieht es überall.

NATUR ZU ERLEBEN IST FÜR MICH EIN SCHLÜSSEL ZUM GLÜCK. Dazu muss man gar nicht immer in den tiefen Wald gehen. Mitten auf einer Verkehrsinsel in Hamburg, direkt vor meinem Hotel, wuchs zum Beispiel ein ganzer »Hexenring« aus Fliegenpilzen – das ist doch absolut magisch. Mein leiblicher Vater hat den gar nicht bemerkt: Der freut sich über andere Sachen, der legt sein Augenmerk auf all die schönen Autos, die vorbeifahren. Ist doch auch okay!

Letztes Frühjahr, beim Warten auf einen Zug, habe ich auf einem Kleinstadtbahnhof das Nest einer Blaumeise unter dem Dach des Wartehäuschens entdeckt. Ich wurde Zeuge, wie ein sehr zerzauster kleiner Vogel seine ersten Flugversuche machte und sich dabei unfasslich doof angestellt hat. Ich musste dermaßen lachen, dass ich plötzlich merkte, wie ein unbändiges Glücksgefühl heiß in mir aufstieg. Genauso geht es mir oft, wenn ich jungen Hunden beim Rumtoben und Spielen zusehe oder wenn ich einen guten Witz höre. Es gibt für mich, glaube ich, nichts Schöneres als zu lachen. Die Momente, in denen ich loskichern kann oder aus voller Kehle rauspruste und mich vor lauter Gelächter stampfend schütteln muss, das sind die schönsten Augenblicke im Leben. Das sind die Momente, für die es sich zu leben lohnt, weil ich mich fühle, als müsste ich fast zerspringen vor Lebensfreude und tiefem Glück.
Mit anderen Worten, die Essenz meiner Existenz ist ...

....
Humor
Lachen ist für mich das Wichtigste überhaupt, denn es gibt mir Lebenslust und Kraft. Selbst wenn man das Zwerchfell nur einfach schwingen lässt und dazu das entsprechende Gesicht macht, als

würde man sich totlachen, schüttet der Körper schon massenhaft Endorphine aus. Das Immunsystem wird gestärkt, Adrenalin abgebaut, und man fühlt sich glücklich. Außerdem wird der Kreislauf angeregt, man bekommt rote Bäckchen und sieht dadurch jünger und schöner aus. In Indien treffen sich immer mehr Leute zur so genannten »Lachmeditation«. Man geht am Morgen in den Park, lacht eine dreiviertel Stunde laut und herzlich gemeinsam ab und geht dann gut gelaunt zur Arbeit. Ich liebe die Inder!

Kleiner Tipp

Erteile dir selbst die Erlaubnis, es so oft wie möglich zu tun – das Lachen. Ich lache gern und so oft ich kann, auch unter meinem Niveau. In meiner großen Krise habe ich mir ganz viele lustige Filme angeschaut. Ich habe auch schon von Menschen gehört, die ihre Krebsheilung auf diese Weise unterstützt haben.

Ich habe es mir zur Gewohnheit gemacht, jedes Problem, mit dem ich konfrontiert werde, sofort auf sein »komisches Potenzial« hin abzuklopfen. Diese Methode ist sehr hilfreich, um mit der Unbill des täglichen Lebens klarzukommen.

Sein Leben als lustigen Film zu betrachten, ist eine sehr heilsame Herangehensweise, denn wenn man ein witziges Drehbuch schreiben will, gibt es ein dramaturgisches Grundgesetz, das man ganz besonders beachten muss. Je mehr Probleme die Hauptdarsteller haben, umso lustiger wird es. Nichts wäre für den Zuschauer langweiliger, als wenn alles immer glattlaufen würde.

Eine gute Komödie zu schreiben ist anerkanntermaßen viel schwerer als ein ernstes Stück, denn sie muss die Leute nicht nur dauernd zum Lachen bringen, was extrem kompliziert und aufwändig ist, sie muss am Schluss auch Lösungen bieten. Sie transformiert ihre Helden, löst das Drama auf und bietet für alle eine Katharsis, also einen reinigenden Prozess, der sie zu reiferen Menschen werden lässt.

Bei den alten Griechen stand deswegen die Komödie in ihrem Wert weit über der Tragödie, in der einfach nur »alle« sterben, bevor dann

Schluss ist. Trotzdem ist in unserer Kulturlandschaft »ernste Kunst« immer noch weit höher angesehen als eine Komödie, und sei sie noch so gut und intelligent gemacht. Auch die amerikanischen Oscars werden fast nie an Komödien verliehen.

Das liegt meiner Meinung nach immer noch daran, dass die Kirche uns das Lachen ausgetrieben und verboten hat. Der Witz war lange Zeit unter den Gebildeten die hässliche Hofnärrin des Verstandes. Auch heute trauen sich viele Leute immer noch nicht, einen Witz zu erzählen, aus Angst, jemand könnte sich angegriffen fühlen oder humorlos reagieren. Ich wurde sogar schon eingeladen, einen Vortrag über das Thema zu halten: »Sollten Frauen Witze erzählen?« (Den Vortrag finden Sie ab Seite 242.)

Dabei ist Humor doch nun die intelligenteste Art, mit Verzweiflung umzugehen. Ich verbringe viel lieber einen Abend in der Kneipe, zum Beispiel mit einem arbeitslosen irischen Alkoholiker, der aber lustig und spontan ist und 1000 Witze kennt, als mit einem erfolgreichen Langweiler, der mir nur berichten will, was er sich jetzt schon wieder alles gekauft hat.

DER SCHLÜSSEL ZUM BLEIBENDEN FROHSINN IST DIE HEITERE GELASSENHEIT DES DASEINS.

Wenn ich ein Vogel sein könnte, gäbe es eine Art von Kollegen, mit denen ich am allerliebsten befreundet wäre; die sind echt lustig, die haben Spaß, wenn sie zusammen abhängen in der Luft, das sind nämlich die Lachmöwen. Die amüsieren sich den ganzen Tag und haben da oben die beste Position, alles mit Abstand betrachten zu können, und sie pflegen die ungemein wichtige Eigenschaft, alles nicht so ernst zu nehmen. Ich denke oft, die segeln nur rum, deuten mit dem Zeigefinger ihres Flügels auf alles da unten und lachen sich permanent 'nen Ast.

Lachmöwen leben an den schönsten Plätzen,
können sich auf die höchsten Masten setzen,
gleiten über türkises Meer

und stecken nie im Hauptverkehr.
Segeln zum rosa Sonnenuntergang
und tanzen im Aufwind ihr Leben lang.
Ich würde gerne mal Folgendes bekannt machen:
Die beste Medizin auf der Welt heißt Lachen!

Und wissen Sie, wer das wirklich richtig macht?
Es ist die Lachmöwe, die den ganzen Tach lacht.
So 'ne Lachmöwe singt echt ein cooles Lied,
weil die die ganzen Sachen eben nur von oben sieht.
Sie lacht nicht über mich, sondern ihr Revier ist über mir.
Wie gern ich wie sie flöge, diese Vögel sind nicht blöde.
Denn aus der Ferne gesehen schrumpft jedes Problem,
man muss es nur mit Distanz angehen.
Sing das Lachmöwen-Lied. Pass mal auf, was dann geschieht!

Zum Beispiel dieser Fleck ging ums Verrecken nicht weg,
aber sich zu ärgern, hat nu wirklich gar kein' Zweck.
Also hab ich ihm einfach einen Namen gegeben,
ich brauche keine Dramen mehr in meinem Leben.
Man kann jeden Dreck mit Distanz angehen,
man kann in jedem Fleck auch einen Rohrschachtest sehen.
Und Susi der Soßenfleck diente nur dem Zweck,
Sie gab mir den »Hint« hin zum Leopardenprint.
Jetzt bin ich olee-olee in Leoprint von Kopf bis Zeh,
dass ich vor lauter Spots nur noch Leoflecken seh.
Je nachdem, wie wir die Dinge betrachten,
ob wir sie verachten oder ob wir danach schmachten,
so, wie wir sie sehn, so werden sie auch sein.
Wir beleuchten das Geschehen mit unserem Augenschein,
es ist nie ein Ding, das uns runterzieht,
es ist immer nur die Art, wie man es sieht.
Und aus der Ferne gesehen, schrumpft jedes Problem –
man muss es nur mit Distanz angehen.

Distanz ist ein wunderbares Stichwort, um zu den allgemeinen Tipps zu kommen. Hier kommen noch ein paar ganz persönliche konkret-konstruktive Vorschläge, wie Sie in Ihrem Leben glücklicher werden. Im Prinzip kann heute jeder, der in Ländern der freien Welt lebt, die Ursachen seines Leids in den Griff bekommen und sein Glück finden. Oft ist es nur eine geringfügige Änderung von Denkweise, Wahrnehmung und Interpretation. Es gibt viele Möglichkeiten, und ich möchte Ihnen einige Lösungsansätze zusammenfassend vorstellen.

Meine Favoriten

Mit räumlichem Abstand kann man sich auf alle Fälle erste Hilfe verschaffen. Ganz konkret heißt das, wirklich weit wegzufahren, zum Beispiel einfach einen Kurzurlaub zu buchen. Mich hat das schon aus tiefstem Liebeskummer wundergeheilt.

Innerlich Abstand zu gewinnen heißt zum Beispiel, jedes Problem in spielerischer Weise auf sein Comedy-Potenzial hin abzuklopfen, wie ich es schon fürs Lachmöwen-Lied erwähnt habe. Durch Humor eine gewisse Lockerheit zu seinem großen Drama zu erzeugen, das ist ein Talent, das Sie fördern können.

Wenn Sie in ein psychisches Loch zu rutschen drohen, ist es hilfreich, Gegenstände bewusst zu berühren, um sich wieder ins Hier und Jetzt zu bringen und wieder klarer zu sehen.

Um sich eine philosophische Distanz zu verschaffen, finde ich folgenden Denkansatz sehr anregend. Ich stelle mir gern vor, dass die Götter und die Seelen zusammen ein Videospiel spielen, und es geht darum, dass jedes Wesen alles, wirklich alles(!), einmal erlebt haben soll. Dafür schlüpfen wir Seelen in die unterschiedlichsten Personen und erleben auf diese Weise alle möglichen Standpunkte und Situationen. Wir suchen uns unsere Archetypen sowie unsere jeweiligen Kostüme und Aufgaben. Dann springen wir auf die virtuelle Bühne des Lebens und verkörpern diese Existenzen mit allem, was dazu gehört: auch den düsteren Seiten.
Wenn man aufmerksam ist, erkennt man natürlich, dass die Götter zugucken und uns helfen, wenn wir sie brauchen. Wenn jemand

eigenmächtig das Spiel früher beenden will, also Selbstmord begeht, kommt er zurück auf Los, darf keine Pluspunkte sammeln und muss die ganze Reinkarnation noch einmal durchlaufen. Schummeln gilt nämlich nicht, man hätte sich ja sonst um den ganzen schönen Lernprozess gebracht. Die Seelen, die alle Stadien erfolgreich absolviert haben, dürfen dann heim, in eine höhere Dimension im Äther, wo es noch nicht mal mehr Zahnschmerzen gibt oder Hämorrhoiden.

Mein Tipp

Mach doch den folgenden Test. Ich wette, in dem Moment, in dem du Ausschau nach Anzeichen dafür hältst, dass du geführt wirst, kannst du dies ständig, überall beobachten. Du wirst in allem ein Zeichen sehen, wenn du willst. Aber Achtung: Setz nur die wirklich klugen Hinweise in die Tat um. Wer nur schlechte Eingebungen hat, sollte sich in psychiatrische Behandlung begeben.

Was solch ein gedankliches Konstrukt emotional auslösen kann, ist viel wichtiger, als zu versuchen, der Geschichte rational auf den Zahn zu fühlen. Wir Wessis wollen immer alles genau belegt haben oder als Unsinn entlarven; aber es geht um was ganz anderes.

Der wunderbare Walter Moers hat mal gesagt: »Männer vermuten zwischen den Beinen einer Frau das Zentrum des Universums, wollen das aber alles gar nicht sooo genau wissen.« Das ist eine sehr kluge Einstellung, denn auch in diesem Fall wäre eine rein rationale, also gynäkologische Herangehensweise für die Erotik total entmystifizierend. Genauso sollten Sie sich auch nicht Ihre Spiritualitäts-Spekulationen entzaubern lassen. Die Einstellung »Das ist doch alles Humbug!« ist wie ein Elefant im Porzellanladen der imaginären Nippesfiguren unserer Fantasie, und das ist nicht der Sinn der Sache.

Es geht darum, inspirierende Visionen zu erschaffen, Nahrung und Spiele für das innere Kind. Märchen und Mythen sind »Soulfood«, das Unbewusste träumt und kommuniziert in Bildern.

Ein Inder hat einmal gesagt: »Ich habe meine Kinder erschaffen, aber wenn ich sie anschaue, verstehe ich sie nicht. Was für eine Arroganz des Menschen zu glauben, dass er das gesamte Werk der Götter verstehen könnte.« So weit mein eher spielerischer Ansatz zur Lösung tagtäglicher, kleinerer Komplikationen.

Wenn es erhebliche Probleme sind, die Sie bedrücken, rate ich Ihnen dringend, alles mit einem professionellen Therapeuten durchzusprechen. Machen Sie auch mal eine Familienaufstellung. Das ist hochinteressant und sehr aufschlussreich, etwas über die feinstoffliche Zusammensetzung der eigenenen Wurzeln zu erfahren.

Auch wenn Sie zehn falschen Fährten gefolgt sind, kommt vielleicht beim elften Versuch die erhoffte Hilfe. Wer zu Hause sitzen bleibt, kommt gar nicht weiter. Ich habe alles Mögliche ausprobiert und überall ein bisschen was gelernt und für meinen Prozess verwerten können.

Wenn Sie einen Lösungsansatz gefunden haben, konzentrieren Sie sich voll und ganz darauf, und entziehen Sie den Schwierigkeiten jegliche Energie: nicht mehr darüber reden, nicht mehr daran denken, nichts mehr damit zu tun haben wollen, das kann sehr viele negative Aspekte Ihres Lebens für immer verschwinden lassen, weil ihr Geist nicht mehr als Resonanzfeld zur Verfügung stehen.

Mein Tipp

Probier's doch mal aus: Wenn dich zum Beispiel eine Person stört, dann hast du zwei entgegengesetzte Möglichkeiten: Du kannst aufspringen, hingehen, rumschreien und dafür eventuell sogar »eins in die Fresse kriegen«, dich vor Gericht begeben und eine endlose gemeinsame Schreckensgeschichte inszenieren. Oder du beschließt im Stillen, dem Ganzen einfach keinerlei Aufmerksamkeit mehr zu schenken. (Ich meine hier übrigens nicht solche Situationen, in denen Zivilcourrage und ein beherztes Zupacken angesagt wären, weil jemand angegriffen wird und Hilfe braucht.)

Interessant ist vor allem auch, darüber zu meditieren, warum du dich überhaupt in diese Situation geraten bist und warum du dich so angenervt fühlst. Das hat was mit dir zu tun, der andere ist lediglich der Auslöser.

Ich habe es schon zigmal erlebt, dass ich ein Thema für mich durchschaut habe, und in dem Moment wurde es auch schon hinfällig und ist ganz von allein verschwunden.

Wenn Sie es mit wirklich hartnäckigen Problemen zu tun haben, hier noch ein Tipp. Es ist ein Unterschied, ob Sie *gegen* das Schlechte kämpfen oder *für* das Gute arbeiten. Wenn Sie sich für Letzteres entscheiden, haben Sie sich grundlegend umgepolt. Sie werden bemerken, dass mit einer hoffnungsfrohen Grundeinstellung die Dinge leichter von der Hand gehen und von größerem Erfolg gekrönt sind.

Wenn wir den kleinen Plus- oder Minusschalter im Kopf finden, dann haben wir jeden Moment unseres Lebens die Wahl, uns für das Gute zu entscheiden.

DER KLEINE KIPPSCHALTER IST DER SCHLÜSSEL ZUM GLÜCK.

Die verschiedenen Wege zum Glück

Jeder kann nur seines eigenen Glückes Schmied sein, wie also sieht Ihr persönlicher Amboss aus? Womit heizen Sie Ihr Feuer? Welche Materialien verwenden Sie, und vor allem: Wo hängt der Hammer? Jeder muss selbst seinen eigenen Pfad finden und dann auch konsequent von Moment zu Moment weitergehen und rausfinden, wo er hinführt und wo genau das persönliche Glück wohnt. Jede Adresse lautet anders; da kann man nicht schummeln und sich bei den anderen was abgucken. Man muss sein eigenes Ding machen, sonst landet man – wie ich – auf dem Holzweg, der morsch wird.

Auch hier noch einmal der Satz, der zu meinem Motto geworden ist: »Spitze deine Ohren, hör in dich hinein. Wofür bist du geboren, und was ist schnöder Schein?« Für mich steht fest: Glück ist das unspektakuläre Nebenprodukt eines stimmig und bewusst geführten Lebens, und es kommt nicht pompös daher, in Form von großen Geschenken oder besonderen Events.

SICH ÜBER DIE GANZ KLEINEN DINGE ZU FREUEN IST GLÜCK.

Es versteckt sich zwischen den Zeilen, in kleinen Gesten oder alltäglichen Vorfällen. Auch das kleinste Stück des Weges sollten Sie bewusst genießen. »Carpe Diem« bedeutet frei übersetzt: Lassen Sie sich nicht all die bezaubernd schönen Kleinigkeiten Ihrer täglichen Routine entgehen. Jeder hat dabei seine eigenen Prioritäten. Für mich war schon

immer das Wichtigste, frei unabhängig und selbstbestimmtzu sein.
Ich wollte aus diesem Grund nie heiraten, nie Kinder haben, nie Schulden machen, nie beruflich irgendwo angestellt sein, nie von irgendwem finanziell oder von einer Droge körperlich abhängig sein. Ich trete auch lieber auf Livebühnen auf, weil ich dort wirklich sagen und tun kann, was ich will. Ich habe mir glücklicherweise die Möglichkeiten geschaffen, alle Spielfiguren auf dem Schachbrett meines Lebens so zu ziehen, wie ich sie brauche. Ich hasse es, im Zugzwang zu sein, und ich lasse mir äußerst ungern inhaltlich und künstlerisch was vorschreiben.
FREIHEIT IST DER SCHLÜSSEL ZU MEINEM GLÜCK.

Unabhängigkeit ist mein höchstes Gut. Aber ich meine »frei sein« überhaupt nicht im Gegensatz zu »treu sein«. Meinem Mann bin ich sehr gern und völlig frei-willig treu, weil es meinem monogamen und sensiblen Naturell entspricht. Ich meine die innere Liberalität, mit den Anregungen rumzuspielen, die diese wunderbare Welt zu bieten hat, und Sie, liebe LeserInnen hoffentlich zu beflügeln, das Gleiche zu tun.

Es gibt verschiedene Typen

Seine Bestimmung zu finden oder auch das Element, in dem Ihre Stärken zum Tragen kommen, halte ich für sehr wichtig.
Die Kirche hat ja versucht, uns einzureden, der rechte Weg sei dornig und steil. Das ist kompletter Unsinn! Wenn Sie auf dem richtigen Dampfer angekommen sind, merken Sie das sofort, weil alles plötzlich leicht geht. Widerstände lösen sich auf, die Dinge bekommen plötzlich ihre Richtigkeit, und »es flutscht«. So entsteht das Glück, mit mit dem man sich dann wieder aufladen kann: für die härteren Zeiten, in denen man vielleicht Kompromisse eingehen muss.
Manche Menschen kommen in ihren Flow, wenn Sie eine Sportart ausüben oder bei einem Spiel mit den Elementen (ab Seite 113). Wenn Sie so jemand sind, suchen Sie sich ein Hobby, das Sie glücklich macht, bei dem Sie auftanken können. Ich rate von gefährlichen Extremsportarten ab, weil man die Momente der Freude oft mit langwierigen Krankenhausaufenthalten bezahlt.

Andere Leute brauchen Musik, Rhythmus, ein Instrument, Tanz und Gesang oder Ekstase als ihr Lebenselement.

Jeder Künstler weiß, dass es für ihn nur eines gibt, nämlich, dass sich sein Traum erfüllt, nämlich die Vollendung seines Werkes.

Es gibt Leute, die ihr ganzes Leben dem Geben widmen und in völliger Selbstlosigkeit ihre Bestimmung gefunden haben. Und ich habe Menschen getroffen, die ihr Glück durch stetiges Beten, Chanten, Meditieren und die Suche nach Erleuchtung finden. Der spirituelle Weg bringt die stabilste und von äußeren Umständen unabhängigste Form eines grundlegenden inneren Friedens. Dieser Weg zeigt, dass Glück erlernbar ist.

Die Schule des Lebens hört nie auf! Alles, was wir als Kinder nicht beigebracht bekommen, können wir uns aber auch noch später draufschaffen. Von der Gehirnforschung wurde die Aussage »Was Hänschen nicht lernt, lernt Hans nimmermehr« als völlig falsch entlarvt. Auch das Glücklichsein muss man üben.

Ich bin ja der Ansicht, dass man an seiner inneren Haltung arbeiten kann, um in jedem Moment des Lebens relativ glücklich zu sein; man kann aber auch spezielle Situationen erschaffen, in denen man besonderen Augenblicken eine Chance gibt, sich zu entfalten.

Man kann das Glück einladen, so wie gute Freunde: Frau Vergnügen, la Señora Inspiración und Mister Creativity sind überaus scheue, feingeistige Seelen. Aber sie lassen sich anlocken wie seltene Vögel, die ja auch plötzlich öfter mal vorbeischauen, wenn man ihnen ein Vogelbad und ein Häuschen mit Körnerknödeln zur Verfügung stellt.

Und wenn die Musen kommen, sind auch Frau Freude, das Gelächter, die Blödelei und der Aberwitz nicht weit.

Hier noch ein paar ganz persönliche Sissi-Tipps, wie Sie das Glück in Ihrem täglichen Leben als Dauergast etablieren können. Es ging in diesem Buch ja viel um das Thema »Höre in dich hinein«. Dazu gibt es ganz viele Arten, mit den inneren Stimmen näher in Kontakt zu treten. Ich habe hier mal einige aufgelistet und mit meinen Alltagstipps kombiniert.

Machen Sie es sich in ihrer Wohnung gemütlich

Sich mit Schönheit zu umgeben und Ordnung zu halten ist eine große Quelle des Glücks. Das muss überhaupt nicht teuer sein, nur liebevoll. Ich habe schon als Kind alles dekoriert und spüre einfach, dass es mir sehr guttut, wenn mir jeder Fleck in meiner Wohnung gefällt. Manchmal stehe ich auf und schiebe etwas zurecht und stelle was um, damit der harmonische Gesamtaufbau stimmt. Meine Augen gleiten oft über meine Einrichtung, und es macht mich einfach froh, wenn ich da nur Schönes sehe.

Außerdem ist es für mich sehr wichtig, dass ich mir einen Ort »baue«, an dem ich ganz für mich sein kann. Ich habe mir schon in den windigsten Ecken mit Zelten, Vorhängen und Baldachinen Räume geschaffen, in denen ich danach in Ruhe schreiben, lesen und nachdenken konnte. Entscheidend dabei ist schönes Licht. Ich habe überall ganz viele Lampen verteilt und kann die ganze Wohnung im weichen, warmen, indirekten Licht erglühen lassen, habe aber zum Lesen auch überall eine helle Lichtquelle über der Schulter.

Trauen Sie sich, Ihre Welt so fantasievoll einzurichten, wie es Ihren kühnsten Träumen entspricht. Es ist Ihre Höhle, die sollten Sie auch ganz nach Ihrem Geschmack herrichten – dann wird sie zur Quelle von stetigem Glück.

Ein eigener Platz

Sorgen Sie für eine ruhige und vor allem ungestörte Intimsphäre. Der Flow hat ein sehr empfindsames Wesen, schon eine kleine Ablenkung kann ihn verscheuchen. Also: Tür zu, das Schild »BITTE NICHT STÖREN« an die Klinke, Handy aus, Kinder zu Freunden und mit dem Partner eine klare Absprache treffen! Nur ein geschützter Raum ermöglicht meinen Traum.

Ich erschaff mir mein Refugium,
gefüllt mit meinem Fluidum.
Da kann ich schreiben, basteln, meditieren,
mich weiterentwickeln und inspirieren.

Sich dieses Recht herauszunehmen, sei es für Ihre innere Kontemplation oder auch nur um Ihre Bauchmuskeln zu trainieren oder um täglich ein paar Zeilen zu schreiben, das ist einer der ganz wichtigen Schlüssel zum bleibenden Wohlgefühl.

Törnen Sie sich mit Ihrer Kleidung an

Fühlen Sie in sich hinein, mit welchen Kostümen Sie sich am liebsten bekleiden. Viele von uns können im Beruf nicht so rumlaufen, wie sie wollen, aber daheim sollten wir die Chance nutzen, uns genau in die Farben und Materialien zu hüllen, die unser Lebensgefühl heben. Unsere Freizeit ist unsere wertvollste, schönste Zeit, warum mit ausgewaschenen hässlichen Klamotten rumlaufen?!?

Ich mach mich daheim auf bequeme, seidenweiche Weise schön, und mein Freund tut das Gleiche für mich. Wenn Sie dieser Gedanke inspiriert, lassen Sie sich von einem Schneider aus dem Material Ihrer Träume Ihren Karnevals-Archetypen nähen. Welches fleischgewordene Faschingskostüm ist Ihr Archetyp? Vielleicht finden sie ja Ihren ganz persönlichen »Leoparden-Bärchen-Anzug«.

Lesen

Ich habe grundsätzlich mehrere Bücher in der Mache. Wenn ich konzentriert und wach bin, gerade morgens, bilde ich mich mit Sachliteratur weiter. Wenn ich Pausen am Tag habe, lese ich gern etwas, das mich mit »hochfrequenter« Weisheit inspiriert. Oft genügen schon ein paar Seiten, um mich wieder daran zu erinnern, worum es wirklich geht. Meine persönliche Erfahrung zeigt, dass ich mir die Dinge, die ich abends lese, sowieso nicht gut merken kann, also schreibe ich kurz vor dem Einschlafen lieber Tagebuch.

Dankbarkeitstagebuch

Und hier nun – von Eckhart von Hirschhausen – ein klasse Tipp, den ich übernommen habe, und den ich nur wärmstens weiterempfehlen kann. Schreiben Sie ein »Dankbarkeitstagebuch«. Lassen Sie mal alles Genörgel weg, und konzentrieren Sie sich auf die guten Dinge. Als ich das in seiner Liveshow gehört habe, bin ich am nächsten Tag direkt in eine Buchhandlung gegangen, habe mir ein richtig schönes Tagebuch mit weißen Seiten gekauft und nur noch Danke geschrieben. Es gibt kaum eine *effektivere Art, in sich hineinzuhören,* als den Tag allabendlich noch mal Revue passieren zu lassen. Und ich habe jede Begebenheit daraufhin abgeklappert, was daran gut war. Selbst den blödesten Ereignissen konnte ich so im Nachhinein noch einen positiven Nebeneffekt abringen. Diese Angewohnheit, die ich auch heute noch pflege, hat sehr geholfen, meine Wahrnehmung umzupolen.

Träume erinnern

Ein Spiel, das ich mit meinem Süßen gern morgens als Erstes mache: Wir erzählen uns gegenseitig unsere Träume. Ich habe während der Vorbereitung zum »Traumprogramm« bei einem Traumseminar mitgemacht. Die wichtigste Information, die ich daraus mitgenommen habe, war: Alle Figuren, die in deinem Traumgeschehen auftauchen, sind Aspekte deiner selbst. Man kann intuitiv sehr viel *Überraschendes über das eigene Seelenleben* erfahren, wenn man die Bilder, die der Kopf nachts gefilmt hat, morgens nochmal abspielen lässt.

Essen

Jetzt geht es nochmal um das leibliche Wohl, und hier lautet mein Tipp: Gehen Sie niemals hungrig einkaufen, und legen Sie einfach ganz prinzipiell überhaupt gar keine (!) ungesunden Sachen in den Einkaufskorb. Ich bringe grundsätzlich niemals irgendwelchen Junkfood-Kram nach Hause, und wenn kein Schund zur Verfügung steht, sondern nur lauter leckere, gesunde Sachen, wird man nicht in Versuchung geführt. Und das Essen macht einem automatisch viel mehr Freude, schon weil man hinterher auch kein schlechtes Gewissen hat. Und auch hier gilt natürlich: *Schmecken Sie in sich hinein.* Wonach steht mir der Sinn? Wo zieht es mich hin, worauf hab ich Bock? Wohin treiben mich meine Gelüste (?) – als ob ich das nicht ganz genau wüsste! Wie weiter vorn im Buch schon erwähnt: Nirgends können Sie besser üben, auf die feinen Signale des Körpers zu hören.

Körperliche Übungen

Spüren Sie in Ihren Körper, und geben Sie ihm auch die Übungen, die er braucht, um kräftig und geschmeidig zu bleiben. Ich setze mich in meine ungestörte Ecke und dehne jede Sehne, zieh an jedem Zeh. Fühle nach, ob alles weich ist, und geh an die Grenze meiner Muskelkraft, was große Stabilität erschafft. Ich habe mir meine ganz persönliche Mischung aus Ballett, Yoga und krankengymnastischen Übungen zusammengestellt, die genau zu meinen Bedürfnissen passen, und ich halte auch guten Kontakt zu all meinen inneren Organen. Die freuen sich, wenn man sie grüßt und hin und wieder *in sich hineinlächelt.* Bei alldem geht es nicht darum, den inneren Schweinehund zu besiegen! Sondern im Gegenteil, eher darum, den »inneren Spaziergeh- oder Strandhund« rauszulassen. Den, der gern losläuft oder der sich wohlig im Sand räkelt und sich vor Freude streckt.

Dranbleiben

Wenn Sie sich eine Regelmäßigkeit angewöhnen, in der Sie Muskelaufbau, Dehnen, anschließendes Meditieren und danach spezielle Übungen aneinanderhängen, wird im Lauf der Zeit *innere Wachheit* und Zuversicht entstehen, und auch Ihre Fähigkeit, sich selbst zu heilen beziehungsweise sich gesund zu erhalten. Und vielleicht zusätzlich auch Fertigkeiten, die Spaß machen, wie zum Beispiel ein paar Lieder auf der Gitarre spielen zu können.

Musik

Seitdem ich das kann, sind die Momente meine persönlichen Highlights, in denen ich gemeinsam mit Freunden musiziere. Ich lade ein paar Musiker ein, und wir spielen und haben die magischsten Momente. Aber Sie müssen nicht unbedingt alles selbst machen, es gibt CDs, die haben eine Frequenz, dass man automatisch vor Glück zerspringen möchte, wenn man sie hört. Legen Sie sich in speziellen Augenblicken ihre Lieblingsmusik auf. Solche selbst gemachten »Best of«-Kollektionen sollten Sie nach Ihrem persönlichen Gutdünken über die Jahre hinweg sammeln, damit Sie besondere Momente in Ihrem Leben auch entsprechend persönlich musikalisch untermalen können. Musik bewirkt irre viel; sie kann uns in alle möglichen Zustände versetzen: Sie kann uns glücklich machen und zum Tanzen und Singen bringen. Sie kann uns aber auch helfen, zu entspannen.

Eine perfekte CD, die mich von Anfang bis Ende nur glücklich macht, habe ich bisher noch nicht gefunden, deswegen habe ich sie mir endlich selbst komponiert, und ich habe sehr darauf geachtet, dass sie von A bis Z ein Genuss ist. Da sind nur meine sonnigen Lieder drauf, die ich mir für verschiedene Zwecke geschrieben habe.

Mit dem »Jogging Song« lässt sich perfekt trainieren. Er hat genau das richtige Lauftempo, das ich brauche, und es gibt für mich kein besseres Lied für mein »Muskelaufbautraining«. Alle Übungen gehen leichter von der Hand.

Ich habe mir auch das »Meditationslied« extra dafür geschrieben, damit ich regelmäßig und geführt übe, wie ich jedem Organ in meinem Körper Licht, Liebe und Energie schicken kann.

Wenn ich mal richtig gute Laune haben will, zum Beispiel bevor ich abends weggehe, leg ich mir zum Schminken »Die Lachmöwe« in Endlosschleife auf und singe laut mit.

Ich habe auch ein sehr schönes »Schüttel-Lied« geschrieben, zu dem man sich wunderbar entspannen kann, egal ob Sie hinterher mit ihrem Chef über 'ne Gehaltserhöhung sprechen wollen, Sex mit Ihrem Liebsten haben oder meditieren möchten. Kurzum: Es ist ideal, um sich innerlich und äußerlich zu lockern.

Wenn Sie mal schlecht drauf sein sollten, hören Sie sich mehrmals hintereinander »Lass die Zukunft doch mal rosig sehen« an, und es geht Ihnen besser. Versprochen!

Fernseher aus

Machen Sie einfach mal die Kiste nicht mehr an. Sie werden überrascht sein, wie viel wertvolle Lebenszeit Ihnen einfach so verloren geht, ohne dass Sie es überhaupt bemerken, während das Ding an ist. Wenn Sie dieser Gewohnheit Einhalt gebieten, werden Sie eine tiefgreifende Veränderung in Ihrem Leben bemerken und auch plötzlich viel mehr Muße haben. Nutzen Sie diese gewonnenen Freiräume für Freunde, Familie und mindestens auch einen Abend in der Woche nur für sich selbst. Machen Sie mit sich und Ihrem Glück eine Verabredung, und halten Sie diese auch ein.

Gerade wenn ich nach vier Monaten völliger TV-Freiheit zum ersten Mal wieder eine Stunde vor der Glotze verbringe und danach *in mich hineinschaue,* merke ich erst, wie viele Bilder mir ins Hirn gepflanzt wurden, die ich alle gar nicht will. Wenn ich kurz vorm Schlafengehen einen Film gesehen habe, geistern mir diese fremden Eindrücke die ganze Nacht in meinen Träumen herum. So etwas nehme ich nur für wirklich große filmische Meisterwerke in Kauf.

Und jetzt der wichtigste Tipp

Steh zu deiner inneren Stimme!! Wenn sie dich ganz klar fragt: »Muss ich mir sowas gerade antun?« – egal ob im TV oder im echten Leben – zieh die Konsequenzen und erspare es dir.

Ich nenne das den »Bullshit-Button«. Auf den hau ich drauf, dann ist Time-out, also Schluss mit lustig. Dann geh ich! Es gibt den Punkt, an dem du merkst: »Das hier tut mir nicht gut.« Dann musst du die Verantwortung übernehmen und klare Grenzen setzen. Es gibt ja auch die Situationen, gerade auf Reisen, in denen du merkst: »Das könnte gefährlich werden!!!« In so einem Moment nicht auf die Intuition zu hören kann dich das Leben kosten.

Apropos Reisen

Meine persönliche Erfahrung mit einer veränderten Umgebung ist, dass man sich selbst viel leichter neu erfinden kann.

Ein frisches Kapitel bricht an, alte Gewohnheiten brechen auf und können oft auch völlig über Bord geworfen werden, weil sie bewusster durch bessere ersetzt werden. Ich weiß, man sagt: »Du nimmst dich selbst immer überall mit hin.« Aber wenn ich in einem neuen Land *in mich reinschaue,* habe ich einen viel klareren Blick darauf, was wirklich »Ich bin« und welcher Teil von mir nur das Resultat einer Wechselwirkung zwischen mir und meiner sonstigen Umwelt ist. Da kann man sehr viel über seine Prioritäten und charakterlichen Grundbausteine erfahren, und das hilft bei der Glückssuche ungemein. Aber eigentlich bin ich gar nicht dafür, dauernd irgendwohin zu düsen.

Autofreie Tage

Ich bin auch für autofreie Tage, an denen man mal die nächste Umgebung bewusst wahrnehmen und erforschen kann.

Das Paradoxe ist ja, dass der meiste Verkehr deswegen entsteht, weil die Leute dem Verkehr entfliehen wollen. Ich lasse das Auto am Wochenende immer daheim. Ich finde es wichtig, gerade da, wo man den Großteil seines Lebens verbringt, dieses warme Gefühl der Vertrautheit zu entwickeln. Das stimmt mich froh. Ich mache mit Freunden immer öfter kleine Fahrradtouren durch unser Viertel und bin ganz baff, was es alles zu entdecken gibt.

Die eigene Schwingung

Zum Beispiel war da ein bezaubernder kleiner Biergarten, ich wollte mir das gleich mal näher anschauen, aber meine Freundin Susi war der Ansicht, dass dort nur blöde Prolls drinhocken. Wir haben die Probe aufs Exempel gemacht. Ich hatte einen sehr lustigen Abend und echt interessante Gespräche auf der Damentoilette. Susi hat sich mit der Bedienung gestritten und fand das Ganze ein Desaster. Was ist passiert?

Ganz einfach, jeder zieht die Schwingung an, auf der er selbst ist, und in einem vollen Wirtshaus ist ein breites Spektrum geboten. Susi war von vornherein dagegen eingestellt, also hat sie Gegenwind bekommen. Sie hat diese Kneipe völlig anders erlebt als ich, obwohl wir im selben Raum waren.

Man weiß aus der Kriminalistik, wenn 20 Zeugen einen Vorfall beschreiben, gibt es 20 völlig unterschiedliche Geschichten. Das heißt, jeder Kopf baut sich eine andere Wirklichkeit, weil wir jede Situation mindestens zu 50 Prozent selbst kreieren. Wenn Sie die Antennen ausfahren, Ihre Sensoren sensibilisieren, Ihre inneren Ohren spitzen und die *feinstofflichen Schwingungen analysieren*, werden Sie auf einer unterschwelligen Ebene wahrnehmen, wo Sie gerade andocken, was

Sie gerade anlocken, auf welcher Schwingung Sie gerade senden und daher auch empfangen. Ein großer asiatischer Kampfsportmeister hat mal gesagt: »Ein wirklich guter Kämpfer hat den Ort des Geschehens längst verlassen, bevor der Streit beginnt.« Alles ist am Schwingen, und wir können lernen, *welche Frequenzen welche Konsequenzen in unser Leben bringen.* Platt gesagt, wenn man glücklich sein will, macht man am besten einen Bogen um Leute, die Krawall suchen, und unterhält sich lieber mit denen, die sich mit Freude öffnen.

So, und jetzt muss ich mal was ganz Grundlegendes zur »Suche nach dem Glück« erwähnen. Dass sich so viele Menschen für dieses Thema interessieren, ist eine hochspannende Sache. Wir fangen an, unser Leben zu hinterfragen, und das ist gut so.

Das Thema Glück ist in aller Munde

Warum? Weil unsere Gesellschaft reif für den nächsten Schritt ist. Das eigene Glück anzustreben ist in keiner Weise etwas Egoistisches, sondern es ist vielmehr der größte Gefallen, den wir uns und unserer Umwelt tun können. Das viele Leid auf dieser Welt wird nur von unglücklichen Menschen verursacht.

Für sein persönliches Glück zu kämpfen ist folglich nicht nur ein menschliches Grundrecht, sondern auch eine Verantwortung, die wir für unsere Umgebung übernehmen. Positive Emotionen fördern gedankliche Klarheit und die Präzision logischer Schlussfolgerungen. Das heißt, glückliche Menschen haben eine viel unverfälschtere Wahrnehmung als solche, die von ihren negativen Emotionen wie Trauer, Hass oder Neid vereinnahmt sind.

Und wenn ich hier von Glück rede, meine ich nicht irgendein vergängliches Vergnügen! Ich beschreibe ein grundlegendes Lebensgefühl, einen Grundton, der sich, unserer Lebensmelodie zugrunde liegend, durch unseren Alltag schwingt. Das ist insofern ein gutes Bild, als auch im fröhlichsten Lied Töne mal nach unten gehen. Das heißt aber nicht, dass dann gleich alles schrecklich ist. Manchmal muss man einfach in den Keller, um Kartoffeln zu holen. Den inneren Grundton, die innere generelle Einstellung, kann man beibehalten, wenn man sich nur genügend Abstand verschafft und bewusst und positiv bleibt.

Held oder Opfer?

Wer die Dinge negativ sieht, ist kein Realist, sondern er ist in Wirklichkeit ein Opfer, das permanent jammern, schimpfen und anderen die Schuld zuweisen muss. Der Held hingegen nimmt sein Schicksal in die Hand und kämpft für sein Glück. Er entscheidet sich, in jeder Situation für alles die volle Verantwortung zu übernehmen, das Beste daraus zu machen und an das Gute zu glauben. Das ist nicht naiv, sondern klug. Der Protagonist jeder Geschichte wird sich selbst treu bleiben und die Hoffnung nie verlieren. Es gibt im Märchen immer ein Happy End, denn die alten Geschichten sind erfunden und weitererzählt worden, um uns Zuhörer zu inspirieren, wie wir Probleme meistern und unser Glück finden können.

Der Kreis

Sogar wenn wir die Welt retten wollen, müssen wir als Erstes bei uns anfangen. Wenn nur jeder um sich herum einen Kreis malt und sich für diese direkte Umgebung wirklich voll und ganz verantwortlich fühlen würde, wäre die Welt schon gerettet. So ein Kreis ist 'ne ganze Menge. Alle zufriedenen Menschen in funktionierenden Partnerschaften zum Beispiel erzeugen glückliche Kinder und gute Schwingungen in einem hochfrequenten Energiefeld, der Liebe und der emotionalen Intelligenz.

Unser Wissen

Das menschliche Wissen, also die Allgemeinbildung jedes Einzelnen über alle möglichen wesentlichen Dinge des Lebens, ist in den letzten 2 000 Jahren um etwa das 180-Fache gestiegen. Allein in den letzten 250 Jahren hat sich dieses Wissen mehrfach verdoppelt. Vor allem durch das Internet haben wir heute nahezu weltweit leichten Zugang zu allen Informationen, die dieser Planet bereithält. Das heißt, man kann uns nicht mehr so leicht manipulieren und ausbeuten, wenn wir es nicht ausdrücklich zulassen. Damit hat das breite Volk jetzt endlich mal die Möglichkeit, sich zu wehren, und auch die Freiheit, nach dem Glück zu suchen.

Mein Manifest für eine Utopie

Ein sehr kluger Mensch hat mal gesagt: »Man kann sich in jedem Moment seines Lebens nur zwischen Angst oder Liebe entscheiden.« Ich hab mich zwar ganz schön auf die Fresse gelegt, aber ich bin danach auch wieder aufgestanden, weil ich an das Gute glaube, und habe die Kurve gekriegt.

Vielleicht habe ich diese Fähigkeit zum Teil in den Genen, aber mit Sicherheit haben meine liebevolle, musikalische Mutter und mein hochkünstlerischer Stiefvater ihren Teil dazu beigetragen, den Samen für Zuversicht in mich zu pflanzen. Sie haben mir in mannigfaltiger Weise vorgelebt, dass man nicht nur rational funktionieren muss, sondern eher breitbandmäßig emotional intelligent, und dass die Wurzeln der Lebensfreude ihre Kraft aus Fantasie und Humor beziehen.

Mein Stiefvater zum Beispiel hat mir mit großer Freude äußerst glaubwürdig versichert, dass er die Wohnzimmerdecke völlig ohne Leiter gestrichen habe, weil er nämlich fliegen kann. Außerdem kursierten zahlreiche Geschichten in der Familie, dass er, wenn er abends zu Bett geht, nur von Schmetterlingen zugedeckt wird, indem diese sich – leise surrend – zu Hunderten auf ihm niederlassen.

Er ist mit uns in jeder freien Minute durch Feld, Wald und Dickicht gekrochen, hat uns alles gezeigt, und ich kenne heute noch jedes Tier, jede Pflanze und jeden Schwammerl.

Ich möchte an dieser Stelle an alle Eltern appellieren: Im Namen unserer Zukunft, regen Sie das Vorstellungsvermögen Ihrer Kinder an! Erschaffen Sie positive Bilder, gerade für unsere Heranwachsenden ist es absolut wichtig, dass sie zuversichtlich in eine verheißungsvolle Zukunft blicken können. Achten Sie darauf, welchen Schwingungen Sie erzeugen und in Ihrem Umfeld verstrahlen. Ängste sind ansteckend und pflanzen sich fort. Was ein Erwachsener noch rational relativieren kann, trägt einen Jugendlichen emotional völlig aus der Kurve. Versetzen Sie sich mal in die Lage eines Teenagers heutzutage: Der hat mit der Pubertät schon genug Unsicherheiten und Probleme an der Backe. Wenn der Blick nach vorn nur noch überall schwarzgemalt wird und der Leistungsdruck und der Gruppenzwang immer größer werden, ist es doch kein Wunder, dass die meisten Jugendlichen nur noch in virtuellen Wellen surfen.

Mein Tipp

Schalte doch einfach mal die Fernsehnachrichten aus; dazu gibt es dieses tolle Gerät, das Fernbedienung heißt, und trage dann die Geschehnisse aus einer anderen Perspektive vor, zum Beispiel: »Diese Wirtschaftskrise war wie ein reinigendes Gewitter. Wenn die Leute demnächst aus ihrem Geldrausch erwachen und sich auf die wahren Werte besinnen, sieht morgen die Welt gleich viel besser aus!« Oder so: »Wenn man nur einen Tag lang kein Gift in einen Fluss einleitet, hat er sich bereits wieder selbst gereinigt. Auch die Atmosphäre hat unglaubliche Selbstheilungskräfte, sonst wäre unser Klima schon längst umgekippt. Jede Umweltkatastrophe, die irgendwo passiert, wird mithelfen, die Menschen zum Umdenken zu bewegen.«

Oder so: »Wer hätte nach dem Krieg gedacht, dass es so schnell bergauf gehen würde? Alles war zerstört! Und keine 25 Jahre später, in den 70ern, hatten sogar in Deutschland ganz viele Leute einen echten Bewusstseinsschub. In den 80ern hat sich der Ostblock ganz von allein, von innen her, aufgelöst. Und das Gleiche passiert bald mit dem chinesischen Unrechtsregime und dem fundamentalistischen Islamismus. Alles geht vorbei, auch das.« Und so weiter und so fort. Such dir bitte Daten und Informationen zusammen, die ein positives Weltbild untermauern. Nicht vergessen, was der Denker denkt, wird der Beweisführer beweisen! Tu es deinen Kindern zuliebe.

Ich bin sowieso der festen Überzeugung, dass wir als Erstes unser Bildungssystem grundlegend revolutionieren sollten, wenn wir eine glücklichere Gesellschaft werden wollen. Wissenschaftler haben herausgefunden, dass Erziehung ähnlich wirkungsvoll ist wie ein mikrochirurgischer Eingriff im Gehirn. Ein böses Wort, ein Lob, ein Schlag oder eine Umarmung können ganze neuronale Systeme in ihrer Struktur zerstören oder errichten.

Hierzu ein kleiner Tipp

Ich geh zum Beispiel sehr gern zu fremden Kindern auf der Straße und flüstere ihnen zu: »Ich kenn dich zwar nicht, aber um dich herum strahlt ein ganz helles Licht. Das heißt, dass du ein ganz besonders tolles Kind bist, und alles ,was dir wichtig ist im Leben, wirst du erreichen. Pssssssttttt! Aber erzähl niemandem von unserem Geheimnis.« – Dieses Strahlen in den Augen der Kinder ist unvergesslich.

Rumgenörgel ist so fruchtbar wie kalter Stein, und wir tun es leider viel zu oft: an unseren Kindern, unseren Partnern, unserer Umgebung. Aber was man sät, das wird man ernten. Nutzen Sie jede Chance, und pflanzen Sie so viele positive Samen in die Köpfe Ihrer Kinder, wie Sie nur können. Geben Sie Ihren Nachkommen all das Wissen weiter, das sie brauchen werden, um ihres eigenen Glückes Schmied sein zu können. Und bedenken Sie, wie stark Sie zwangsläufig als Vorbild wirken – im Positiven wie im Negativen. Nicht Worte zählen, sondern Handlungen. Wenn Sie Wasser predigen, aber Wein trinken, was erwarten Sie als Reaktion?

Die Ausbildung unserer Jugend ist der wichtigste Grundpfeiler für die Gesellschaft, in der *wir* morgen leben. Das wäre der Bereich, in den eine kluge Regierung das meiste Geld und sehr viel Sorgfalt investieren sollte. Leider wird ganz viel versäumt. Den Kindern werden unfassliche Mengen von Daten eingetrichtert, sie werden mit hochkomplizierten Formeln gequält, obwohl jeder weiß, dass man dieses völlig übertriebene Zeug nie mehr im Leben brauchen wird. Aber wirklich anwendbares Wissen erfahren sie kaum. Und deswegen möchte ich an dieser Stelle mal ein paar Dinge aufzählen, von denen ich glaube, dass sie in jeden Lehrplan aufgenommen gehören. Einiges sollten Ihre Kinder gleich selbst lesen.

Ich schlage vor, dass Sie eine Art Hausunterricht selbst in die Hand nehmen. Ich kenne mittlerweile viele Eltern, die ihre Kinder daheim mit Internet-Fernklassen großziehen. Vielleicht wechseln Sie sich ja mit Freunden ab. Aber selbst beim täglichen, gemeinsamen Abendessen, können Sie mit Ihren Kindern und deren Freunden über das sprechen, was jeder von Ihnen erlebt hat. Vieles, was Sie für Ihre Kinder wichtig finden und ihnen mitgeben wollen, lässt sich in lockerer Atmosphäre vermitteln. Offen auf Fragen eingehen, ehrliche Antworten, den Wissensaustausch pflegen. Oder einige der Themen ansprechen, die ich hier anrege. Mich würde sehr interessieren, wie die Kids reagieren.

An dieser Stelle noch ein kurzer Satz zu mir. Ich habe ganz bewusst nie ein Kind bekommen. Manche werden sich jetzt denken: Dann hat die ja auch keine Ahnung, wovon sie spricht. Aber genau deswegen bin ich unvorbelastet, habe einen anderen Blickwinkel und kann mit positiven Ideen an die Sache herangehen. Ich hab durch meinen Beruf die seltene Chance, selbst sehr kindlich bleiben zu können, und gehe in allem, was ich hier sage, davon aus, was ich mir selbst damals in jungen Jahren gewünscht habe und hätte.

Mein alternativer Lehrplan

Das Allerwichtigste, was man als Erstes lernen sollte, ist, zu lernen, also die Kunst, wie man sich Dinge merken kann. Uns hat damals keiner beigebracht, wie man sich etwas einprägen und wieder abrufen kann. Dabei ist das überhaupt nicht so kompliziert.

Lernen lernen

Heute sagen alle Leute, die mich kennen: »Mein Gott, kannst du dir viel merken!« Egal ob Sprachen, Namen, Witze, Tipps oder Forschungsergebnisse. Ich höre es einmal, und wenn ich es nicht mehr vergessen will, weiß ich inzwischen, was ich zu tun habe.

Eine Freundin gab mir den Tipp, dass es eine spezielle Methode gibt, mit der man das Memorisieren üben kann. Also bin ich zur Buchhändlerin meines Vertrauens gegangen: »Ich suche etwas über diese spezielle Technik, mit der man das Gedächtnis trainieren kann, habe aber den Titel vergessen.« Sie lachte herzhaft und meinte: »Ich sehe schon, Sie brauchen das wirklich dringend. Sie meinen bestimmt die ›Mnemotechniken‹, und zeigt mir einige hervorragende Bücher.« Ich habe die Methode seither schon 1000-mal erfolgreich angewendet. Das Prinzip ist wirklich ganz einfach. Wenn Sie zum Beispiel eine neue Vokabel lernen möchten, zerlegen Sie das Wort in seine verschiedenen Teile. Dann schauen Sie, ob Sie der Klang jeder einzelnen Silbe an etwas erinnert, das Sie schon kennen, am besten an etwas, das Sie sich auch bildlich vorstellen können. Dann fügen Sie diese Silbenbilder zusammen und bauen in dieses Bild die Bedeutung der neuen Vokabel ein. Hier ein Beispiel: Das polnische »Tschin Kuje« heißt »Danke«. Ich habe mir eine Kuh in einer Bootskoje vorgestellt, die ein Glas Gin erhebt und Danke sagt.

Übrigens: Je verrückter das Bild, umso leichter kann man es sich merken. Wenn Sie mit dieser Eselsbrücke etwas Neues mit etwas Bekanntem verbinden können, haben Sie den roten Faden an der Hand, an dem entlang das Gedächtnis sich wieder erinnern kann. Entscheidend ist, dass Sie das optische Gedächtnis mit einschalten! So entsteht aus einem neuen, abstrakten, unbegreiflichen Wort eine Szene, die Sie selbst erschaffen haben. Und sowas vergisst das Gehirn so schnell nicht mehr. Wenn Sie sich beispielsweise Namen schnell einprägen können, ist das der Anfang eines guten Verhältnisses zu den Mitmenschen. Wenn Sie im Fernsehen manchmal Leute sehen, die sich eine Reihenfolge von 100 und mehr Zahlen merken können, dann beruht dieses Können auch auf eben jener Methode ... mit diesem seltsamen Namen, äh ... wie war er doch gleich??

Wichtig beim Lernen ist vor allem auch, dass man alles, was man sich merken will, immer sofort (!) aufschreibt und den Zettel aufhebt. Das Notierte dann noch ein- oder zweimal durchlesen, um die Eselsbrücken aufzufrischen, und danach das Geschriebene so ablegen, dass Sie's wiederfinden! Wenn Sie jemandem diese neue Information möglichst bald erzählen, bringen Sie die frischen Daten vom passiven ins aktive Gedächtnis. Und so merken wir uns Dinge auch im Langzeitgedächtnis. – So viel zu Lernmethoden.

Als Nächstes möchte ich ein paar Themenbereiche aufgreifen, von denen ich glaube, dass sie in jeden Lehrplan einer guten Schule gehören, um das Bewusstsein der Kinder zu schärfen und sie zu wachen, achtsamen Menschen zu machen.

Ich bin dafür, dass Yoga Teil des Sportunterrichts wird. Ebenfalls extrem wichtig sind Meditationskurse, zum Beispiel in Kombination mit dem Ethikunterricht, in dem es um die grundlegenden Themen geht. Hier nur eine kleine Diskussionsgrundlage: Wir sitzen alle im selben Boot, und jede Handlung hat ihre Auswirkungen auf die Allgemeinheit. Aber wir sind uns dessen leider nicht bewusst, schade. Denn diese Gewissheit wäre ein sehr effektives Gegengift gegen verantwortungsloses Handeln und gegen die Vereinsamung, unter der so viele Menschen leiden, weil sie diese Verbundenheit niemals vermittelt bekommen haben.

Kommunikation

Wieso lernen wir in der Schule nichts über Kommunikation? Schon im Alter von drei Jahren ist diese bei Jungs und Mädchen grundsätzlich unterschiedlich. Jungs geht es von Anfang an darum: »Wo stehe ich in der Hierarchie, und wie erweitere ich mein Territorium?« Das heißt, man muss ein guter Dompteur sein, da Raubtierdressur und das Erziehen von männlichen Jugendlichen sich kaum voneinander unterscheiden. Jungs wollen in erster Linie immer rausfinden, wie weit sie gehen können, bevor der »Watschenbaum umfällt«. So können sie sich ausrechnen, wie weit sie sich schon durchgesetzt haben. Es war für das Überleben im Rudel von entscheidender Wichtigkeit, nicht zu weit unten in der Hackordung zu stehen, denn das bedeutete schlechte Essensreste und keine Fortpflanzungschancen.

Frauen waren körperlich unterlegen und brauchtes die Solidarität mit den anderen weiblichen Wesen, wenn sie in eine Auseinandersetzung mit den Männchen gerieten. Deswegen haben wir gelernt, mit Konflikten eher deeskalierend umzugehen, und wir pflichten auch heute noch lieber anderen bei, machen uns freiwillig eher klein und passen uns an. Mädchen achten sehr darauf, Statusunterschiede runterzuspielen, und ihnen geht es weniger um das eigene Hervorstechen aus einer Gruppe, sondern vielmehr um das gute Funktionieren als Gemeinschaft. Was unter Frauen als normales Verhalten gilt, löst bei Männern oft aus, dass sie den Respekt vor uns verlieren.

Gespräche zwischen Männern und Frauen sind quasi interkulturelle Kommunikation und ungefähr genauso von Missverständnissen geprägt wie die Verständigungsversuche zwischen einem Spanier und einem Finnen. So etwas kann ganz schnell zu schwerer Zerrüttung führen. Man muss sich einfach darüber bewusst sein, mit welch unterschiedlichen Ausgangspositionen Frauen und Männer überhaupt Kommunikation betreiben. Unsere Scheidungsraten sprechen Bände.

Und bereits im Kindergarten, also bei dem ersten Sozialisierungsprozess, werden die lieben, netten und nachgiebigen Mädchen als brav gelobt und den »frechen und aufmüpfigen« vorgezogen. Hier liegt auch ein Grund dafür, dass es immer noch so wenige Frauen in höhere Stellungen schaffen. Denn sie haben den Konkurrenzkampf und die dazugehörige Art zu kommunizieren nie geübt. Ich halte es aber für lebenswichtig, dass die Balance zwischen weiblicher und männlicher Energie auf diesem Planeten hergestellt wird.

Männer an der Macht haben unsere Welt schon fast zugrunde gerichtet. Es wird Zeit, dass mehr mütterliche Kräfte Schadensbegrenzung betreiben und retten, was zu retten ist. Frauen – vielleicht mit einer oder zwei Ausnahmen – blieb es in der gesamten geschichtlichen Entwicklung dieses Planeten komplett versagt, sich selbst zu ihrem höchsten Potenzial entwickeln zu können.

Ich selbst bin ja die Chefin in meiner GmbH; ich führe ein kleines Unternehmen und gehe mit meiner »Dog and Pony Show« auf Tournee, und ich kann aus eigener Erfahrung sagen: Frauen haben von Natur aus sehr viele Eigenschaften, die sie zu guten Bossen machen. Sie sind nicht so auf Hierarchie und Status fixiert wie Männer. Sie unterstützen und loben andere, weil sie nicht nur auf Konkurrenz geeicht sind, sondern auf ein friedliebendes Nebeneinander. Es geht ihnen im Zweifel immer eher um die Sache und das Wohl der Allgemeinheit als um die Untermauerung der eigenen Position. Solches Handeln fehlt unserer Gesellschaft in großen Teilen. Wir haben jedoch in vielen Bereichen sehr aufgeholt, und ich glaube, wir befinden uns auf der Schwelle zu einer neuen Ära.

Emanzipationsunterricht

Das ist als Schulfach längst überfällig! Da könnte sich jeder Jugendliche mit der ihm zugeteilten Geschlechterrolle auseinandersetzen, und er würde rausfinden, ob diese Zuordnung für ihn persönlich überhaupt stimmig ist. Wir haben heute die Möglichkeit, uns neu und viel individueller zu definieren. Ganz toll wäre, wenn auch die Männer sich über ihre Rolle(n) bewusster würden und sich von ihrem destruktiven Teil eines veralteten Männerbildes loslösen könnten.

Männliche Heranwachsende brauchen Initiationsriten. Auf der ganzen Welt haben intakte Kulturen den Brauch, die pubertierenden Söhne feierlich von der Mutter zu lösen und von den Dorfälteren zum Mann machen zu lassen. Jungs brauchen funktionierende männliche Vorbilder, die sie in die Kunst einführen, ein guter Mann zu sein, der beschützt und nicht unterdrückt. Nur die westliche Kultur hat dieses Thema verdrängt und diesen extrem wichtigen Prozess sträflich vernachlässigt.

Die Zeitungen sind seit Jahren voll davon, dass die heranwachsenden männlichen Jugendlichen immer mehr zum Problem werden. Sie sind aggressiv, trinken viel zu viel, sitzen nur noch vor dem Computer, versagen in der Schule und bleiben ewig im »Hotel Mama« wohnen. Aber keiner scheint den Zusammenhang mit den fehlenden Riten, also der fehlenden Rollenprägung, zu erkennen. Auch das spätere Verhältnis zu Frauen ist belastet, wenn in der Pubertät kein Abstand zur Mutter geschaffen wird. Gerade für Jungs, die mit alleinerziehenden Müttern aufwachsen, ist es ein Problem. Keine Mutter kann ihrem Sohn beibringen, ein guter Mann zu werden. Ich finde, jede Schule sollte spätestens in der 9. Klasse einen solchen Ritus durchführen, in dem extra ausgebildete reife Lehrer ein ausgewogenes Männerbild vermitteln, mit dem sich ein Heranwachsender identifizieren kann.

Medien

Man weiß heute, dass Kinder, die den Großteil ihrer Prägung und Bildung aus dem TV-Gerät erfahren haben, oft kommunikationsgestört sind und an frühzeitiger Demenz leiden, weil das Gehirn die Flut an Information nicht mehr abspeichern kann. Der paradoxe Nebeneffekt ist, dass wir durch den Überfluss an Informationen immer dümmer und ungebildeter werden.

Wenn Sie mich fragen, wird genau dieser Nebeneffekt angestrebt, denn Jugendliche sollen nicht eigenständig denken oder gar hinterfragen, sie sollen in erster Linie ständig neue Sachen kaufen.

Es ist ganz wichtig, Kindern klarzumachen, dass das der Anfang einer lebenslangen Unfreiheit ist. Das von der »Fashionpolizei« als topschick und en vogue abgesegnete Modeopfer ist eigentlich ein konsumsüchtiger Sklave seines unreflektierten Verhaltens.

Mein Tipp

Mach doch mit deinen Kindern mal das Spiel: Wie hoch ist mein Mitläuferpotenzial, und wie viel eigenständiges Individuum steckt in mir?

Wenn du deine Kinder nach der Schule, Freizeitheim oder der Disko abholst, zähl doch mal gemeinsam all die Attribute auf, die für Gruppenzugehörigkeit stehen. Wie viele Kids haben das Gleiche an, die gleiche Art von Tasche, denselben Schmuck, die gleichen Brillen oder Schuhe oder Farben?

Wichtig dabei ist, dass man es sich erst mal bei den anderen anschaut. Auf dem Nachhauseweg redet ihr ein bisschen über Uniformen, Gleichmacherei und Gruppenzwang ... und später seht ihr euch gemeinsam daheim die Kleidungsstücke im Kinderzimmerschrank an und ermittelt das durchschnittliche Mitläuferpotenzial. Dieses Spiel ist sehr gut geeignet, ein selbstkritisches Bewusstsein zu fördern.

Man kann seine Kohle, seine Energie und vor allem seine Zeit für viel schönere Dinge verwenden, als irgendwelchen Modeartikeln hinterherzulaufen. Man muss nur einmal die Chuzpe haben, sich über den Druck der Gruppe hinwegzusetzen. Das ist sogar die einzige Chance, wie man selbst zu einem Anführer werden kann. Kinder brauchen

Argumente, die ihnen helfen, ihren Standpunkt bei Auseinandersetzungen mit Klassenkameraden zu verteidigen.

Regen Sie Diskussionen an, in denen Sie den Jugendlichen klarmachen, wie weit Manipulation gehen kann; einfach um eine kritische Wachheit zu erreichen. Schauen Sie sich zusammen alte Fotos und Bilder an. Da lässt sich ganz leicht anhand der Verunstaltungen, die Menschen freiwillig mit sich gemacht haben, aufzeigen, wie schnell sich ein Schönheitsideal verändern kann; zum Beispiel die Wespentaille des 18. und 19. Jahrhunderts. Oder die Plateausohlen der 70er-Jahre des letzten Jahrhunderts.

Sexualität

Das ist ein ganz wichtiges Thema, das in der Familie immer noch viel zu wenig zur Sprache kommt. Sex verkauft sich, weil wir noch so viele Fragen dazu haben. Und wir werden von den Medien dermaßen zugeballert und unter Druck gesetzt, dass selbst Erwachsene sich Sorgen machen, ob sie es wohl oft genug treiben und ob sie technisch auf dem neuesten Stand sind. Wie sehr muss das alles einen Teenie verunsichern, der in dem gesamten Bereich seine ersten Erfahrungen macht. Und unser Aufklärungsunterricht in den Schulen bezieht sich nur auf den Zeugungsvorgang. Was mir gerade für Teenager viel wichtiger erscheint, ist die Tatsache, dass der sexuelle Reifeprozess bei Jungs und Mädchen völlig unterschiedlich abläuft. Und bevor wir ans Kinderkriegen denken, müssen wir auf dem spiegelglatten Parkett des Balztanzes eine einigermaßen gute Figur machen. Bis heute erzählt keiner ganz klar, dass die weibliche und die männliche Sicht der Dinge komplett verschieden sind, und wie sich das auswirkt. Das betrifft gerade die ersten Pubertätsjahre, in denen 99 Prozent der Mädchen ihre Sexualität überhaupt noch nicht entdeckt haben, während die Jungs hingegen vor lauter Druck auf der Leitung fast durchdrehen und nur ficken wollen. Das ist fatal und gehört ganz klar zur Sprache gebracht.

Jeder Aufklärungsunterricht sollte sich mit dieser zu extremen Missverständnissen führenden Tatsache auseinandersetzen und Lösungsmöglichkeiten erarbeiten. Beide Seiten müssen wissen, dass sie nicht von sich auf den anderen schließen sollten, weil die Geschlechter entgegengesetzt veranlagt sind.

Mädchen müssen wissen, dass sie extrem viel Bindungshormon Oxytocin ausschütten, wenn sie sich körperlich mit einem Jungen einlassen. Das heißt, sie fühlen sich total verliebt, neigen dazu, den Mann ihrer Wahl absolut zu überhöhen, und leiden wie ein Tier, wenn ihre »Liebe« nicht erwidert wird. Was ich schon alles in Jungs reininterpretiert habe, bloß weil ich verknallt war ...! Wenn die sich doch selbst so hätten wahrnehmen können, dann wären das strahlende Helden geworden.

Die Natur hat das deswegen so eingefädelt, damit wir dem potenziellen Vater unseres Kindes schön brav nachlaufen und alles tun, damit er bereit ist, bei der Aufzucht des Kindes mitzuhelfen.

Wie stark die Wirkung dieses Hormons ist, hat vor Kurzem ein Experiment gezeigt: Wenn ein Finanzberater seinen Kunden ein wenig von diesem so genannten »Vertrauenshormon« unter die Nase sprüht, unterzeichnen die Probanden hanebüchene Finanzdeals, bei denen sie im »nüchternen Zustand« dem Anbieter den Vogel zeigen würden.

Jungs sind anders gestrickt: Sie sind in erster Linie daran interessiert, rauszufinden, wie viele Frauen sie rumkriegen können, ob sie auch immer einen hochkriegen, ob sie es auch mal schaffen werden, zwei Frauen gleichzeitig in die Kiste zu bekommen, und ob ihrer auch wirklich groß genug ist.

Fast alle Männer denken, »ihrer« wäre zu klein, das nennt man den Schneewittchen-Komplex, weil die so oft auf dem Rücken liegen, an ihrem Bauch runtergucken und denken: Da hinter dem Berg, da wohnt ein kleiner Zwerg.

Kleiner Tipp

Ich kann dazu nur sagen: Männer mit kleinen Pimmeln sind oft sogar die besseren Liebhaber, weil sie sich mehr Mühe geben.

Und es gibt übrigens auch viele Frauen, denen die Größe völlig egal ist. Hauptsache es geschieht mit Liebe.

Den Jungs sollte man auch klarmachen, dass diese erste Sturm-und-Drang-Phase zwar anstrengend ist, aber Gott sei Dank nicht ewig anhält.

Mädchen sollten außerdem wissen, dass jeder Junge zwei Listen hat, eine, auf der die Kandidatinnen stehen, die er schon gefickt hat, die er leicht kriegen konnte und die daher null interessant sind. Auf der anderen gibt es die Mädchen, an die man nicht so leicht herankommt, und die werden von der Ferne natürlich überhöht. Da regt sich auch etwas Tieferes, Stärkeres, etwas, das man irgendwann mal sogar Liebe nennen könnte, und in dieser Abteilung will man als kluges Mädchen landen.

Glaub bloß nicht, dass du dir mit Sex Liebe erkaufen kannst. Es ist leider genau umgekehrt. Wenn du willst, dass ein Mann wegen dir schlaflose Nächte hat und dich zu seiner Traumfrau kürt, dann lass ihn einfach zappeln, und zwar so lange du kannst. Ein Monat ist dabei das absolute Minimum. Außerdem hat man in dieser Zeit des langsamen Kennenlernens auch die Möglichkeit, den Jungen einigermaßen nüchtern, ohne die rosarote Brille, unter die Lupe zu nehmen. Sobald du mit ihm in der Kiste warst, siehst du ihn – aufgrund der oben erwähnten Hormonausschüttungen – nur noch völlig verklärt.

Liebe ist eine Geisteshaltung. Verknalltsein ... ist eine Mischung aus Chemie und Projektion. Total verknallt zu sein ist fast so wie ein schwerer Fieberschub. Man steht irgendwie neben sich, kennt sich selbst nicht mehr, redet komisches Zeug, das man gar nicht so meint, und man benimmt sich nur noch peinlich. Ich war dem hilflos ausgeliefert, wusste nicht, was ich tun sollte, und bin dann meist gegangen, was in solchen Fällen schon immer das Beste war.

Meine Therapeutin hat mir den ultimativen Rat für unangenehme Situationen jeglicher Art gegeben. Den wende ich jedes Mal an, wenn ich mich verunsichert und nicht im Einklang mit meiner Umgebung fühle. Ich werde dann ganz still und schau mir an, was eigentlich mit mir los ist. Ich lasse das zu: Ich verurteile mich nicht mehr dafür, dass ich jetzt im Moment nicht lustig und frei sein kann, sondern ich gebe dem Gefühl der Unsicherheit nach und schaue es an. Das hat zwei verblüffende Nebeneffekte.

Erstens vergeht dadurch die unbehagliche Empfindung, und zweitens scheinen die Mitmenschen diesen Umgang mit der eigenen Unsicherheit sehr zu schätzen. Nichts ist unangenehmer als ein Mensch, der krampfhaft versucht, seine Unsicherheit künstlich zu überspielen.

In Liebesbeziehungen ist es natürlich besonders schön, wenn dein Auserwählter sieht, dass er bei dir etwas auslösen und dich aus der Ruhe und zum Erröten bringen kann. Solch eine authentische Reaktion ist ja das größte Kompliment für ihn. Wenn er damit umgehen kann, dann freut er sich, dass du ihn liebst, weil er deine Gefühle erwidert. Wenn er daraufhin wegläuft, weil er Angst bekommt, sei froh, er war nicht der Richtige.

Prüfe gründlich im Vorfeld, ob deine angestrebte Beziehung auch wirklich auf stabilen Füßen stehen kann. Wenn der Typ abspringt, weil ihm ein Monat als Balzphase zu lang ist, dann wollte er dich nur in seine Trophäensammlung einreihen. Sich zu früh mit einem Mann einzulassen, der dich womöglich nicht wirklich liebt, ist der größte Schmerz, den man seinem Selbstwertgefühl antun kann. Dann 1 000-mal lieber noch eine Weile allein bleiben und lernen, sich in der eigenen Haut wohlzufühlen. Denn das ist sowieso die wichtigste Grundvoraussetzung dafür, dass ein anderer dich lieben kann.

One-Night-Stands

Keine Frage, ich finde es wichtig, dass wir unsere Sexualität erkunden, und meiner Erfahrung nach wächst man mit jeder längerfristigen Beziehung ein Stück weiter heran. Aber ich bin grundsätzlich dafür, jedes Mädchen davor zu warnen, sich auf schnelle Bettabenteuer einzulassen. Ich kann nur hoffen, dass ihr mich jetzt nicht als verklemmte Spießerin missversteht, aber aus den folgenden Gründen bin ich zu dieser Überzeugung gekommen.

Egal, was in den Medien teilweise für Unsinn verbraten wird, rumzuvögeln hat nichts mit Gleichberechtigung zu tun. Ich kenne leider viel zu viele Frauen, die zwar auf cool machen, und behaupten, sie brauchen einfach nur Sex. Aber wenn man genauer hinhört, stellt sich bei neun von zehn Fällen heraus, dass sie sehr wohl in Wirklichkeit jedes Mal wieder hoffen, dass aus einer dieser kurzen Affären etwas Längerfristiges werden könnte. Leider haben sie immer noch nicht bemerkt, dass sie genau durch ihr »voreiliges Sexualverhalten« jedes Mal wieder die Chance auf eine haltbare Liebe im Keim zerstört haben.

Zudem bin ich mir über Folgendes sicher: Wenn du dich mit einem völlig fremden Mann schnell auf eine dermaßen intime Ebene begibst, machst du auf Dauer die Besonderheit dieses Aktes kaputt. Du gehst außerdem die Gefahr ein, seelisch verletzt zu werden, weil du dich in eine schwache Position gebracht hast. Die alte Männerdenke: »Eine Frau, die du gleich haben kannst, ist nichts wert, die wird gevögelt und dann nach unten weitergereicht«, ist ganz tief verwurzelt. Auch wenn der Typ es dir gegenüber natürlich niiieeemals zugeben wird, aber sobald er bei seinen Kumpels sitzt, wird er damit angeben, wie schnell er dich rumgekriegt hat, und was du für ein dummes Flittchen bist. Das braucht kein Mensch!

Vielleicht wäre einer seiner Freunde ja der Mann deines Lebens gewesen, aber bei dem bist du ab jetzt leider für immer auf der falschen Liste abgehakt. Deshalb sage ich: Lass solche Experimente einfach bleiben, denn du wirst dabei nur verlieren. Du kannst nicht nur deinen Ruf ruinieren, sondern, wenn der Pariser platzt, auch noch schwanger werden oder dir schlimme Krankheiten holen. Und all dieser Ärger nur für einen flüchtigen Moment, der meist noch nicht mal sonderlich gut ist?

Also ich brauche immer eine ganze Weile, bis ich genug Vertrauen und Vertrautheit habe, um mich im Bett wirklich gehenlassen und den Partner genießen zu können. Und das ist ganz normal. Jeder Weg zu einer erwachten Selbstbestimmtheit geht einerseits über die Loslösung vom Gruppenzwang, den deine Umgebung auf dich ausübt, und andererseits über die evolutionär gesteuerten Triebe, die dein Körper mit sich bringt. Ich funktioniere weder gern nach einem Verhaltensautomatismus, der vor vielen Millionen Jahren in mein limbisches System einprogrammiert wurde, noch nach einem Verhaltenskodex, den mir irgendwelche Klatschkolumnistinnen einreden wollen.

Wir Menschen haben Gott sei Dank die Fähigkeit, uns immer wieder den neuen Gegebenheiten anzupassen, wir müssen nicht so enden wie die Igel, die immer noch meinen, sie könnten sich gegen ein Auto wehren, indem sie die Stachel ausfahren.

Missbrauch

Man sollte mit Kindern auch darüber reden, dass kein Mensch auf der Welt das Recht hat, sie gegen ihren Willen körperlich zu berühren. Und wenn so etwas geschehen ist, sollen sie auf alle Fälle nicht damit hinterm Berg halten. Da brauchen Kinder einfach klare Signale und müssen über ihre Rechte aufgeklärt werden. Missbrauch geschieht sehr oft innerhalb der eigenen Familie, also müssten Schulen und Tagesstätten Spezialisten zur Verfügung haben, die eine Anlaufstelle bieten für Jugendliche, die sich bedrängt fühlen. Wenn ein Kind weiß, dass es Rückendeckung bekommt, wird es sich viel eher zur Wehr setzen.

Allein-sein-Können

Wenn du es als Frau oder Mädchen erst mal selbst zu etwas Eigenem bringen willst, musst du schauen, dass du dich aus dem ständigen Geschlechtergeplänkel rausnimmst, sonst übernehmen deine Hormonausschüttungen die Regie in deinem Leben. Besonders in Krisenzeiten kann ich nur sehr empfehlen, eine Zeit lang ohne Partner zu leben. Ich habe in den drei Jahren meines Lebens, in denen ich wirklich für mich geblieben bin, also ohne sexuelle Kontakte zu pflegen, eine innere Ruhe erfahren, die mir jegliche Angst vorm Alleinsein genommen hat.

Also: Wenn es dir mal nicht so gut geht, lauf nicht sofort raus, auf der Suche nach irgendjemandem, der dir helfen kann, sondern lerne, dir selbst zu helfen! Zieh dich zurück, nimm ein Kissen in den Arm, heul dich aus, und dann mach eine Stunde lang konzentriert etwas, das dir guttut. Für mich funktioniert Gitarrespielen am besten, weil mich allein der Klang schon glücklich macht. Aber ich kenne auch Leute, die gehen auf den Bolzplatz und hauen den Ball 100-mal ins Tor.

Wetten, danach geht es dir besser? Du bist dann auch stolz auf dich und deine Disziplin, außerdem hast du dich ins Hier und Jetzt gebracht, und das Grübeln und die sorgenvollen Stimmen im Kopf sind gekickt. Du bist plötzlich nicht mehr einsam, sondern mit dir, und wenn das Glück nicht mehr von der Zuwendung anderer abhängt, hast du auch keine Angst mehr vor dem Alleinsein, sondern genießt es, weil etwas Spannendes, Neues dabei entsteht, nämlich »dein Ding«.

Aber nicht nur in Krisenzeiten, auch wenn man wirklich was im Leben erreichen will, zum Beispiel wenn du vor einer wichtigen Prüfung stehst oder eine Karriere aufbauen willst, fokussiere dein Ziel, und lass dich nicht aus der Ruhe bringen. Gerade Mädchen neigen dazu, sich ablenken zu lassen.

Sind wir Mädels dann womöglich unter der Haube gelandet und schwanger, lassen wir oft unsere gesamte ursprüngliche Lebensplanung völlig außer Acht und passen uns total dem Leben des Partners an, meist sogar ohne es zu merken.

Kleiner Tipp

Nimm dir die Zeit, und schreib dir in einem klaren Moment genau auf, wo du hinwillst, und lies es danach hin und wieder nochmal durch. Jedoch spätestens, wenn du dich verliebt hast!

Ich kenne so viele Frauen, die mit 55 Jahren plötzlich erwachen und sagen: »Ich habe meine Ziele völlig aus den Augen verloren.« Gott sei Dank ist es nie zu spät, kann ich dazu nur sagen, und erinnere mich mit breitem Grinsen an meine Freundin Olga und viele andere agile, lebenslustige Menschen, denen ich dabei zuschauen konnte, wie sie sich in hohem Alter nochmal neu erfunden haben.

Papierkram

Ein Fach, das weniger Freude bereitet, aber trotzdem meiner Meinung nach sehr wichtig wäre, ist ein Grundkurs in Steuererklärung und Buchführung. Das sind Dinge, mit denen sich jeder irgendwann mal auseinandersetzen muss. Das würde vielen Menschen später großen Kummer ersparen.

Die Umwelt

Meiner Erfahrung nach interessieren sich Kinder sehr für Umweltschutz. Sie wissen schon sehr früh, dass es ihre Zukunft ist, die da auf dem Spiel steht, und man stößt auf offene Ohren, wenn man ihnen schon sehr früh klarmacht, dass wir alle Teil eines großen Ökosystems sind. Umweltbewusstsein gehört eigentlich in den Lehrplan der Schulen aufgenommen.

Mein Tipp

Den wunderbaren Gedanken, alle stehen mit allen und mit allem in Verbindung, hat James Cameron in seinem Film »Avatar« auf publikumswirksame Art und Weise der weltweit größten Zuschauerzahl nähergebracht, die ein Film je hatte. Schaut den Film an, und diskutiert nachher drüber. Endlich wird dieses Thema von der Masse angenommen. Auch wir, hier auf dem Planeten Erde, sind mit den Tieren und den Pflanzen verbunden. Die nordamerikanischen Indianer wussten das; die Indios im Regenwald am Amazonas wissen es, denn sie leben noch an der Quelle der Schöpfung. Die zivilisierte Welt hat sich weit von diesem Lebensgefühl entfernt.

Aber wenn du mit Kindern in den Wald und in den Zoo gehst und ihnen die Schönheit und unendliche Vielfalt unseres Planeten von klein auf näherbringst, werden sie mit einem größeren Gefühl der Geborgenheit und Verantwortung aufwachsen.

Man kann auch lustige Riten einführen. Wenn es zum Beispiel Fleisch zu essen gibt, sollten wir uns bei dem Tier dafür bedanken, dass es für uns gestorben ist, bevor wir anfangen, es zu verspeisen. Das verleiht Kindern eine größere Bewusstheit über ihre Gewohnheiten und vermittelt Respekt vor der Natur.

Wenn die Kinder älter sind, sollten Sie gemeinsam zu einem Schlachthof gehen und sich anschauen, wie es da zugeht, und anschließend über die vielseitigen Möglichkeiten nachdenken, auch andere Proteinquellen auf den Tisch zu bringen als immer nur Fleisch.

Wenn irgend möglich, legen Sie zusammen mit den Kindern einen Garten an, oder auch ein paar Küchenkräuter und Blumentöpfe auf dem Balkon oder auf dem Fensterbrett, und erleben Sie, wie es sich anfühlt, wenn etwas mit Pflege und Liebe wächst und gedeiht, und vor allem auch, wie gut eine Tomate eigentlich schmecken kann.

Freiwillige Weiterentwicklung

Das Glück des Planeten liegt bald in den Händen unserer Kinder. Die große Frage ist: Werden wir uns rechtzeitig und aus freien Stücken bewusst und begreifen mit unserem kollektiven Unbewussten, dass es so nicht länger mit der Ausbeutung unserer Erde weitergehen kann, oder müssen wir erst durch Umweltkatastrophen und Verteilungskriege wachgerüttelt werden?

Ich glaube, dass die Menschheit an der Schwelle steht, einen großen Sprung machen zu können. Denn wir haben Zugang zu all dem Wissen, das wir brauchen, um uns neu zu erfinden und das Ungleichgewicht der Welt zurechtzurücken. Uns fehlt nur noch die tiefe Bewusstheit darüber, dass wir alle in einem großen, runden, blauen Boot sitzen. Aber bald wird es sich rumgesprochen haben, hoffentlich auch bis in die höchsten Führungsriegen.

Ich bin fest davon überzeugt, dass Unbewusstheit auch nur eine Verirrung ist, die geheilt werden kann. Der Konsumrausch und die totale Kommerzialisierung werden sich wie jugendlicher Leichtsinn als Pubertätssymptom bald selbst überlebt haben. Jeder Mensch trägt das gesamte höchste göttliche und das niedrigste angsterfüllte Potenzial in sich, und es ist an uns, eine Umwelt zu kreieren, in der wir alle gemeinsam zu einer heilen Gesellschaft heranwachsen. Gandhi hat es mal wieder wunderbar auf den Punkt gebracht, indem er sagte:»Wir müssen die Veränderung sein, die wir in der Welt zu sehen wünschen.«

Dieser Planet hat ja eigentlich genug für alle, solange er nicht von skrupelloser Nimmersattigkeit ausgebeutet wird. Wie wird es möglich werden, dass diese zerstörerische Gier ein Ende findet und dass wir genügend Mittel dorthin fließen lassen, wo sie am nötigsten gebraucht werden? Zum Beispiel in den sozialen Sektor, in die Altenpflege, wo wir unsere eigenen Eltern und Großeltern ohne genügend Pflegepersonal vereinsamt verrotten lassen. Oder in den Bereich Ausbildung und Umweltschutz, wo wir unsere eigene Zukunft verspielen. An so vielen wichtigen Punkten wird gespart, weil wir angeblich kein Geld haben und weil wir noch nicht gelernt haben, als gesamte, bewusste Gesellschaft humanistisch und sozial zu handeln.

Wenn wir unseren Horizont irgendwann kollektiv erweitert haben, werden wir es auch gemeinsam für angemessen halten, dass wir eine Gehaltsobergrenze einführen, die kein Vorstandsmitglied übersteigen darf, um die Umverteilung wieder ins Lot zu bringen. Was jetzt gerade abläuft, schadet der Allgemeinheit, der sozialen Marktwirtschaft und dem Glauben an die Demokratie.

Kultur bedeutet in erster Linie, Moral zu haben, und eine Ethik, die einem das Gefühl der Mitverantwortung gibt. Wenn wir verhindern wollen, dass Geschichte sich wiederholt und die Mächtigen wieder mal vom aufgebrachten Pöbel umgebracht werden, müssten die Industriemagnaten und die Superreichen vorher schon die Notbremse ziehen und Verantwortungsgefühl zum gesellschaftlichen Konsens erheben.

Es dauert einfach seine Zeit, bis solche Sichtweisen und Erkenntnisse durchgeklickert und angekommen sind. Ich kenne das von mir selbst, denn ich habe auch eine ganze Weile gebraucht, um bestimmte Dinge zu verstehen. Ich erinnere mich zum Beispiel noch gut, dass mir ein Freund vor vielen Jahren geraten hat, ich solle »mein Herz mehr öffnen«. Hä?? Ich habe null kapiert, was er damit meinte. Einige Jahre später saß ich eines Morgens im Yoga-Unterricht, und auf einmal liefen mir die Tränen in Sturzbächen die Wangen runter. Ich wusste nicht, warum ich von solch intensiven Gefühlen erfasst wurde. Ich spürte nur, es war keine Trauer, sondern, so kitschig sich das jetzt vielleicht anhören mag, es war Liebe. Genau in dem Moment, als mir das klar wurde, berührte mein Lehrer im Vorbeigehen kurz meine Stirn, und ich sah plötzlich vor meinem inneren Auge ganz deutlich, wie mein Drittes Auge oberhalb meiner Augenbrauen erst blinzelte und sich dann weit öffnete.

Das erscheint jetzt vielleicht völlig abgedreht. Aber was soll ich sagen, ich habe es genau so erlebt, und ich schwöre, ich war total nüchtern. Ich fühlte in diesem Moment eine riesige, große, weite, warme Liebe für das gesamte Universum. Außerdem war ich durchströmt von tiefer Dankbarkeit darüber, Teil dieses wunderbaren Ganzen sein zu können.

Ich weiß, dass ich seit diesem Tag meiner Umwelt gegenüber eine andere Einstellung habe. Ich war früher sehr stark auf mich, meine ach so tolle Individualität und mein Fortkommen konzentriert. Jetzt merke ich ganz deutlich, dass sich mein innerer Schwerpunkt verlagert hat. In mir ist ein starkes Bedürfnis erwacht, mich für andere einzusetzen. Ich glaube auch, dass sich mein Herz geöffnet hat, weil ich durch eine Phase des Leidens gehen musste und dabei meine jugendliche Arroganz verloren habe, mit der ich früher manchmal unbewusst auf andere herabgeblickt habe, mit dem Gefühl: »Das könnte mir nicht passieren.« Heute weiß ich, dass keiner davor gefeit ist, in ein tiefes Loch zu fallen, und dass die, die schon bei ihrer Geburt in die Dunkelheit geworfen wurden, unsere Hilfe brauchen. Ich bin mir meiner Verantwortung der Gesamtheit gegenüber viel bewusster geworden.

Das Effektivste, das jeder tun kann, ist die Jugend in seiner Umgebung aufs Inspirierenste »zu bestrahlen«, und diesen heranwachsenden Wesen Wind unter die Flügel zu geben. Ihnen wahre, tiefe Prioritäten zu vermitteln ist eine wichtige Verantwortung, und es ist unsere Chance, in der Zukunft als Kollektiv auf eine höhere Bewusstseinsebene zu kommen, in der wir voller Mitgefühl und mit offenem Herzen leben und leben lassen. Wir müssen unseren Kindern eine Alternative zum egozentrischen Konsumwahn bieten, der ihnen von den Medien indoktriniert wird. Und das geht nur, indem jeder Einzelne für sich zu seinem persönlichen Erwachen kommt und sein Glück in einem simpleren, aber erfüllten Leben finden kann.

Damit meine ich nicht, auf alles Schöne verzichten zu müssen. Ganz im Gegenteil! Ich rede davon, den ganzen überflüssigen Ballast über Bord werfen zu können, der einen genau genommen nur belastet, inklusive der Denke, die dahinter steht. Die Welt hat genug für alle, nur nicht für die Gier aller! Und wie können wir diese schönen Träume, von denen ich hier rede, je realisieren?

Es gibt heutzutage absolut wissenschaftlich belegbare Daten darüber, dass dies möglich wäre, und es gibt Beweise, dass es funktioniert. Die Methode muss nur noch bei allen andocken und so zum Mainstream werden. Dann könnte sich im großen Stil weltweit einiges verändern, und zwar in absehbarer Zeit! Ich rede von ...

Meditation

Das ist eine Möglichkeit, mit der jeder auf einen Weg geführt werden kann, auf dem er die Erfüllung nicht mehr in der falschen Ecke sucht. Solange wir unbewusst unsere Ängste und Minderwertigkeitsgefühle kompensieren, verlaufen wir uns in völlig unbefriedigende Sackgassen. Sobald wir jedoch in uns hineinhorchen, finden wir das wahre Ziel, nämlich das echte Glück. Es gibt Orte, an denen das seit vielen Jahrhunderten funktioniert. Bhutan zum Beispiel, wo jeder schon von klein auf in die buddhistische Lehre der Selbstversenkung herangeführt wird, und wo die glücklichsten Menschen der Welt leben.

In Thailand gehen junge Männer nach dem Abitur erstmal ein Jahr lang als Bettelmönche auf Wanderschaft, um Nächstenliebe und Mitgefühl zu lernen.

Auch in Indien ist Meditation jetzt schon ab der ersten Klasse ein Lehrfach, und die Ergebnisse übertreffen alle Erwartungen. Die Kinder sind ruhiger, konzentrierter, glücklicher und vor allem viel lernfähiger. In dem Punkt können wir Westler uns noch einiges bei den Asiaten abgucken.

Die katholische Kirche hat in unseren Gefilden alle Schamanen und weisen Menschen ausgerottet und uns kulturell und spirituell in absolute Dunkelheit geschickt. Wenn mich heute einer fragt, warum ich mich nicht mit meinen eigenen Wurzeln beschäftige, kann ich nur sagen, weil ich keine mehr habe.

Ich fühle ganz deutlich, dass sich immer mehr Menschen in meiner Umgebung für Themen wie Yoga und Meditation öffnen, weil sie regelrecht nach Lebensinhalten hungern, die mehr bieten als nur Karriere und Konsum. Plötzlich lesen alle um mich herum die Bücher des französischen Buddhisten und Mönch Mathieu Ricard (ehemals Molekularbiologe), der sich in den Kernspintomographen legt, damit man beweisen kann, was sich in den Hirnströmen tut, wenn man über Mitgefühl meditiert. Nur durch extreme Verdrängungsmechanismen und seelische Verhärtung ist es zu erklären, dass Menschen, die in der absoluten Dekadenz leben, sich keine Gedanken darüber machen, wie man anderen helfen kann.

Neuroplastizität ist das neue Stichwort in der Gehirnforschung, denn man hat jetzt endgültig bewiesen, dass wir unsere neuronalen Vernetzungen durch regelmäßiges Trainieren stark beeinflussen können. Menschen können also nicht nur als Zirkusartisten unfassliche Dinge leisten, sondern auch ihre geistigen Fähigkeiten in ungeahnte Höhen entwickeln. Was mir dabei so gut daran gefällt, ist, dass es mit keinerlei religiöser Konnotation versehen ist. Es geht um ein Training des Geistes, eine größere Fokussiertheit, eine innere Ethik und natürliche Moral, um tiefes Mitgefühl und einen bewussteren Umgang mit Energie.

Akkupflege für den Laptop

Dieser Vorgang wird von uns hier im Westen ernster genommen als der körpereigene Energiehaushalt, aber es gibt unaufschiebbare körperliche Bedürfnisse. Dazu gehören nicht nur essen, trinken und aufs Klo gehen, sondern zum Beispiel auch, sich eine Ruhepause zu gönnen, wenn wir merken, dass wir erschöpft sind. In unserer Gesellschaft ist es normal, sich mit Unmengen von Kaffee, Energydrinks oder sonstigen Drogen künstlich hochzupushen und einfach weiterzumachen, als wäre nichts gewesen.

Mein Tipp

Wenn du müde bist, nimm die Zeit, die du fürs Kaffeeholen bräuchtest, lieber mal dafür her, um ein kurzes Nickerchen zu machen. Das ist viel gesünder, weil du deinem Körper gibst, was er wirklich braucht, nämlich eine Pause!! Ich habe den so genannten Quick-Snooze trainiert und muss sagen, man ist schon nach fünf Minuten echt erholt. In japanischen Firmen ist das übrigens gang und gäbe, denn die Leute arbeiten so viel effektiver.

Wir sollten lernen, mit den körpereigenen Ressourcen in unserem Mikrokosmos genauso verantwortungsvoll zu haushalten, wie mit den Energievorräten unseres Planeten.

So wie wir Sprit in unser Auto füllen, so müssen wir auch innerlich Kraft tanken. Wir müssen nicht nur unsere technischen Geräte immer wieder an den Strom anschließen, auch unsere körpereigenen Energiezentren wollen aufgeladen werden. Holen Sie sich hin und wieder eine neue Applikation für Ihr Handy aus dem Netz, aber auch öfter mal eine neue Herausforderung für Ihr Hirn aus einem Buch!

Das Frontalhirn lässt sich genauso hochtrainieren wie der Bizeps. Dehnen Sie nicht nur die Sehnen, sondern auch Ihren Horizont ein wenig aus: Ab und an einen »USB-Stick mit neuen Daten in die Hardware« reingesteckt zu bekommen ist genauso wichtig wie guter Sex. Unser Körper ist ein Bio-Computer und braucht Vitamine, aber auch geistige Software, das heißt Lebenskraft. Das nennt sich Chi oder auch Yin und Yang ... oder bei den Bayern ist es das Bier, und das muss fließen, sonst kriegen wir 'nen Kolbenfresser und die Sicherungen brennen durch. Der gesamte Apparat gehört auf allen Ebenen geschmiert, damit er läuft. So, wie man sich rasiert, so kann man auch die eigene Aura glätten. So, wie wir unsere Zähne putzen, so kann man auch die Chakren reinigen.

Bloß weil wir nicht trainiert sind, auf dieser feinstofflichen Ebene wahrzunehmen, heißt das doch noch lange nicht, dass diese nicht real existiert. Chinesische Artisten, die durch ihr tägliches, intensives Thai-Chi-Training so bewusst mit dem Chi arbeiten, dass sie 50 Teetassen übereinandergestapelt balancieren, während sie auf dem Kopf stehend mit den Ohren wackeln, sind nicht umsonst weltweit die besten.

Auch das Gehirn kann unglaubliche Dinge. Es gibt Menschen, die mit verbundenen Augen gegen 30 Partner simultan im Schach gewinnen. So weit muss man es gar nicht treiben. Aber ein bisschen mehr geistige Fokussiertheit und energetische Sensibilität zu erlangen, indem Sie regelmäßig im alltäglichen Leben meditieren, ist auf alle Fälle zuträglich.

Das tibetische Wort »gom«, das gewöhnlich mit »meditieren« übersetzt wird, heißt ganz präzise: sich mit etwas vertraut machen, und zwar genau genommen mit einer neuen Sichtweise, nämlich mit der wahren Natur der Dinge. Ich habe mein Glück ja ganz bilderbuchmäßig in der völlig falschen Ecke gesucht und bin damit auch schön anschaulich, crash-test-dummie-mäßig vor die Wand gefahren. Deswegen war es wirklich sehr wichtig für mich, dass ich gelernt habe, mich hinzusetzen, in mich hineinzuhören und rauszufinden, was denn eigentlich genau los war.

Als Archetyp Künstler bin ich dafür geboren, mich kreativ mit allem, was mich umgibt, auseinanderzusetzen. Als ich das aufgrund von Überarbeitung nicht mehr konnte, bin ich zutiefst unglücklich geworden. Erfreulicherweise hat mich meine Sehnsucht nach Befreiung vom Leid und künstlerischer Weiterentwicklung zu einem tiefen Bedürfnis nach größerer Bewusstheit geführt!

In Zukunft brauche ich hoffentlich keinen Schuss mehr vor den Bug; ich werde meine innere Notbremse freiwillig ziehen, nicht erst dann, wenn ich bis zum Hals in der Scheiße stecke. Ich möchte die Sensibilität entwickeln, das Ruder früh genug rumzureißen, bevor die Dinge außer Kontrolle geraten, und das ist gar nicht so schwer, wenn man hin und wieder in sich hineinhört.

Mein Tipp

Warte nicht, bis dein Leben den Bach runtergeht. Wir neigen dazu, unsere Aufgaben so pflichtversessen zu erledigen, dass wir uns sehr völlig überfordern. Ergreife unbedingt präventive Gegenmaßnahmen. Dann heißt es nicht mehr: »Mutti, Mutti, er hat gar nicht gebohrt!«, sondern: »Heißa, ich muss nicht in die Nervenheilanstalt.«

Wenn ich heute ein Unwohlsein verspüre, kann ich mich mit meinem inneren Kind auf einer emotionalen Ebene darüber auseinandersetzen, die innere Therapeutin wird einen anderen, wesentlich intellektuelleren Standpunkt haben, mein inneres Zirkuspferd muss einfach nur 'ne Stunde Joggen gehen, dann geht es mir schon besser, und wenn ich mich dann noch hinsetze und darüber meditiere, dann weiß der Buddha in mir immer, wo es lang geht.

Ich konnte meine Fähigkeit, mich selbst wach zu beobachten, wesentlich verbessern, indem ich regelmäßig geübt habe, mich zu zentrieren. Man wird davon umsichtiger und lernt die unangenehmen Emotionen gelassener anzuschauen und ihnen dann die Tür zu zeigen. Eine Angst, vor der man davonläuft, wird immer größer, aber sobald man ihr ins Auge blicken kann, wird sie schmelzen wie Schnee in der Sonne. Ein ganz tolles Buch hierzu ist übrigens: »Im Auge des Orkans«. Vielleicht zweifeln Sie immer noch daran, ob Sie das Meditieren jetzt wirklich brauchen. Studien haben bewiesen, dass Menschen, die das tun, positiver durch das Leben gehen, und dadurch eine um 30 Prozent höhere Lebenserwartung haben. Im Gegensatz dazu leiden Leute, die zu aggressiver Feindseligkeit neigen, fünfmal mehr unter Herzkrankheiten. Es hat 'ne Menge Vorteile, dass man sich selber am Schopf packen und rausziehen kann, wenn man merkt, dass man von Gefühlen wie Hass, Neid, Gier, Eifersucht oder Wut übermannt wird. Buddhas Lehre hat sich immerhin ohne irgendwelche PR-Maßnahmen über den gesamten riesigen asiatischen Raum verteilt und sich 2500 Jahre gehalten. Und nicht umsonst wurde er dort ausgerottet, wo totalitäre Herrscher seine Kraft gefürchtet haben, denn innere Weisheit ist eine unglaubliche Macht. Wer in sich ruht, den kann man nicht mehr manipulieren und korrumpieren und zum gewissenlosen Handlanger seiner Interessen degradieren.

Mein persönlicher Tipp

Man muss gar nicht ein Leben lang täglich eine Stunde im Schneidersitz die »Schulbank« drücken und krampfhaft versuchen, an nichts zu denken. Ich übe Meditation, wo ich geh und steh, im Taxi, wenn ich auf den Flieger warte oder sogar in einem überfüllten Zug – man muss gar nicht im Himalaya in einer Höhle sitzen. Ich stecke mir Lärmstopper in die Ohren, da kann man die Umweltgeräusche ausblenden und besonders gut in sich reinlauschen. Probier es doch genau jetzt mal aus: Einfach die Augen schließen und in dich hineinhören, dann alles in der Umgebung wahrnehmen und nur ganz ruhig dasitzen. Und dann stell dir vor, dass du Licht, Liebe und Energie durch den Scheitel einsaugst und ganz viel Liebe beim Ausatmen verströmst.

Ameisen

Manchmal frage ich mich ja, ob es wohl höhere Wesen oder Götter oder meinetwegen riesengroße Osterhasis gibt, die auf uns Menschen genauso herabblicken, wie ich, wenn ich manchmal Ameisen beobachte. Die sind dann bestimmt auch voller Respekt für dieses tolle Netz an Autobahnen und für die unglaublichen Bauten, die wir geschaffen haben, denken sich aber auch: »Naja, schön und gut, aber leider doch eine sehr begrenzte Wahrnehmung, die diese Menschen haben. Die schnallen immer noch nicht, dass sie nur einen winzigen Bruchteil ihrer Hirnkapazitäten nutzen. Dabei ist Buddha doch schon vor Ewigkeiten bei denen gewesen und hat ihnen alles genau erklärt.«
Der Inder sagt, die meisten Menschen machen nichts anderes als die Tiere: Sie essen, schlafen, kämpfen und vermehren sich, und viele sind damit auch vollkommen glücklich und zufrieden. Aber nur in der Reinkarnation als Mensch haben wir die Chance, an unserem spirituellen Fortkommen zu arbeiten, und aus diesem nur durch Körperfunktionen und Instinkte gesteuerten Dasein auszubrechen.

Ich lebe Gott sei Dank in der privilegierten Situation, dass ich mir die Zeit nehmen kann, alles Mögliche zu erforschen und die Randgebiete zu durchforsten; mich über den Tellerrand zu dehnen, aus dem Fenster zu lehnen, und auch mal das Weithergeholte als Anregung anzunehmen. Wenn jemand nach neuen Antworten sucht, wird er gern als Spinner verlacht, ich habe mir darüber nie 'nen Kopf gemacht. Genauso wenig wie man einen Menschen missionieren kann, so sollte man ihn auch nicht in seinem Drang stoppen, sich weiterzuentwickeln. Die

Evolution ist nie stehen geblieben, und unser nächster Schritt heißt meiner Meinung nach, ganzheitlicher denken zu lernen, und uns zu befreien, von Fremdbestimmung und Manipulation.

Wir lassen uns nur zu gern einsaugen von diesem groß angelegten »Ablenkungsbrimborium«, das diese Gesellschaft veranstaltet. Wir glauben, wir müssten auf 1000 Ebenen mithalten und immer auf dem Laufenden sein, aber wahre Weisheit beruht auf dem intuitiven Wissen darüber, was die Seele wirklich braucht.

Ich habe eine wohlsituierte Schale, einen kultivierten Kern und die Essenz der Zigeunerin. In mir fließen »schamanische Energien«, ich bin quasi die Medizinfrau für das innere Kind und kann alle Themen fantasievoll und spielerisch angehen. Und ich möchte Sie, liebe Leserinnen und Leser, dazu ermutigen, sich spielerisch von alten Mustern zu lösen. Wir haben es heute in der Hand, ob wir den Deckel unserer Existenz heben wollen und uns aus den eingetretenen Pfaden unserer Vorfahren emanzipieren möchten. In weiten Teilen der Welt ist das nicht möglich, bei uns schon, und darum bin ich sehr dankbar und betrachte es als meine Verantwortung, diese Freiheit auch gebührend zu nutzen und zu schützen, zum Beispiel mit diesem Buch. Wir können uns das tiefe Wissen aus unbeschädigteren Kulturen wieder zurückholen, und wenn nur 30 Prozent der Leute bewusster werden, wird sich alles bald zum Guten ändern, und wenn nur einer damit anfängt und sich traut, neue Wege zu gehen, gibt es bald viele, die ihm folgen werden. Ich bin eine Mythenspinnerin und beleuchte die Dinge gern in Farben, wie wir sie sonst selten zu sehen bekommen. Trotzdem hab ich hier versucht, alle wissenschaftlichen Tatsachen so klar und sachlich richtig rüberzubringen, wie das in so verknappten Erklärungen nur möglich ist. Und Sie wissen ja: Jeder von uns pickt sich am Buffet des Lebens sowieso nur die Mosaiksteinchen raus, die in sein Weltbild passen, und kachelt damit dann seinen Realitätstunnel.

Ich hab's ja mehr mit Stoffen, Schleiern und Teppichen, behänge und dekoriere meine Umgebung und bin ganz schnell in ganz unterschiedlichen Welten zu Hause. Vom Trampen direkt auf Limousinenservice umgestiegen, pendle ich heute noch zwischen Gala-Events und indischer Einsiedelei hin und her.

Ich verkleide mich, schlüpfe in die unterschiedlichsten Rollen und beobachte, was sich in mir und in meiner Umgebung verändert. Ich bin seit einiger Zeit sehr stabil glücklich, was nicht heißen soll, dass ich vor emotionaler Unausgeglichenheit gefeit wäre. Eines weiß ich allerdings genau: Wenn ich erneut in einer Bredoullie landen sollte, werde ich auch diese Krise wieder überleben, denn heute bin ich sehr viel bewanderter in der Kunst, Probleme zu meistern. – Und ich hoffe sehr, Sie können einige nützliche Anregungen aus diesem Buch anwenden. So, jetzt bin ich fast am Ende angekommen. Vielleicht geht jetzt ja tatsächlich einer von Ihnen los und fängt an, sein Leben wirklich von Moment zu Moment selbst zu gestalten. Bereits dann hat dieses Buch schon seinen Zweck erfüllt. Einer ist nicht keiner – womöglich ist es ja der Heiner oder der Rainer.

Ich bin mir völlig darüber im Klaren, dass es auch Menschen gibt, die sich bei vielem, was ich hier geschrieben habe, kopfschüttelnd abwenden. »Dieses ewige Positiv-Gesülze geht mir voll auf den Sack.« Warum das so ist, lässt sich ganz leicht erklären. Wenn man niedrig schwingt, erreichen einen die höheren Frequenzen nicht mehr. Im Gegenteil! Sie drücken einen sogar noch tiefer runter. Dieses Gedankengut, von dem ich hier rede, muss schon auf fruchtbaren Boden fallen. Eine Rose wächst ja auch nicht plötzlich im Wüstensand, sondern braucht guten Humus, Wasser, Mist und Sonnenlicht, um zu gedeihen.

Ich bin einfach mit überaus positiven und liebevollen Menschen aufgewachsen. Meine Mama hat schon immer gesagt, es gibt nichts Schlechtes, das nicht auch etwas Gutes hätte. Ich hatte zum Beispiel immer geglaubt, dass es furchtbar war, dass mein Vater mich verlassen hat. Heute weiß ich tatsächlich ganz tief in mir, dass es genau richtig war. Erstens hatte ich einen großartigen Stiefvater, von dem ich sehr viel gelernt habe. Zweitens hat mich dieser Verlust in der frühen Kindheit auf *meinen* Weg gebracht, der mich heute hierher geführt hat, wo ich jetzt bin. Und da bin ich sehr, sehr glücklich: mit mir und dem, was ich den ganzen Tag tue.

Und selbst wenn die Welt untergeht, bin ich froh, dass ich dieses Buch geschrieben habe. Ich wüsste nichts, was ich lieber täte, als das Leben zu führen, das mir gerade geschenkt wird, und die Arbeit zu tun, die ich mir erwählt habe. Ich glaube, ich habe das Glück, Glück zu haben, und ich habe so viel dafür getan, dass ich das Glück jetzt glücklicherweise auch anziehe, und das macht mich natürlich noch glücklicher.

Und das größte Glück, das mir je widerfahren ist, war der Tinnitus. Er hat mich dazu gebracht, die Trauer meiner Kindheit aufzuarbeiten und den Stress in meinem Leben zu beenden. Und wenn mich heute jemand fragt, wie man das Glück findet, sage ich: »Gönn dir 'ne Auszeit.« Und dafür muss man gar nicht um den halben Planeten düsen – ein paar Minuten Autogenes Training bringen mich runter und machen mich dankbar im Hier und Jetzt.

In diesem Sinne wünsche ich auch Ihnen von Herzen ganz viel Glück und Segen auf all Ihren Wegen, Gesundheit und Frohsinn sei auch mit dabei.

Und so möchte ich zum Schluss ganz ausdrücklich noch den Satz unterschreiben, der auf dem Schild in Frau Freudina Sorgenfreys Wandschrank stand, nämlich: »ALLES WIRD GUT!«

Und ich füge noch dazu: »WENN MAN ES TUT«

Anhang

Jetzt noch mein Vortrag zum Thema »Sollten Frauen Witze erzählen?«
sowie die hoffentlich für Sie hilfreiche Beschreibung, wie ich meinen
Tinnitus losgeworden bin (ab Seite 253).

Ich zähle weiter vorn im Buch (ab Seite 216) viele Themen auf, von denen ich glaube, dass sie zur Ausbildung von jungen Leuten dazugehören sollten. Ich bin auch für einen Humorgrundkurs. Die Suche nach
Pointen trainiert das kritische Denken und einen wachen Geist. Und
das »Comedy-Organ« gehört möglichst früh geschult. Jeder sollte lernen, wie man einen Witz gut erzählt. Das kann man nämlich ein Stück
weit trainieren. Wer Humor hat, dem stehen im Leben viel mehr Türen
offen als einem Trauerkloß. Und wie gesagt, ich finde, dass Humor das
Allerwichtigste im Leben ist. Also fühlte ich mich sehr angesprochen,
als man mich bat, für einen »Frauenkongress« einen Vortrag zu halten, mit dem Thema ...

Sollten Frauen Witze erzählen?

Was für eine Frage! Zuerst musste ich wirklich lachen. Das klingt so
dermaßen anachronistisch. Ich sah mich mit einem großen Suffra-
getten-Hut auf die Bühne stürzen und sagen: »Ja natürlich!! Was denn
sonst?« Und wieder gehen.
Das wäre wenigstens eine kurze flammende Rede gewesen.

Aber je länger ich mich mit dem Thema beschäftigte, umso mehr kam
ich leider zu dem Schluss: Nein, eigentlich sollten Frauen doch keine
Witze erzählen. Wenn ich ganz ehrlich sein darf, es gibt diverse Gründe, die dagegen sprechen.

Meine Damen, ich bitte Sie, Ihre Empörung im Zaum zu halten, denn ich werde meine provokative Behauptung hieb- und stichfest untermauern. Ich werde Ihnen aber auch zeigen, wie Sie eben jene Mauer mit einem Tunnel untergraben können.

Aber zuerst noch ein kleiner Exkurs zum Thema Humor in unserer heutigen Welt.

Die Glotze hat als Medium seine ganz eigene Humorform hervorgebracht. Extrem auf den untersten gemeinsamen Nenner zugeschnitten, muss TV-Comedy heute dermaßen massentauglich sein, dass viele intelligente Menschen inzwischen sagen: »Humor? Nein danke. Das ist unter meinem Niveau.« Witzischkeit kennt keine Grenzen und auch kein Pardon, und wir sind hoffnungslos überfüttert, auch durchs Internet natürlich. Früher war man der Held, wenn man einen neuen guten Witz gehört hatte. Und ich erinnere mich, dass ich bei meinen Freunden extra angerufen habe, um zu sagen: »Hey, ich hab 'nen Neuen.«

Heute kriegt man täglich seitenweise nach Themen geordnete Witze zugemailt, und davon leben auch die humorlastigen Formate im TV, und zwar leider meist von uraltem, zusammengeklautem und von einschlägigen Comedyautoren zigmal vorverdautem Gammelfleisch, das einfach immer wieder nur in neue Wurstpelle gepresst wurde. Und das ist jetzt keine Anspielung auf Hella von Sinnen! Aber, wo wir schon mal bei ihr sind, sie ist momentan die einzige Frau, die eine ähnlich konstante und langanhaltende TV-Präsenz in diesem Sektor vorweisen kann wie ihre männlichen Kollegen.

Es gibt überhaupt nur fünf Frauen in Deutschland, die von Humor leben können und selber ihre witzigen Texte schreiben. Eine meiner absoluten Favoritinnen war immer Simone Borowiak. Die hat sich allerdings jetzt zum Mann umoperieren lassen. Da waren es nur noch vier ... Was ist da los mit dem Thema Frauen und Humor?

Schauen wir uns mal die Männer an, die davon leben, witzig zu sein. Es sind immer die gleichen Hanseln, und sie sitzen allabendlich in der Glotze und versuchen mühsam und mit Hilfe von einem großen Autorenteam, das, was in der Glotze läuft, zu verarschen.

Das bringt mich nochmals zu meine Antithese: Frauen sollten keine Witze erzählen!

Aber jetzt kommen wir zum wahren »Warum Frauen keine Witze erzählen sollten«. Weil eine witzige Frau viele Feinde hat, nämlich alle humorlosen Männer. Weil frau auf männliches Terrain – in eine Männerdomäne – vordringt und weil Männer extrem territorial funktionieren. Deshalb ist das weder eine gute Ausgangsposition für einen Flirt noch ist es förderlich für die Karriere.

Frauen hingegen lieben witzige Männer und finden das sogar sexy. 85 Prozent der Frauen sagen, Humor wäre bei der Partnerwahl wichtiger als die Penisgröße.

Wenn ein Mann sagt, er will eine humorvolle Frau, dann meint er damit eine, die über seine Witze lachen kann, niemals eine, die ihn mit ihrer quirlig-witzigen Art in den Schatten stellt. Das empfindet der durchschnittliche Mann als anstrengend.

Sie dürfen dabei nicht vergessen, dass wir hier von uralter, evolutionär bedingter Prägung sprechen, und um diese Zusammenhänge zu verdeutlichen, möchte ich einen kleinen Ausflug in die Steinzeit unternehmen.

Unsere verbale Kommunikation hat sich in den letzten 250 000 Jahren entwickelt. Wenn wir in diesen Dimensionen denken und uns die Entwicklung des Homo sapiens als eine zwölfstündige Reise vorstellen, ist Jesus wenige Sekunden vor zwölf geboren. In den letzten Nanosekunden hat sich zwar in Bezug auf die Gleichstellung der Frau einiges getan, aber nichts davon ist wirklich evolutionär tief verankert im limbischen System oder in unseren Instinkten: Unsere unbewussten Verhaltensreflexe und auch Kommunikationsformen stammen aus grauer Vorzeit. Und früher galt ganz klar das Grundprinzip »Survival of the fittest«. Es galt das Faustrecht, und der Mann musste ständig um seine Position innerhalb des Rudels kämpfen. Je weiter unten in der Rangordnung, desto weniger Fortpflanzungs- und Überlebenschancen.

Ist Ihnen schon mal aufgefallen, dass es sehr wenige große, gutgebaute, braungebrannte, reiche Männer aus altem Adelsgeschlecht gibt, die gute Humoristen sind? Das liegt daran, dass solche Alphatypen sich nicht die Mühe machen müssen, durch sprühenden Spontanhumor zu punkten. Und wenn ich sage »Mühe machen«, dann meine ich das ganz wörtlich. Sich selbst auf den Arm zu nehmen ist eine der schwersten Turnübungen. Das Comedy-Organ muss man genauso trainieren wie Arnold Schwarzenegger seinen Bizeps; also nur wer keine Muckis hat, kompensiert mit Witz und avanciert zum Klassenclown.

Humor ist also die Erfindung der kleinen Brillenträger. Die dicken, finanziell schlechter gestellten Männer mit starkem Haarausfall haben irgendwann erkannt, dass ein hohes Unterhaltungspotenzial die einzige Chance des Außenseiters ist, sich seine Balznische zu schaffen, um trotz aller körperlicher oder sozialer Benachteiligung an ein Weib zu kommen.

Und diese Option will sich der geplagte Außenseiter nicht ausgerechnet von seinem Opfer streitig machen lassen.

Denn die Frau ist in diesem Szenario lediglich als Beute anzusehen. Das heißt, sie sollte es tunlichst vermeiden, dem mühsam um seinen Status kämpfenden Seiteneinsteiger das Leben auch noch durch allzu vorlaute Wortbeiträge zu erschweren.

Bis vor 60 Jahren sollten Frauen sowieso überhaupt nur die Klappe halten und schöne Blümchen sticken. Lustige Sprüche wie »Mädchen, die des Morgens singen, Hähnen, die des Morgens krähn, soll man beizeiten den Hals umdrähn«, sind Überbleibsel einer jahrtausendelangen Unterdrückung weiblicher Lebensfreude und Eloquenz.

Nun ist die Frau aber bekanntlich die einzige Beute, die ihrem Jäger auflauert, und sie ist auch sonst heutzutage immer umtriebiger. Deswegen hört man immer häufiger den Spruch: Männer und Frauen passen nicht zusammen, außer in der Mitte. Das ist eine sehr kluge Beobachtung, und sie beruht auf der Erkenntnis, dass wir völlig unterschiedlich kommunizieren.

Das Phänomen einer gleichberechtigten Partnerschaft, in der Mann und Frau sich auf dem begrenzten Raum einer Zweizimmerwohnung ebenbürtig gegenüberstehen, ist ein waghalsiges Experiment der Neuzeit, welches in den meisten Fällen ja auch scheitert, wie wir an den Scheidungsraten sehen. Und warum? Weil wir eben noch in den Kinderschuhen stecken – was die neue Gleichberechtigung betrifft. Und auch im Berufsleben zeigt sich, dass selbst in einer angeblich modernen Gesellschaft wie der Bundesrepublik Deutschland Frauen immer noch 23 Prozent weniger Lohn für dieselbe Arbeit bekommen.

Eigentlich ist das kein Grund zum Lachen, aber Humor ist die intelligenteste Art, mit Verzweiflung umzugehen. Und auch den Frauen täte es bestimmt sehr gut, sich hin und wieder das Leben zu versüßen mit ein paar geistreich gesetzten Pointen.

Also kommen wir mal zur grundlegenden Frage: Wie entsteht überhaupt Humor? Wir müssen uns, um Humor zu erzeugen, auf gängige Klischees einlassen, denn Pointen gedeihen am besten auf dem soliden Bodensatz einer »allen bekannten und simplifizierten Auslegung der Realität«.

Deswegen sind Schotten immer geizig, Schweizer immer langsam und Blondinen immer doof; und es bringt im Bereich Comedy gar nix, wenn man sagt: »Ich finde es irgendwie nicht gut, dass ständig alle Schweizer in einen Topf geworfen werden.« Da muss man sich entscheiden, ob man lachen oder Politik machen will.

Der erste Schritt zum witzigen Entertainer ist sich locker zu machen, und »Political correctness« ist meiner Meinung nach im täglichen Umgang sehr wichtig, aber sie ist der Anfang vom Ende von Humor. Witz entsteht ja erst, indem man Tabus bricht und überraschende Wendungen erzeugt, die so im Alltagsleben nicht möglich wären.

Natürlich habe ich eine Hemmschwelle, wenn eine Pointe wirklich verletzend ist, das steht außer Frage. Ich hacke nie auf anderen herum und mache sowieso in meinen Shows die meisten Witze über mich und meinesgleichen. Ich glaube aber, hier sollte der gesunde Menschenverstand jedem Menschen selbst ganz intuitiv eine Grenze setzen, und nicht eine blockwartartige Form von öffentlichem Zwang. Über Geschmack und Humor lässt sich lustig streiten. Lassen Sie es uns auf hohem Niveau tun. Eine gesunde Streitkultur will auch geübt sein.

Aber zurück zu den Klischees. Was passiert denn jetzt, wenn plötzlich 'ne Blondine anfängt geistreich und sogar witzig zu sein? Frauen denken aus ihrer Sicht: Na, das ist doch ein Traum für jeden Mann, das ist doch wie 30 Prozent mehr in der Packung zum gleichen Preis. Dazu fällt mir ein schöner Witz ein:

Man hat jetzt ein Kaufhaus erfunden, in dem Frauen sich den perfekten Mann aussuchen können. Die im untersten Stockwerk sehen gut aus und sind gut im Bett, aber weiter oben gibt es welche, die sind dazu noch klug und verdienen viel, und noch weiter oben gibt es welche mit Humor. Die Frauen sind begeistert, schauen sich um und fahren die Rolltreppen immer weiter rauf. Und weil das so ein Erfolg ist, baut man daneben ein Kaufhaus für die Männer, und auch da sind die gutaussehenden Frauen, die gern vögeln, im ersten Stock ... Es wurde nie ein Mann in einer der oberen Etagen gesehen.

Meine Erfahrung ist: Männer haben nicht nur Angst vor starken Frauen, sondern sie sind auch oft so erschöpft vom ewigen Sich-messen-Müssen mit ihren Geschlechtsgenossen, dass sie es lieber vermeiden, im persönlichen Umfeld auch noch weiblicher Konkurrenz ausgesetzt zu sein. Für einen Mann steht das Thema »Wer ist der Bessere?« leider permanent im Raum. Mein Freund lebt schon ewig in Spanien und spricht die Sprache folglich auch ganz gut. Ich habe mir ein kleines Buch gekauft und angefangen, den Grundwortschatz zu studieren. Sein Kommentar: »Ach, bist du jetzt schon wieder auf der Überholspur!?«
Ich hab noch ein sehr schönes Beispiel: Meine kleine Nichte kann mit ihren fünf Jahren schon vier Klimmzüge machen, und ich lobe sie ganz doll dafür. Schon drängt sich ihr drei Jahre alter Bruder dazwischen und sagt: »Ich hab auch schon mal sieben Müslis gegessen.«
Ein Mann muss sich täglich als solcher beweisen, als Krieger, als Jäger; er musste seine Position permanent verteidigen und wehe, er trägt auch nur einmal einen Faltenrock.
Dann ist es so wie in dem Witz, in dem der Taxifahrer den Touristen seine Stadt zeigt, mit all den tollen Gebäuden, die er damals als Stararchitekt entworfen hat. »All das hab ich gemacht, aber fickst du ein-

mal ein Schaf!!« – Nun meine Damen, vielleicht sollten wir einfach Mitleid haben und über die Witze der Männer lachen, anstatt selbst welche zu machen?

Humor ist auch nicht ungefährlich. Einen Witz entstehen zu lassen heißt, alle Bausteine eines Problems aus den Angeln zu heben und damit herumzuspielen, zu jonglieren und sie neu zu benennen. Ich hab das »The Tool of the Fool« genannt. Das Werkzeug des Clowns ist, dass er nichts unhinterfragt übernimmt, sondern jedes Problem so lange abklopft, bis er eine witzige Wendung gefunden hat, meist auf Kosten derer, denen man eigentlich nicht ans Bein pinkeln darf. Denn große Lacher entstehen auch gern, indem der Kleine dem Großen von hinten in den Arsch tritt. Das ist allerdings eine Herangehensweise, mit der man sich leicht Ärger einhandelt. Große Machthaber sind Rechthaber und neigen zu inhaltsleerem Gelaber, und der »Hinterfrager« ist immer unbequem, der Querdenker wird schnell zum Querulanten erklärt und je nach Zeit und Rechtslage mundtot gemacht oder in mundgerechten Stückchen an die Krokodile verfüttert.

Humor an sich ist also eine extrem hierarchische Sache, auch heute noch! Sie kennen bestimmt folgende Situation: Der Chef erzählt 'nen Witz. Alle Angestellten werden geflissentlich lauter lachen als die Bartwickelmaschine im Keller klappern kann.

Es wäre auch für die Karriere extrem hinderlich, seinem Vorgesetzten zu sagen: »Tschulligung, aber das ist ein Kalauer aus der Kreidezeit, den hatten schon die Phönizier auf der roten Liste stehen. Naja, vielleicht können Sie ja bei den anderen Greisen in ihrem Golfclub damit Furore machen.«

Das mag für uns jetzt und hier zwar witzig sein, aber im wahren Leben bedeutet es das Ende Ihrer Erfolgsgeschichte in dieser Firma.

Jetzt schauen wir einmal, was passiert, wenn die »kleine Tippse« einen Witz erzählt und damit die Frechheit besitzt, tatsächlich die Aufmerksamkeit der ganzen Gruppe auf sich ziehen zu wollen. Sie verstößt damit gleichzeitig gegen mehrere unausgesprochene, aber in Granit geschlagene Regeln des sozialen Umgangs.

Frauen mit 'ner großen Klappe signalisieren sowohl für Weibchen als auch für Männchen Gefahr. Männchen denken: »Die will witziger sein als ich.« Und von einer Frau übertrumpft zu werden ist die größte Niederlage fürs männliche Ego.

Weibchen denken: »Die will sich in den Vordergrund drängen; die meint wohl, sie ist was Besseres. Womöglich angelt die sich auch noch das Alphatier aus der Gruppe.« Sich den potentesten Versorger und Beschützer vor der Nase wegschnappen zu lassen, das ist das größte Waterloo für den weiblichen Überlebensinstinkt. Und unter Frauen bleibt man seit Jahrhunderttausenden lieber im Schutz der Gruppe und macht sich kleiner als man ist, um Stutenbissigkeit und Zicken-kriege zu vermeiden.

Außerdem darf man folgenden Nebeneffekt nicht außer Acht lassen. Erntet der Witz der kleinen Angestellten mehr Lacher als der vom Chef, fühlt der sich auf den Schlips getreten und in seiner Rolle als Alphatier untergraben. Und derjenige, der da so laut gelacht hat, ist quasi der Überbringer der schlechten Nachricht und wird traditionell ebenfalls geköpft.

Also wird die Reaktion auf einen »Tippsen-Witz« vor versammelter Mannschaft eher ein abwertendes »Ha ha, sehr witzig.« sein. Und die Angst vor einer solch niederschmetternden Reaktion lässt 99 Prozent der Frauen den Impuls unterdrücken, sich mit einem Witz zu exponie-ren und aufs Glatteis zu wagen.

Andererseits sollte man sich vor Augen führen, dass Lachen eine extreme Form von Zustimmung ist. Stellen Sie sich nur mal vor, Sie hören jemandem aufmerksam zu und kichern und lachen schallend über das, was er sagt. Auf diese Weise lassen Sie ihrem Gegenüber pure Energie zufließen. Um diese erfreuliche, ermunternde Bestätigung bringen wir uns, wenn wir den Schwanz einziehen.

Dieser positive Nebeneffekt ist übrigens auch der Grund, warum manche Witze-Erzähler die Vorgeschichte oft so quälend lang machen, bevor sie zur Pointe kommen. Weil sie diese Zeit, im Zentrum der Aufmerksamkeit einer Gruppe zu stehen, auskosten wollen und sich davon einen Aufschwung im Status erhoffen. Das kann aber wie gesagt auch ganz schnell ins Gegenteil umschlagen, und man macht sich vor versammelter Mannschaft völlig zum Deppen. Sie sehen, Witze zu erzählen ist nicht ungefährlich, und weil Frauen klug sind, haben sie das intuitiv kapiert und lassen es lieber bleiben. Die übliche Antwort auf meine häufig gestellte Frage »Wer weiß 'nen guten Witz?« wird von Frauen immer beantwortet mit einem: »Mei oiso, Witze konn i mir überhaubz ned merka.« Und das ist kein vorgetäuschter Alzheimer. Man muss Witze wirklich öfter erzählen, um sie aus dem passiven ins aktive Gedächtnis zu holen. Und um dabei nicht baden zu gehen, muss man auch die hohe Kunst beherrschen, den richtigen Gag zur richtigen Zeit zu machen. Mit anderen Worten: Witze erzählen muss man lernen, man muss dafür begabt sein und man muss es üben!

Aber das mit dem regelmäßigen Trainieren ist so 'ne Sache. Haben Sie mal beobachtet, wie Männer reagieren, wenn sie von einer Frau im Schach besiegt wurden oder im Billard? Nein? Weil es so selten vorkommt. Wir sitzen also immer noch in der Ecke und warten, bis wir gefragt werden. Wir sind genetisch darauf programmiert, unsere Versorger nicht herauszufordern.
Männer sind auch sehr verletzbar, sie haben ihr Gehirn dort hängen, wo wir danach treten können. – Das ist jetzt nicht männerfeindlich; das nennt man lustig. Aber glauben Sie mir, wenn ich Ihnen aus eigener Erfahrung sage, dass Sie sich Ärger einhandeln werden. Und man muss sich doch nicht selbst in den Fuß schießen!
Und das wiederum bringt uns zurück zur Frage des Vortrages: Sollten Frauen Witze erzählen? Nun, wenn Sie es nicht wirklich gut machen, würde ich die Frage nach wie vor mit einem klaren Nein beantworten, denn Witze erzählen ist wie Geige spielen. Man muss es können! Nur, während Letzteres bloß an den Nerven zehrt, wenn man es schlecht macht, hinterlässt ein falscher Witz zur falschen Zeit verbrannte Erde.

Wenn Sie aber spüren, dass eine große Humoristin in Ihnen steckt, gehen Sie die Sache professionell an und beteiligen Sie sich jetzt an der Einführungsstunde meiner kleinen Witzschule.

1. Schreiben Sie jeden Witz, den sie hören und der Ihnen gefällt, sofort auf. Nur so können Sie ihn sich merken und öfter erzählen.
2. Achten Sie auf den richtigen Zeitpunkt: Beim ersten Rendezvous das Eis brechen zu wollen, mit einem flapsigen »Lattenrost ist übrigens keine Geschlechtskrankheit« könnte nach hinten losgehen.
   Auch ganz am Anfang einer Party, wenn alle noch etwas klemmig in der Gegend rumstehen, bitte nicht gleich auf Teufel komm raus loslegen. »Ich krieg von meinen neuen Schuhen immer Blasen. Bei meiner Freundin ist das ja genau umgedreht!« war vielleicht der Brüller in der angeheiterten Runde vom letzten Abend, kann aber im falschen Moment auch ein echter Rohrkrepierer werden.
   Erfahrungsgemäß kann man eine gute Witzerunde nicht mehr toppen, und man sollte seine Juwelen aufheben, bis alle genügend »Pegel haben« und sich das Umfeld thematisch auf ein Witze zuträgliches Niveau heruntergetrunken hat. Dann kann man sogar mal 'nen ganz schrecklichen Kalauer vom Stapel lassen, wie diesen hier: »Was passiert, wenn drei Schwule 'ne Frau im Park vergewaltigen?? Zwei halten sie fest, einer macht ihr die Haare.«
3. Der Witz beginnt schon vorher, indem man ihm ein Bett bereitet, in welchem die Pointe besonders überraschend kommt. Der beste Witz ist nur so gut wie der Zusammenhang, in dem er gebracht wird.
4. Wenn Sie einen Witz, der gerade erzählt wird, schon kennen, behalten Sie es für sich. Analysieren Sie lieber mit freudig erwartungsvollem Blick, ob Ihr Gegenüber vielleicht sogar ein paar bessere Details auf Lager hat.
   Man kann in so einer Situation auch den Hintergrund und die Entstehungsgeschichte der Pointe durchleuchten. Viele Witze-Prinzipien wiederholen sich immer wieder, nur mit unterschiedlichen Zutaten gespickt.
   Ein schönes Beispiel dafür ist der Witz mit dem tätowierten Penis: Boris Becker hatte AIDS auf seinem stehen ... was sich als Werbedeal für ADIDAS herausstellte. In den 70er-Jahren hieß das Penis-Tatoo einer Urlaubsbekanntschaft »Wendy« und entpuppte sich wärend des Vorspiels als: »Welcome to Jamaika and have a nice

day«. Die älteste mir bekannte Variante stammt aus dem Ersten Weltkrieg, da stand auf dem Glied des verwundeten Seemanns das schöne Wort »Rumbalotte«. Die junge, gutaussehende Krankenschwester musste dann feststellen, dass die Inschrift in voller Länge »Ruhm und Ehre der baltischen Nordseeflotte« heißt. Witze-Rezepte zu verstehen ist wichtig, wenn man unter Umständen selbst anfangen möchte, Witze zu erfinden. Schon Voltaire sagte: »Gott ist ein Komödiant, der vor einem Publikum spielt, das sich nicht zu lachen traut.«

Und hier noch ein ganz persönlicher Tipp von mir. Aus oben bereits erwähnten Gründen ist es nicht klug, vor größeren Gruppen anzufangen. Unter vier Augen steht man nicht so unter Druck und produziert weniger Adrenalin.

Auch den Joke mit charmanter Schüchternheit anzukündigen und vorher nachzufragen, ob das männliche Gegenüber auch gewillt ist, einem seine Zeit und sein Ohr zu schenken, ist der Situation zuträglich. Wobei es gar nicht schadet, offen mit dem Thema »Ich will üben!« umzugehen. Das versetzt den anderen gleich in die etwas erhöhte Position des Witze-Trainers oder konstruktiven Kritikers, der die kleine Anfängerin bei der Hand nehmen kann. Und fortan sind Ihre humoristischen Erfolge quasi auf seinem Mist gewachsen. So hat es die kluge Frau geschafft, Witze zu üben und gleichzeitig dem Mann die Möglichkeit zu geben, sich zu profilieren.

Ich wünsche Ihnen viel Erfolg als angehende Hobby-Humoristinnen, und ich wünsche mir an dieser Stelle nochmal, dass Sie mich über jeden neuen Witz, der Ihnen zu Ohren kommt, per E-Mail an meine Agentur auf dem Laufenden halten.

Wir haben eine neue Zeit, ein neues Zeitalter, und das sollten wir jetzt auch einläuten. In diesem Sinne werde ich mich selbst korrigieren und sagen: Ja, Frauen sollten Witze erzählen und Spaß haben und so viel lachen, wie sie können!! Denn das sind doch die Momente, in denen man am glücklichsten ist, auch wenn man dafür seine eigene Großmutter verkaufen muss.

....

Tinnitus ...

... und wie ich ihn durch »Autogenes Training« loswurde.
Hierzu zunächst einmal meine ganz kurz Erklärung: Autogenes Training ist nichts esoterisch-müslimäßig Spirituelles. Man muss auch nicht »daran glauben«, damit es funktioniert. Es ist eine auf Autosuggestion basierende Entspannungstechnik, die von dem Berliner Psychiater Johannes Heinrich Schultz aus der Hypnose entwickelt wurde (am 30. April 1927 erstmals vorgestellt und 1932 in seinem Buch »Das Autogene Training« publiziert). Heute ist Autogenes Training eine weitverbreitete und anerkannte Methode, um Stress und psychosomatische Störungen zu behandeln. Das Wort »autogen« lässt sich aus dem Griechischen ableiten: *autos* bedeutet *selbst*, und *genos* heißt *erzeugen*.

Ich hatte also, wie ich in meiner Geschichte erzählt habe, plötzlich zwei Düsenjäger in den Ohren und konnte nicht mehr schlafen. Zudem steckte ich voll in den Dreharbeiten zu meiner 13-teiligen-ARD-Serie »Sissi – Die Perlinger-Show«. Gott sei Dank traf ich damals den Spezialisten Klaus Haak von der »Bremer Gesundheitswerkstatt«. Er nahm sich meiner an und brachte mir Autogenes Training bei. Bevor ich Ihnen die Übungen verrate, sollten Sie erst noch etwas wissen.

Um jedes einzelne unserer Blutgefäße herum gibt es ganz feine Muskeln, die sind zuständig für die Stabilität des Blutkreislaufs in unserem Körper. Geraten wir in Gefahr, ziehen sich diese feinen kleinen Ringmuskeln automatisch zusammen, um uns zum Beispiel eine schnelle Flucht zu erlauben. Diese Muskelkontraktion passiert leider auch jedes Mal, wenn wir in stressige Situationen geraten oder gar unter Daueranspannung leiden. Mit Autogenem Training lässt sich erreichen, dass wir diese, unserem Verstand nicht zugängliche Feinmuskulatur wieder entspannen können.
Die Blutgefäße in unserem Innenohr sind haarfein. Werden diese durch Stress chronisch unterversorgt, kann es zu diesem Phänomen kommen, das wir Tinnitus nennen. Es ist quasi ein akustischer Phan-

tomschmerz, den wir als Warnsignal unseres Körpers verstehen sollten. Es heißt nichts anderes als: »Hallo, pass mehr auf DICH auf, gönn
DIR eine Pause! Hab überhaupt mehr Ruhephasen. Schau mal nach,
was genau dich in deinem Leben so unruhig umtreibt!«
Ich habe zusätzlich einen speziellen Tinnitus-Therapeuten aufgesucht
und die Trauer meiner frühen Kindheit verarbeitet, vor der ich viele
Jahrzehnte davongelaufen bin. Trotzdem glaube ich, dass das Autogene Training der ausschlaggebende Aspekt war, durch den ich das
Ohrpfeifen wirklich ganz losgeworden bin, obwohl man sagt, dass das
nach drei Jahren fast unmöglich ist.

Für den Anfang üben Sie Autogenes Training vermutlich einfach mit
entsprechender CD und Begleitbuch und hören sich die Anweisungen
mit Kopfhörer an.
Sie sollten jedoch nicht im klassischen »Kutschersitz« sitzen, weil es
so viel schwerer ist, den Nacken zu entspannen und die Ohren aufzu-
wärmen. Außerdem sollten Sie sich auf den Oberkörper – also Arme,
Nacken, Gesicht und Ohren – beschränken, weil Sie ja das Blut nicht in
Ihren Füßen wollen, sondern im Innenohr. Ich habe mir am Anfang
Kassetten selbst besprochen. Nach einiger Zeit geht es am allerbesten,
sich die Formeln imaginär vorzusagen.
Sie dürfen so oft üben, wie Sie wollen, aber mindestens zweimal am
Tag! Und so geht's:

- Legen Sie sich hin, und verteilen Sie mehrere Kissen so unter den
  Nacken und um die Ohren herum, dass Ihr Kopf nicht seitlich weg-
  rollen kann und Ihre Ohren warm von den Kissen umschlossen sind.
  Ich lege mir auch ein Tuch über die Augen, damit ich die Außenwelt
  wirklich ausblenden kann. Ein großes Kissen unter den Kniekehlen
  hilft der Wirbelsäule, sich zu entspannen. Wichtig ist, so lange rum-
  zufummeln, bis man wirklich gemütlich liegt, weil man sich hinterher nicht mehr bewegen soll. Was den Effekt noch verstärkt, ist ein
  Heizkissen so unter den Nacken zu legen, dass es Schultergürtel und
  Nacken sowie die Hinterseite der Ohren wärmt.

Die Tiefenentspannung kann nur eintreten, wenn Sie wirklich absolut regungslos daliegen und sich von nichts und niemandem stören lassen. Deshalb die Mitmenschen um Ruhe bitten und das Handy ausschalten. Ich mache mir Ohrpfropfen rein, weil ich es liebe, wenn ich das Herz in meinen Ohren schlagen höre.

- Als Nächstes gehen Sie im Geist durch Ihren Körper und prüfen, ob es noch angespannte Partien gibt. – Besonders die Unterkiefermuskulatur sollten Sie ganz bewusst loslassen. Dabei öffnet sich der Mund, und man kommt sich am Anfang vielleicht ein bisschen blöd vor. Egal! Sieht ja keiner!!
- Jetzt sagen Sie sich innerlich, also lautlos, jeweils fünfmal hintereinander die folgenden Sätze.
- 5x: Mein ganzer Körper ist entspannt, gaanz entspannt.
  5x: Mein rechter Arm ist schwer, gaanz schwer.
  5x: Mein rechter Arm ist warm, gaanz warm.

Das sind die »Formeln«, auf die Sie sich trainieren und die immer gleich bleiben sollen, weil der gesamte Vorgang auf Selbstsuggestion beruht. Ich schau zum Beispiel innerlich auf meinen rechten Arm und fühle ganz bewusst, wie schwer der eigentlich ist und danach, wie warm. Dann folgt:

- 5x: Meine rechte Hand ist warm, gaanz warm.
  Und danach
- je 5x: der Reihe nach jeden einzelnen Finger; also 5x: Mein kleiner Finger ist warm, gaanz warm; mein Ringfinger ...

Mein persönlicher Trick dabei ist, dass ich meine Atmung zu Hilfe nehme und dabei Bilder visualisiere: Ich stelle mir vor, dass ich beim Ausatmen quasi das Blut in den kleinen Finger sanft reinblase. Und beim Einatmen »sauge« ich von unten an der Hand, damit die sich richtig schwer anfühlt.
Wenn Sie rechts fertig sind, den gleichen Vorgang mit dem linken Arm wiederholen.

Langsam lockert sich die feine Muskulatur um die Kapillargefäße herum. Sie merken, dass das Blut einströmen kann und Sie ganz warme Hände bekommen. Am Anfang lässt alles ein bisschen auf sich warten. Egal! Einfach mit dem Training weitermachen, so oft und so lange Sie nur können.

Wenn Sie in Übung sind, geht das recht schnell.

Wenn Sie Arme, Hände und Finger auf beiden Seiten genügend bearbeitet haben, geht der gleiche Vorgang an anderen Körperstellen jeweils fünfmal weiter.

- 5x: Meine Schulterpartie ist weich und warm durchblutet.
  Dabei die Schultern bewusst fühlen und alle kleinen Muskelpartien loslassen, die eventuell noch angespannt sind und gehalten werden. Bei jedem Ausatmen alles noch mehr und mehr loslassen. Und in die Kissen sinken.
- 5x: Meine Nackenmuskulatur ist weich und warm durchblutet.
  Ich weite mich in meiner Vorstellung beim Einatmen wie eine Kragenechse und »pumpe« dann sanft beim Ausatmen das Blut in meinen imaginären Kragen. Die verspannte Nackenmuskulatur ist für den Tinnitus ein besonders übler Verursacher, den es mit besonders viel Liebe zu entspannen und durchbluten gilt.
- 5x: Mein Unterkiefer ist gaanz entspannt.
- 5x: Meine Gesichtsmuskulatur ist gaanz entspannt.
  Je mehr Sie Ihre Gesichtsmuskeln bei jedem Ausatmen fallen lassen, umso mehr nähern Sie sich einer echten Tiefenentspannung an.

Und schließlich gehen Sie mit aller inneren Aufmerksamkeit ins Ohr. Und wieder:

- 5 x: Mein Innenohr ist weich und warm durchblutet.
  Nachdem Sie ein paar Wochen lang regelmäßig geübt haben, werden Sie irgendwann Ihr Herz ganz laut pochen hören. An diesem Punkt gaanz entspannt weitermachen und das Blut ganz sachte

beim Ausatmen in die feinen Äderchen fließen lassen. Danach beim Einatmen die Wände der Adern imaginär aufblähen.

Wenn Sie während dieser Übung eingeschlafen sind, ist das auch gut, denn Ihr Körper erholt sich bei einem solchen Tiefen-Entspannungs-Nickerchen aufs Vorzüglichste. Aber Sie sollten nach dem Aufwachen mit der Übung weitermachen: Nur wenn der Körper darauf trainiert wird, klappt das alles so, wie ich es beschrieben habe. Von dieser Art, sich zu erholen, können Sie den Rest Ihres Lebens profitieren!! Nachdem Sie die Übung vollständig beendet haben, müssen Sie die völlig entspannte Muskulatur durch wohliges Dehnen wieder energetisieren: sich wie eine Katze nach dem Nickerchen kräftig räkeln, sich strecken und gähnen.

Ein paar grundlegende Dinge zur Heilungsförderung

- Wenn Körper und Geist gestresst und überarbeitet sind, können die sich nur auf eine einzige Art regenerieren. Durch stilles Liegen im Dunkeln. Das heißt, sollten Sie selbst noch gar nichts richtig bemerken, so tut Ihnen diese Übung trotzdem sehr gut.
- Außerdem sollten Sie alle Formen von Sport- und Freizeitstress fürs Erste aus Ihrem Leben eliminieren.
  Joggen gehen oder in die Sauna ist keine Entspannung, sondern bedeutet für den Körper großen Stress. Das ist nur für gesunde Leute.
- Wenn Sie einen Tinnitus haben, bedeutet das, dass Sie Ihr ganzes Leben einmal hinterfragen sollten und möglichst jegliche Belastung, Unruhe oder Stress entfernen sollten.
  Ich empfehle, keine Actionfilme mehr anzugucken, weil auch da das böse Adrenalin ausgeschüttet wird, das für die Verengung der Blutgefäße zuständig ist.
  Rauchen ist ebenfalls Gift, weil es Arterien verengt und zu Durchblutungsstörungen führt.
- Anstatt sich abends vor die Glotze zu setzen und wieder die ganzen Hiobsbotschaften anzuhören, lieber noch einmal auf der Couch liegen und versuchen, dieses wohlige Gefühl zu erlangen, wenn

Ihr Gehirn runterschaltet. Sie sind dann sehr in Kontakt mit sich selbst, und es könnte auch hochinteressant werden, in der Zeit Tagebuch zu führen.

Hier plädiere ich immer dafür, ein »Jammerbuch« zu haben, damit Sie sich die Sorgen und Nöte von der Seele schreiben können. Aber auch ein »Dankbarkeits-Tagbuch«, in das Sie all die Dinge schreiben – bitte auch die kleinen(!), über die Sie froh und glücklich sein können.

Ich kann heute für mich ganz klar sagen: Der Tinnitus war das Beste und Wichtigste, was mir passieren konnte, denn ich bin in vielerlei Hinsicht durch diesen »Weckruf« erwacht und habe mein Leben seitdem zum Guten hin vollständig verändert. Ja, ich habe es richtig umgekrempelt.

Es ist eine Reise und eine Suche, auf die ich geschickt worden bin, und die schönsten und wichtigsten Dinge in meinem Leben hätte ich wahrscheinlich übersehen, wenn ich nicht gezwungen worden wäre, meine Sinne, Augen und Ohren zu öffnen, für den nächsten Schritt zu einem bewussteren Leben.

Ach übrigens, der Tinnitus ist wirklich weg, aber manchmal meldet er sich wie eine kleine eingebaute Alarmanlage: »Hallo, nicht wieder in alte Muster zurückfallen!« Und dann entspanne ich mich, mache ein Autogenes Training, und er geht wieder weg.

Ich wünsche Ihnen viel Glück und alles Gute!!!

....

Danksagung

Der größte und tiefste Dank in meinem Leben gebührt in erster Linie meiner Mutter Pupa Gailling. Sie hat mich mit sehr viel zärtlicher Liebe und großem Lob heranwachsen lassen, und sie hat mich sehr in Frieden gelassen. Ich wurde nie gedrängt, genötigt oder gezwungen; alles durfte aus mir selbst entstehen, und nur so konnte ich zu dem werden, was ich heute bin. Danke!

Außerdem hat sie mir einen ganz bezaubernden, humorvollen künstlerischen Stiefvater geschenkt, dem ich ebenfalls sehr dankbar bin, auch dafür, dass er nie versucht hat, mir irgendwelche Erziehungsmaßnahmen angedeihen zu lassen. Danke!

Meinen leiblichen Vater und Genspender Hans Perlinger lerne ich erst in den letzten paar Jahren besser kennen und schließe ihn immer mehr ins Herz, obwohl wir aus komplett unterschiedlichen Universen stammen. Das führt natürlich zu hochinteressanten Diskussionen, die ich in meinem Leben nicht missen möchte, denn ich bin froh, einen so überaus gebildeten und trotz aller Konservativität offenen Sparringspartner gefunden zu haben. Außerdem möchte ich dem Schicksal von ganzem Herzen danken, dass ich nicht bei ihm in Amerika aufgewachsen bin. Ich glaube, es war wirklich richtig so, wie's war, und wichtig, so wie's war. Danke!

Und jetzt komme ich zu dem Menschen, der in meinem jetzigen Leben die größte Rolle spielt: Das ist mein wunderbarer Lebensgefährte Rasmus Legarth. Ihm verdanke ich, dass ich innerlich zur Ruhe kommen darf, weil ich endlich das Gefühl habe, angekommen zu sein, in einem warmen Nest, das genau uns beiden entspricht. Diese Geborgenheit und Zuverlässigkeit gibt mir unglaublich viel Kraft und Spaß am Leben. Aber auch meine künstlerischen Ziele kann ich jetzt mit viel mehr Konzentration verfolgen. Dass er immer bei mir ist, empfinde ich als das größte Geschenk, und es erfüllt mich in jedem Moment meines Alltags mit warmem Glück. Danke!

Ein gaaanz großes Dankeschön gebührt auch Gabi Hauke, die zu meiner rechten Hand geworden ist, und mir die Unbill des Lebens vom Leibe hält. Sie verscheucht alle Sorgen mit einem fröhlichen Lachen, ist immer positiv und auf so freudvolle Weise beruhigend, dass ich nur sagen kann: Sie ist »naturally« erleuchtet. Danke!

Und es gibt noch einen Sonnenschein, der in mein Leben getreten ist, in Form meiner Agentin Heidrun Abels, bei der ich mich so behütet fühle wie in Mutters Schoß. Die immer bei mir ist, wenn ich vor Lampenfieber flattere, die mir mit weisen Worten den Weg zeigt und auch immer mit schallendem Lachen für gute Stimmung sorgt. Danke!

Dicker Dank an dieser Stelle auch für meine beiden Jungs, Michi Lachawitz am Ton und Andreas Sliwinski am Licht, die seit so vielen Jahren mit mir auf Tournee sind und jeden Abend aufs Neue meine Liveshow mit aller Kraft und nicht nachlassender Energie zum Strahlen bringen. Danke!

Ein großer Dank auch an meine beste Freundin Patrizia Moresco, die mir mit Witz und Klugheit hilft, meine »Showkinder« zu gebären, die eine großartige Regisseurin ist und eine liebevolle Hebamme. Danke!

Ein Dank auch an Hans Kieseier, der ebenfalls Regie geführt und und viele gute Ideen eingebracht hat, und an Alexander von Eisenhart für lustige Brainstorming-Sessions unter dem Feigenbaum.

Ein besonderer Dank an Klaus Haak, dass er in der schwersten Zeit meines Lebens wie ein Engel erschienen ist, um mich mit dem Autogenen Training zu retten.

Ein lieber Dank geht auch an meine Lektorin, Marion Schulz, und an Silke Kirsch sowie den gesamten Südwest Verlag, für deren festen Glauben an mich und an dieses Buch.

Ein großer Dank an Elfie Obermaier für gemeinsames Auftanken im »Energietal«.

Ein Dank auch an die gesamte Götterfamilie, die mir in ihrer wunderbaren Vielfältigkeit zur Verfügung stand.

Ich danke Jesus, dass er glatt die andere Wange hingehalten hat. Und Mohamed der Prophet hat recht, wenn er fleht: »Das mit dem Schwein, das lass sein.« Da stimme ich völlig mit ihm überein. Auch die griechischen Götter haben mich viel gelehrt, mir mannigfaltige Identifikation gewährt. Ich tu auch gern Buddha bei die Fische, Hauptsache man hat immer wieder 'ne frische Anregung der Auslegung und gut geschmiertes Karma durch Vishnu, Shiva und Rama. Mein besonderer Dank gilt Saraswati für die reiche Inspiration; sie ist die Göttin der Dichtkunst, der Weisheit, der musikalischen Improvisation, und ebenso Mahatma Gaudi, die Göttin der Comedy. Dass die Leute immer viel zu lachen haben, das verdanke ich ihrer Energie.

Und ich möchte natürlich Euch allen danken, meinem Publikum, und den Leserinnen und Lesern dieses Buches. Ohne Euch wäre das alles nix. Ein Künstler ohne Publikum ist wie ein Vogel im luftleeren Raum. Danke, dass Ihr mir all die Jahre so treu geblieben seid und immer kommt, wenn ich spiele, obwohl ich seltener im Fernsehen auftrete als früher. Ihr macht mich sehr stolz und glücklich. Und ich kann Euch 100-prozentig versprechen: Es vergeht kein Tag, an dem ich nicht mehrere Stunden damit verbringe, am neuen Programm zu arbeiten, damit ich Euch bald wieder zum Lachen bringen kann. Heiliges Indianer-Ehrenwort!

....

Meine Buchtipps ...

Jean Shinoda Bolen: »Göttinnen in jeder Frau« (nur noch antiquarisch erhältlich)

Louann Brizendine: »Das weibliche Gehirn: Warum Frauen anders sind als Männer«, München, 2008

Joseph Campell: »Der Heros in tausend Gestalten«, Frankfurt, 1999

Erika J. Chopich u.a.: »Aussöhnung mit dem inneren Kind«, Berlin, 2009

Christine Li, Ulja Krautwald: »Der Weg der Kaiserin«, Frankfurt, 2010

Frank Laßner: »Im Auge des Orkans«, Berlin, 2003

Mathieu Ricard: »Glück«, München, 2009

Johannes Heinrich Schultz: Das Autogene Training das Original-Übungsheft«, Stuttgart, 2010

Deborah Tannen: »Du kannst mich nicht verstehen«, München, 2004

Eckart Tolle: »Eine neue Erde«, München, 2005

Frans de Wal: »Der Affe in uns«, München, 2009

Paul Watzlawick: »Anleitung zum Unglücklichsein«, München 2010

....

... und zwei wichtige Links

Autogenes Training, Schlafkurse, Stressbewältigung, u. a.:

in München: »http://www.heilpraxisjuergendoose.de«

in Bremen: »Klaus.Haak.PV@t-online.de«
Telefon: 0421-276 59 69